山海经

全—本—全—注—全—译

中华文化讲堂 注译

团结出版社

图书在版编目（CIP）数据

山海经 / 中华文化讲堂注译.
-- 北京：团结出版社，2017.2
（谦德国学文库）
ISBN 978-7-5126-4752-7

Ⅰ.①山… Ⅱ.①中… Ⅲ.①历史地理—中国—古代
②《山海经》—注释③《山海经》—译文 Ⅳ.①K928.631

中国版本图书馆CIP数据核字(2016)第311686号

出版：团结出版社
（北京市东城区东皇城根南街84号 邮编：100006）
电话：(010) 65228880　　65244790 （传真）
网址：www.tjpress.com
Email：65244790@163.com
经销：全国新华书店
印刷：北京天宇万达印刷有限公司

开本：148×210　1/32
印张：15.75
字数：380千字
版次：2017年6月　第1版
印次：2021年9月　第6次印刷

书号：978-7-5126-4752-7
定价：42.00元

《谦德国学文库》出版说明

人类进入二十一世纪以来，经济与科技超速发展，人们在体验经济繁荣和科技成果的同时，欲望的膨胀和内心的焦虑也日益放大。如何在物质繁荣的时代，让我们获得内心的满足和安详，从经典中获取智慧和慰藉，或许是我们不二的选择。

之所以要读经典，根本在于，我们应当更好地认识我们自己从何而来，去往何处。一个人如此，一个民族亦如此。一个爱读经典的人，其内心世界必定是丰富深邃的。而一个被经典浸润的民族，必定是一个思想丰赡、文化深厚的民族。因为，文化是民族之灵魂，一个民族如果不能认识其民族发展的精神源泉，必定就会失去其未来的生机。而一个民族的精神源泉，就保藏在经典之中。

今日，我们提倡复兴中华优秀传统文化，当自提倡重读经典始。然而，读经典之目的，绝不仅在徒增知识而已，应是古人所说的"变化气质"，进一步，是要引领我们进德修业。《易》曰："君子以多识前言往行，以蓄其德。"实乃读经典之要旨所在。

基于此理念，我们决定出版此套《谦德国学文库》，"谦德"，即本《周易》谦卦之精神。正如谦卦初六爻所言："谦谦君子，用涉大川"，我们期冀以谦虚恭敬之心，用今注今译的方式，让古圣先贤的教诲能够普及到每一个人。引导有心的读者，透过扫除古老经典的文字障碍，从而进入经典的智慧之海。

作为一套普及型的国学丛书，我们选择经典，不仅广泛选录以儒家文化为主的经、史、子、集，也将视野开拓到释、道的各种经典。一些大家所熟知的经典，基本全部收录。同时，有一些不太为人熟知，但有当代价值的经典，我们也选择性收录。整个丛书几乎囊括中国历史上哲学、史学、文学、宗教、科学、艺术等各领域的基本经典。

在注译工作方面，版本上我们主要以主流学界公认的权威版本为底本，在此基础上参考古今学者的研究成果，使整套丛书的注译既能博采众长而又独具一格。今文白话不求字字对应，只在保证文意准确的基础上进行了梳理，使译文更加通俗晓畅，更能贴合现代读者的阅读习惯。

古籍的注译，固然是现代读者进入经典的一条方便门径，然而这也仅仅是阅读经典的一个开端。要真正领悟经典的微言大义，我们提倡最好还是研读原本，因为再完美的白话语译，也不可能完全表达出文言经典的原有内涵，而这也正是中国经典的古典魅力所在吧。我们所做的工作，不过是打开阅读经典的一扇门而已。期望藉由此门，让更多读者能够领略经典的风采，走上领悟古人思想之路。进而在生活中体证，方能直趋圣贤之境，真得圣贤典籍之大用。

经典，是一代代的古圣先贤留给我们的恩泽与财富，是前辈先人的智慧精华。今日我们在享用这一份财富与恩泽时，更应对古人心存无尽的崇敬与感恩。我们虽恭敬从事，求备求全，然因学养所限、才力不及，舛误难免，恳请先贤原谅，读者海涵。期望这一套国学经典文库，能够为更多人打开博大精深之中华文化的大门。同时也期望得到各界人士的襄助和博雅君子的指正，让我们的工作能够做得更好！

团结出版社

2017年1月

前　言

　　《山海经》是一本志怪奇书，是中国最早的人文志，是创世史诗和上古传奇，也是上古社会生活的一部百科全书。它是我国古代早期极有价值的地理著作，是上古时期祖先流传下来的"笔记"，记录了我们的先祖如何用神话的眼光看待这个世界。《山海经》是中华文化的珍贵遗产，是中国古人想象力的集中体现，深刻并鲜活地展示了上古的山川河流、神话神兽、奇花异草、金石矿物、异国风情、祭祀及神仙方术等。它是一部内容丰富、风貌奇特的古代佳作，内容涵盖历史、地理、民族、宗教、神话、生物、医学、水利、矿产等诸多方面。

　　《山海经》版本复杂，现存最早版本为晋朝郭璞的《山海经传》。《山海经》的书名最早在《史记》中就有提及，最早收录书目的是《汉书·艺文志》。至于本书的作者，前人有认为是禹、伯益、夷坚，经西汉刘向、刘歆编校，才形成传世书籍。还有古人认为该书是战国好奇之士取《穆王传》，杂录《庄》《列》《离骚》《周书》《晋乘》以成者。现代学者也均认为成书并非一时，作者亦非一人，因此具体成书年代及作者已很难确证。

《山海经》现存十八卷，分为山经五卷、海经八卷、大荒经四卷、海内经一卷，共约31000字。它是一部充满着神奇色彩的著作，主要记述的是古代神话、地理、物产、巫术、宗教、历史、医药、民俗、民族等方面的内容。中国古代神话很多来源于《山海经》，其中最著名的包括：夸父追日、女娲补天、后羿射日、黄帝战蚩尤等脍炙人口的故事。这些神话故事流传了千年，至今仍广受喜爱，不仅因为内容有极高的历史价值，还因为它所展现的神秘瑰丽的世界是如此引人入胜，令人遐想联翩。

《山海经》不仅是一部神话书，还是一部远古地理书，它的地理学内涵不容小觑。它从各个方向有秩序、有条理地记叙各地的地理特征，包括自然地理特征和人文地理特征，如山系、水文、动物、植物、矿藏、国家地理、经济、社会文化风俗等，记载了约40个邦国，550座山，300条水道，100多位历史人物，400多个神怪异兽。《山海经》学术价值涉及多个学科领域，为远古的地理学、神话学、科学史、宗教学、医学等学科研究，提供了丰富宝贵的素材。

《山海经》虽然是一本读起来很过瘾的好书，在历史长河中，却因为"不语怪力乱神"的传统而成为非主流。司马迁在《史记·大宛列传》中直言其内容过于荒诞无稽，所以作史时不敢以为参考。《汉书·艺文志》将《山海经》列为刑法家之书，汉朝刘歆开始将它列为地理书，《四库全书》又把其列为小说。到了二十世纪后，鲁迅先生考证《山海经》为巫书，在《朝花夕拾》里专门写了一篇《阿长与山海经》。茅盾先生考证它为神话总集。

　　虽然《山海经》是一本一直被历史边缘化的经典，它依然是祖先留下的一处最为重要的精神遗迹，对于中国古代历史、地理、文化、交通、民俗、宗教、科学、神话等的研究，具有非凡的文献价值，它对生死的概念，对生命独特的理解，直接奠定了中华民族思维内核的生命精神。阅读《山海经》，可以超越时空的限制，神游于远古世界，与神话人物相逢，与灵禽神兽同游，经历奇山异水，如同欣赏一幅瑰丽的千古画卷。

　　我们这次注译的《山海经》，对正文有详细的注释和翻译，可以扫除语言文字上的障碍，轻松阅读。同时，我们还收录了由明代蒋应镐等绘图的《山海经（图绘全像）》中的插图，图文并茂，相得益彰。

　　《山海经》是一部颇具趣味的经典读物，无论是儿童还是成人，对着它都可以开始一场"无古无今"的穿越之旅！

目 录

卷一 南山经

【题解】《南山经》作为"五藏山经"的首篇，有着重要的地位。"五藏山经"，按照南、西、北、东、中的顺序分篇，所记事物按照地区由南开始，然后向西，向北，最后到达九州中部。中原地区之外，则有东海、西海、南海、北海，构成《海经》部分内容。有人认为《南山经》也是解密"大荒"四经的钥匙。

《南山经》共有三列山系，即南山经、南次二经、南次三经，总共四十座山，途经一万六千三百八十里。其内容主要介绍了我国南方广大区域内的地貌特征、生物矿藏以及各山的祭祀情况，凡山脉、河流、动植物、矿产资源、诸山神及其祭祀仪式，无不应有。

作为一部充满神话色彩的古籍，其中所描述的一些神奇之物，包括凤凰、九尾狐等，影响广泛而深远。第一列山系䧿山，有吃了不会饥饿的神草祝余，有会吟唱的怪兽鹿蜀，有长着翅膀的鯥鱼。有叫灌灌的鸟，佩戴了可以不受蛊惑。第二列柜山山系有吃人的猛兽猾裹和蛊雕。第三列天虞山系，有神鸟凤凰，有神木，等等。

《南山经》之首曰䧿山①。其首曰招摇之山，临于西海之

狌狌

上，多桂，多金玉^②。有草焉，其状如韭而青华^③，其名曰祝余，食之不饥。有木焉，其状如榖^④而黑理，其华四照，其名曰迷榖，佩之不迷。有兽焉，其状如禺^⑤而白耳，伏行人走，其名曰狌狌^⑥，食之善走。丽麂^⑦之水出焉，而西流注于海，其中多育沛^⑧，佩之无瘕疾^⑨。

【注释】①誰（què）山：鹊山。誰通鹊。②金玉：指未经开采的金属矿物和玉石。③青华：青色的花。华通花。④榖（gǔ）：构树，落叶乔木，树体高大，结粉红色的果实，味甜。抗污染，适应性强。木材可制器具，树皮可造纸。分布于我国黄河、长江、珠江流域。榖，通构。⑤禺（yù）：古代传说中的一种猴。⑥狌狌（xīng xīng）：猩猩。⑦丽麂（jǐ）：传说中的地名。⑧育沛：一种水生植物，从文中推断可知。⑨瘕（jiǎ）疾：腹中结有肿块的病，即蛊胀病。瘕，腹中肿块。《正字通》："腹中肿块，坚者曰症，有物形曰瘕。"《类证治裁·肿胀》："别有蛊胀，因气血郁痹，久则凝滞不行，腹形充大，中实有物，非虫即血，非如鼓胀之腹皮绷急，中空无物也。"

【译文】南方第一列山系叫誰山山系。誰山山系的第一座山叫招摇山，耸立在西海边上，山上有很多桂树，并且多产金属矿物和玉石。山上有一种草，形状像韭菜却开青色的花，它的名字叫祝余，吃了它不会感到饥饿。山上有一种树，形状像构树却有黑色的纹理，其光华照耀四方，它的名字叫迷榖，将它佩带在身上就不会迷路。山里有一种野兽，形状像猿猴，白耳朵，能攀缘爬行，也能直立行走，它的名字叫狌狌，吃了它的肉可以健步如飞。丽麂之水从这里发源，然后往西流入大海，水中有一种叫育沛的东西，将它佩带在身上就不会生蛊胀病。

白猿　蝮虫　怪蛇

又东三百里，曰堂庭之山^①，多棪木^②，多白猿，多水玉^③，多黄金^④。

【注释】①堂庭之山：洞庭山，位于太湖东南，由东山和西山两座组成，在湖南境内。②棪（yǎn）木：一种乔木，果实像苹果，色红可吃。有人认为即君迁，属柿树科。③水玉：也叫水精，即水晶。莹亮如水，坚硬如玉，故名。④黄金：指金矿。

【译文】再往东三百里，叫堂庭山，山上有很多棪树，有很多白色的猿猴，多产水晶，多产黄色金矿。

又东三百八十里，曰猨翼之山^①，其中多怪兽，水多怪鱼，多白玉，多蝮虫^②，多怪蛇，多怪木，不可以上。

【注释】①猨翼之山：应为即翼山。②蝮（fù）虫：传说中的一种毒虫，也叫反鼻虫，颜色红白相间，鼻上有钩刺，重约百斤。虫为"虺"的本字。郭璞《山海经传》注："蝮虫，色如绶文，鼻上有针，大者百余斤，一名反鼻。"《字汇》："虺，蛇属，细颈大头，色如绶文，大者长七八尺。"

【译文】再往东三百八十里，叫即翼山。山里有很多怪兽，水里有很多怪鱼，多产白玉，有很多蝮虫和怪蛇，也有很多怪树，山势险峻不可攀登。

又东三百七十里，曰杻阳之山^①，其阳多赤金^②，其阴多白金^③。有兽焉，其状如马而白首，其文如虎而赤尾，其音如谣^④，

鹿蜀　旋龟

其名曰鹿蜀^⑤，佩之宜子孙。怪水出焉，而东流注于宪翼之水。其中多玄龟，其状如龟而鸟首虺尾^⑥，其名曰旋龟，其音如判木，佩之不聋，可以为底^⑦。

【注释】①杻阳之山：位置不详。杻，同"杼"。《说文》："械也。"②赤金：铜矿。《史记·平準书》："金有三等，黄金为上，白金为中，赤金为下。"裴骃集解引《汉书音义》："白金，银也。赤金，丹阳铜也。"③白金：银矿。④如谣：就像不用伴奏的清唱。⑤鹿蜀：斑马。⑥虺（huǐ）尾：像蛇一样的尾巴。⑦为底：治疗足上的疾病。为，治疗。底，同胝，指脚底的茧。

【译文】再往东三百七十里，叫杻阳山。山的南面多产铜矿，山的北面多产银矿。山里有一种野兽，形状像马，白色的脑袋，身上的斑纹像老虎，红色的尾巴，发出的叫声像是人在清唱，它的名字叫鹿蜀，把它的毛皮佩戴在身上可以多子多孙。怪水从这里发源，然后向东流入宪翼之河。河水里有很多深黑色的乌龟，形状像乌龟，鸟的脑袋，蛇的尾巴，它的名字叫旋龟，发出的叫声像劈木头的声音，把它佩带在身上就不会耳聋，还可以治疗脚底的茧。

又东三百里，曰柢山，多水，无草木。有鱼焉，其状如牛，陵居，蛇尾有翼，其羽在鮨^①下，其音如留牛^②，其名曰鯥，冬死而夏生^③，食之无肿疾^④。

【注释】①鮨（qū）：郭璞《山海经传》注："亦作胠。"鮨，通胠，指腋下。②留牛：可能是犁牛。《东山经》说鳙鱼"其状如犁牛"。留、犁音近。③冬死而夏生：冬眠，也叫冬蛰。指一些虫鱼类动物在气温降低时处于昏睡的状

鮭

态。④肿疾：皮肤肿胀、脓肿之类的病。

【译文】再往东三百里，叫柢山，山间多河流，山上不生花草树木。山上有一种鱼，形状像牛，栖息在山陵，长有蛇一样的尾巴，有翅膀，翅膀长在腋下，它的叫声像犁牛，这种鱼的名字叫鯥，冬天蛰伏而夏天苏醒，吃了它的肉就不患痈肿病。

又东四百里，曰亶爰之山①，多水，无草木，不可以上。有兽焉，其状如狸而有髦，其名曰类②，自为牝牡③，食者不妒。

【注释】①亶爰(chán yuán)：古山名，具体所指不详。②类：传说中的一种动物。郭璞《山海经传》注："类或作沛，髦或作发。"③自为牝(pìn)牡：雌雄一体。指这种动物能够自行交配。

【译文】再往东四百里，叫亶爰山，山间多河流，山上不生花草树木，险峻不可攀登。山里有一种野兽，形状像猫却有头发，它的名字叫类，这种动物可以自行交配，吃了它的肉就不会妒忌。

又东三百里，曰基山，其阳多玉，其阴多怪木，有兽焉，其状如羊，九尾四耳，其目在背，其名曰猼訑①，佩之不畏。有鸟焉，其状如鸡而三首、六目、六足、三翼，其名曰鹖鸺②，食之无卧③。

【注释】①猼訑(bó yí)：传说中的一种怪兽，样子像羊，九条尾，四只耳。眼睛长在背上。把它的皮毛穿在身上，就不会畏惧。郭璞《山海经·图赞》说："猼訑似羊，眼反在背。视之则奇，推之无怪。若欲不恐，厥皮可

九尾狐　猼訑

佩。"②鹎鸺（chǎng fū）：一种鸟名。山海经中有不少似鸡非鸡的鸟类，此为其中之一。③食之无卧：精神亢奋不睡觉。郭璞注云："令人少眠。"

【译文】再往东三百里，叫基山，山的南面多产玉石，山的北面生长着很多怪树。山里有一种野兽，形状像羊，九条尾巴和四只耳朵，它的眼睛长在背上，它的名字叫猼訑，把它的皮毛佩戴在身上就不会恐惧。山里有一种鸟，形状像鸡，三个脑袋、六只眼、六只脚、三只翅膀，它的名字叫鹎鸺，吃了它就会精神亢奋睡不着觉。

又东三百里，曰青丘之山，其阳多玉，其阴多青雘①。有兽焉，其状如狐而九尾，其音如婴儿，能食人，食者不蛊②。有鸟焉，其状如鸠③，其音若呵④，名曰灌灌⑤，佩之不惑⑥。英水出焉，南流注于即翼之泽。其中多赤鱬⑦，其状如鱼而人面，其音如鸳鸯，食之不疥⑧。

【注释】①青雘（huò）：一种粉红色陶土，赤石脂之类，可用作颜料。《周书》："若作梓材，既勤朴斫，惟其涂丹雘。"②不蛊：不沾染邪气。蛊，传说中人工培养的一种毒虫。③鸠：斑鸠，一种似鸽子的鸟类。④其音若呵：它的叫声像人在呵斥。⑤灌灌：传说中的一种鸟，肉味鲜美。郭璞《山海经传》注："或作濩濩。"⑥不惑：不会被迷惑。⑦赤鱬（rú）：传说中人面鱼身的动物，有人认为是一种叫儒艮的鱼。一说是鲵鱼，即娃娃鱼。⑧不疥：不生疥疮之类的疾病。

【译文】再往东三百里，叫青丘山，山的南面多产玉石，山的北面多产青雘。山里有一种野兽，形状像狐狸，九条尾巴，它的叫声像是婴儿啼哭，这种动物能吃人。吃了它的肉就能不会中蛊毒。山里有一种鸟类，形状像斑鸠，它的叫声像是人在呵斥，名叫灌灌，把它的羽毛佩在身上就不会被鬼怪迷惑。英水从这里发源，然后向南流入即翼泽。水中有很多赤鱬，形状像鱼却有人的面孔，它的叫声像是鸳鸯的叫声，吃了它的肉就不会生疥疮。

又东三百五十里，曰箕尾之山^①，其尾踆^②于东海，多沙石。汸水出焉，而南流注于淯，其中多白玉。

【注释】①箕尾之山：在今天黄山和天目山附近。②踆（dūn）：通"蹲"。这里是坐落的意思。

【译文】再往东三百五十里，叫箕尾山，山的尾部坐落在东海岸边，山里有很多沙石。汸水从这里发源，然后向南流入淯水，水中多产白色玉石。

凡䧿山之首，自招摇之山，以至箕尾之山，凡十山，二千九百五十里。其神状皆鸟身^①而龙首。其祠之礼^②：毛^③用一璋玉瘗^④，糈用稌米^⑤，一璧稻米^⑥，白菅^⑦为席。

【注释】①鸟身：有的版本写作人身。②其祠之礼：祭祀山神的仪式。③毛：祭祀所用带毛的动物，即猪牛羊犬鸡等禽畜。④用一璋玉瘗（yì）：把前面所说的毛物，连同璋、玉各一块埋起来。璋，古代一种玉器，朝聘、祭祀、丧葬时的礼器。郭璞《山海经传》注："半圭为璋。"瘗，埋葬。⑤糈（xǔ）用稌（tú）米：祭神的精米用稻米。稌，稻米。⑥一璧稻米：这句话很费解，放在这里很不通顺，被认为是衍文。⑦白菅（jiān）：一种白色的茅草。郭

灌灌　鵁䳍　赤鱬

璞《山海经传》注："菅，茅属也，音间。"

【译文】所有䧿山山系，从招摇山开始，直到箕尾山为止，共有十座山，沿途二千九百五十里。各座山的山神形状都是鸟的身子，龙的脑袋。祭祀山神的仪式是：拿一片璋和一块玉，和前面所用的禽畜一起埋入地下，祭祀神的精米用稻米，用白茅草作为祭神的座席。

南次二经

南次二经①之首曰柜山，西临流黄，北望诸毗②，东望长右。英水出焉，西南流注于赤水，其中多白玉，多丹粟。有兽焉③，其状如豚，有距④，其音如狗吠，其名曰狸力，见⑤则其县⑥多土功。有鸟焉，其状如鸱⑦而人手，其音如痹⑧，其名曰鴸⑨，其名自号也，见则其县多放士⑩。

【注释】①南二次经：此经字亦当做山字，下俱同此，不再注。②诸毗（pí）：山水之名。③丹粟：像谷粒一样大小的红色细沙。粟，小米，在中国北方俗称谷子，古称稷或粟。④有距：有鸡一样的爪子。⑤见：同"现"，出现。⑥县：泛指人们聚居的场所。⑦鸱：一种鹰隼类飞禽。⑧痹：一种类似鹌鹑的鸟。⑨鴸（zhū）：传说中的一种怪鸟，一说是尧的儿子丹朱所化。尧把天下让给舜，丹朱起兵反对，尧派兵打败了他们，丹朱感到羞愧，自投南海而化作鴸鸟。⑩放士：被放逐的人才。

【译文】南方第二列山系的第一座山叫柜山，西边临近流黄国，从这座山向北可以看到诸毗山，向东可以望见长右山。英水从这里发源，向西南汇入赤水河，水中多产白玉，遍布谷粒般大小的红色细

鸟身龙首神　猾褢

沙。山里有一种野兽，形状像猪，有鸡一样的爪子，它的叫声如同狗吠，名字叫狸力，这种野兽在哪里出现，哪里就会有繁重的水土工程。山里有一种鸟，形状像鹞鹰，有人手那样的爪子，它的叫声如同痹鸣，名叫鴸，它的叫声就是它名字的读音，这种鸟在哪里出现，哪里就会多有被放逐的才智之士。

东南四百五十里，曰长右①之山，无草木，多水。有兽焉，其状如禺②而四耳，其名长右，其音如吟③，见则其郡县大水。

【注释】①长右：山名。②禺（yù）：传说中的一种猿猴。③吟：呻吟。郭璞《山海经传》注："如人呻吟声。"

【译文】从柜山往东南四百五十里，叫长右山，山上不生花草树木，山间有很多水流。山里有一种野兽，形状像猿猴却有四耳，名叫长右，它的叫声如同人的呻吟，它所出现的郡县会发生洪涝之灾。

又东三百四十里，曰尧光之山，其阳多玉，其阴多金①。有兽焉，其状如人而彘鬣②，穴居而冬蛰，其名曰猾裹③，其音如斫木④，见则县有大繇。

【注释】①金：泛指金属矿物。②彘鬣（zhì liè）：猪身上的硬毛。彘，猪。鬣，较硬的毫毛。③猾裹（huái）：传说中的一种怪兽，形状像人。④斫木：砍伐树木的声音。斫，砍伐。

【译文】再往东三百四十里，叫尧光山，山的南面多产玉石，山的北面多产金属矿物。山里有一种野兽，形状像人，长有猪的毫毛，住在山洞里，一到冬天就蛰伏，它的名字叫猾裹，发出的叫声像是砍伐树木的声音，这种怪兽出现的郡县会有繁重的徭役。

又东三百五十里，曰羽山^①，其下多水，其上多雨，无草木，多蝮虫。

【注释】①羽山：传说祝融奉黄帝之命，将大禹之父鲧杀死在羽山。

【译文】再往东三百五十里，叫羽山，山下有很多河流，山上经常下雨，山上不生花草树木，有很多反鼻虫。

又东三百七十里，曰瞿父之山，无草木，多金玉。

【译文】再往东三百七十里，叫瞿父山，山上不生花草树木，多产金属矿物和玉石。

又东四百里，曰句余之山^①，无草木，多金玉。

【注释】①句余之山：郭璞《山海经传》注："今在会稽余姚县南，句章县北，故此二县因此为名云。"房玄龄《晋书·地理志》："余姚有句余山在南。"

【译文】再往东四百里，叫句余山，山上不生花草树木，多产金属矿物和玉石。

又东五百里，曰浮玉之山，北望具区，东望诸毗。有兽焉，

鵸　长右　狸力

其状如虎而牛尾，其音如吠犬，其名曰彘，是食人。苕水出于其阴，北流注于具区^①。其中多鮆鱼^②。

【注释】①具区：指江苏太湖。郭璞《山海经传》注："具区，今吴县西南太湖也，尚书谓之震泽。"②鮆（cǐ）鱼：又叫鲚鱼，鮤鱼，头长而狭薄，约一尺长。郭璞《山海经传》注："鮆鱼狭薄而长头，大者尺余，太湖中今饶之，一名刀鱼。"

【译文】再往东五百里，叫浮玉山，在山上向北可以看到具区泽，向东可以看到诸毗水，山里有一种野兽，形状像老虎却有牛那样的尾巴，它的叫声就像狗叫，名字叫彘，能吃人。苕水发源于山的北麓，往北汇入具区泽。河水中有很多鮆鱼。

又东五百里，曰成山，四方而三坛，其上多金玉，其下多青𫫇^①。阂水出焉，而南流注于虖勺^②，其中多黄金。

【注释】①青𫫇：青色的陶土颜料。②虖勺（hū shuò）：水名。有人认为是南滹沱河。

【译文】再往东五百里，叫成山，这座山是四方形的，像土坛层叠，共有三重，山上多产金属矿物和玉石，山下多产青𫫇。阂水从这里发源，然后向南汇入虖勺水，水中多产金矿。

又东五百里，曰会稽之山^①，四方，其上多金玉，其下多砆石^②。勺水出焉，而南流注于湨^③。

彘 豗

【注释】①会稽之山：在浙江境内。郭璞《山海经传》注："今在会稽郡山阴县南，上有禹冢及井。"②砆石：一种玉石。也叫武夫石，似玉，晶莹透亮。③淏（jú）：古水名，在河南境内。郭璞《山海经传》注："一作溴。"

【译文】再往东五百里，叫会稽山，山形四方，山上多产金属矿物和玉石，山下多产砆石。勺水从里发源，然后向南汇入淏水。

又东五百里，曰夷山，无草木，多沙石。淏水出焉，而南流注于列涂。

【译文】再往东五百里，叫夷山，山上不生花草树木，遍布沙石。淏水从这里发源，然后向南流入列涂水。

又东五百里，曰仆勾之山，其上多金玉，其下多草木，无鸟兽，无水。

【译文】再往东五百里，叫仆勾山，山上多产金属矿物和玉石，山下草木茂盛，没有飞禽走兽，也没有水。

又东五百里，曰咸阴之山，无草木，无水。

【译文】再往东五百里，叫咸阴山，山上不生花草树木，也没有水。

又东四百里，曰洵山^①，其阳多金，其阴多玉。有兽焉，其状如羊而无口，不可杀^②也，其名曰𩣡。洵水出焉，而南流注于阏之泽，其中多芘蠃^③。

【注释】①洵山：也写作旬山。②不可杀：意思是说这种动物没有口，不吃东西，也能自然存活。郝懿行《山海经笺疏》："不可杀，言不能死也。无口不食，而自生活。"③芘蠃(zǐ luó)：一种螺。蠃通"螺"。

【译文】再往东四百里，叫洵山，山的南面多产金属矿物，山的北面多产玉石。山里有一种野兽，形状像羊没有嘴巴，不吃东西也能存活，它的名字叫𩣡。洵水从里发源，然后向南流入阏泽，水中有很多紫色的螺。

又东四百里，曰虖勺之山，其上多梓枏^①，其下多荆杞^②。滂水出焉，而东流注于海。

【注释】①梓枏：梓树和枏树。梓，落叶乔木，木质轻软。枏，即楠木，常绿乔木，制作家具的上好材料。②荆杞：牡荆和枸杞。牡荆，落叶灌木，小枝方形，叶对生，掌状复叶。果实称为黄荆子，可供药用。枸杞，落叶灌木，夏季开紫色花。果实红色，叫枸杞子，可供药用。

【译文】再往东四百里，叫虖勺山，山上有很多梓树和楠树，山下有很多牡荆和枸杞。滂水从这里发源，然后向东流入大海。

又东五百里，曰区吴之山，无草木，多沙石。鹿水出焉，而南流注于滂水。

龙身鸟首神　蛊雕

【译文】再往东五百里，叫区吴山，山上不生花草树木，遍布沙石。鹿水从这里发源，然后向南流入滂水。

又东五百里，曰鹿吴之山，上无草木，多金石。泽更之水出焉，而南流注于滂水。水有兽焉，名曰蛊雕，其状如雕而有角，其音如婴儿之音，是食人。

【译文】再往东五百里，叫鹿吴山，山上不生花草树木，多产金属矿物和玉石。泽更水从这里发源，然后向南流入滂水。水里有一种野兽，名叫蛊雕，形状像雕鹰却头上有角，它的叫声像是婴儿啼哭，能吃人。

东五百里，曰漆吴之山，无草木，多博石①，无玉。处于东海，望丘山②，其光载出载入③，是惟日次④。

【注释】①博石：一种石头，可以用来下棋。②处于东海，望丘山：郝懿行云："东海一本作海东。"按宋本吴宽抄本并作海东，则东字宜属下读。③载出载入：光影照耀的景象。④日次：太阳所在之处。次，停驻。

【译文】再往东五百里，叫漆吴山，山上不生花草树木，多产博石，不产玉石。这座山在东海边上，向东边可以望见一片丘陵，有光影忽明忽灭，那里是太阳停歇的地方。

凡南次二经之首，自柜山至于漆吴之山，凡十七山，

七千二百里。其神状皆龙身而鸟首。其祠：毛用一璧①瘗，糈用
稌。

【注释】①璧：一种玉器，圆形，中间有孔，朝聘、祭祀、丧葬时常用作
礼器。

【译文】所有南方第二列山系，从柜山直到漆吴山，总共十七座
山，途经七千二百里。诸山神的形状都是龙的身子鸟的脑袋。祭祀山
神的仪式是：把带毛的禽畜连同玉璧一起埋入地下，祭祀的精米用
稻米。

南次三经

南次三经之首，曰天虞之山，其下多水，不可以上。

【译文】南方第三列山系的第一座山，叫天虞山，山下有很多水
流，不能攀登上去。

东五百里，曰祷过之山，其上多金玉，其下多犀①兕②，多
象。有鸟焉，其状如鸡③而白首，三足，人面，其名曰瞿如，其鸣
自号也。浪水④出焉，而南流注于海。其中有虎蛟⑤，其状鱼身
而蛇尾，其首如鸳鸯，食者不肿，可以已⑥痔。

【注释】①犀（xī）：指犀牛。一种猛兽，形状像牛，四肢粗大。鼻上有

颙鸟　犀　鱄鱼

角。皮厚而粗，微黑，没有毛。产于亚非热带雨林。许慎《说文解字》："颈短，犀，南徼外牛，一角在鼻，一角在顶，似豕，从牛，尾声。"②兕(sì)：类似犀牛的一种猛兽。据说身子像水牛，皮肤青色，有一只角。③䳩：传说中的一种鸟，样子像野鸭而略小。郭璞《山海经传》注："䳩似凫而小，脚近尾。"④泿水：古代水名。泿，郭璞《山海经传》注："音银。"⑤虎蛟：传说中龙的一种。郭璞《山海经传》注："蛟似蛇，四足，龙属。"⑥已：停止。止住的意思，引申为治疗。

【译文】往东五百里，叫祷过山，山上多产金属矿物和玉石，山下有很多犀牛、兕，有很多大象。山里有一种鸟，形状像鸡，白脑袋，三只脚，人的面孔，名叫瞿如，它的叫声就是自己名字的读音。泿水从这里发源，然后向南流入大海。水里有一种虎蛟，形状是鱼的身子，蛇的尾巴，它的脑袋像鸳鸯，吃了它的肉不生痈肿病，还可治疗痔疮。

又东五百里，曰丹穴之山，其上多金玉。丹水出焉，而南流注于渤海①。有鸟焉，其状如鸡，五采而文，名曰凤皇②，首文③曰德，翼文曰义，背文曰礼，膺④文曰仁，腹文曰信。是鸟也，饮食自然，自歌自舞，见则天下安宁。

【注释】①渤海：郭璞《山海经传》注："渤海，海岸曲崎头也。"②凤皇：即凤凰，传说中的百鸟之王。雄为凤，雌为凰。华夏族图腾之一，祥瑞的象征。《尔雅·释鸟》郭璞《山海经传》注："鸡头、燕颔、蛇颈、龟背、鱼尾、五彩色，高六尺许。"据说分朱雀、青鸾、鹓雏(yuān chú)、鸿鹄和鸑鷟(yuè zhuó)五种。③文：花纹。④膺：胸。

龙身人面神　瞿如　虎蛟

【译文】再往东五百里,叫丹穴山,山上多产金属矿物和玉石。丹水从这里发源,然后向南流入渤海。山里有一种鸟,形状像鸡,浑身五彩羽毛,名叫凤凰,头上的花纹像"德"字,翅膀上的花纹像"义"字,背部的花纹像"礼"字,胸部的花纹像"仁"字,腹部的花纹像"信"字。这种"凤凰"鸟,饮食自然,常常边唱边舞,它一出现就会天下太平。

又东五百里,曰发爽之山,无草木,多水,多白猿。汎水出焉而南流注于渤海。

【译文】再往东五百里,叫发爽山,山上不生花草树木,遍布水流,有很多白色的猿猴。汎水从这里发源,然后向南流入渤海。

又东四百里,至于旄山之尾。其南有谷,曰育遗,多怪鸟,凯风①自是出。

【注释】①凯风:南风,柔风。

【译文】再往东四百里,就到了旄山的尾部。山的南面有一道峡谷,名叫育遗,谷里有很多奇鸟,南风,也就是凯风,从这里吹出。

又东四百里,至于非山之首。其上多金玉,无水,其下多蝮虫。

【译文】再往东四百里,就到了非山的首部。山上多产金属矿物和玉石,没有水流,山下有很多蝮虫。

又东五百里,曰阳夹之山,无草木,多水。

【译文】再往东五百里,叫阳夹山,山上不生花草树木,有很多水流。

又东五百里,曰灌湘之山①,上多木,无草。多怪鸟,无兽。

【注释】①灌湘之山:郭璞《山海经传》注:"一作灌湖射之山。"

【译文】再往东五百里,叫灌湘山,山上有很多树木,没有花草。山里有很多怪鸟,没有野兽。

又东五百里,曰鸡山,其上多金,其下多丹臒①。黑水出焉,而南流注于海。其中有鲐鱼,其状如鲋②而彘毛③,其音如豚④,见则天下大旱。

【注释】①丹臒:一种红色的石头,可做染料。许慎《说文解字》:"丹,巴越之赤石也;臒,善丹也。"②鲋:即鲫鱼,体侧扁。③彘(zhì)毛:猪毛。彘,本指体型较大的野猪。后来泛指猪。④豚(tún):这里指小猪。

【译文】再往东五百里,叫鸡山,山上多产金属矿物,山下多产丹臒。黑水从这里发源,然后向南流入大海。水里有一种鲐鱼,它的形状像鲫鱼,身上有猪一样的毫毛,发出的叫声如同猪叫,它一出现就会天下大旱。

又东四百里，曰令丘之山，无草木，多火。其南有谷焉，曰中谷，条风^①自是出。有鸟焉，其状如枭^②，人面四目而有耳，其名曰颙^③，其鸣自号也，见则天下大旱。

【注释】①条风：东北风。②枭：通鸮，俗称猫头鹰，嘴壳呈钩状，两眼长在正前方，羽毛大多为褐色，通常夜间活动。③颙（yóng）：传说中的一种怪鸟。

【译文】再往东四百里，叫令丘山，山上不生花草树木，到处是野火。山的南边有一道峡谷，名叫中谷，东北风，也就是条风，从这里吹出。山里有一种鸟，形状像猫头鹰，人的面孔，四只眼，有耳朵，名叫颙，发出的叫声就是自身名称的读音，它一出现就会天下大旱。

又东三百七十里，曰仑者之山，其上多金玉，其下多青雘^①。有木焉，其状如榖而赤理，其汁如漆，其味如饴，食者不饥，可以释劳^②，其名曰白䓤，可以血玉^③。

【注释】①青雘：一种青色的石头，可以用作染料。②释劳：消除烦忧。劳，忧。③血玉：给玉制的首饰染上红色。血，用作动词，染的意思。郭璞《山海经传》注："血谓可用染玉作光彩。"

【译文】再往东三百七十里，叫仑者山，山上多产金属矿物和玉石，山下多产青雘。山里有一种树，形状像构树，红色纹理，流出的汁液像是漆，味道是甜的，吃了它不会饥饿，可以使人解除疲劳，名叫白䓤，可以用它把玉石染红。

又东五百八十里，曰禹稿^①之山，多怪兽，多大蛇。

【注释】①禺稿：有的版本也写作禺槁。

【译文】再往东五百八十里，叫禺稿山，山里有很多怪兽，有很多大蛇。

又东五百八十里，曰南禺之山，其上多金玉，其下多水。有穴焉，水出辄入，夏乃出，冬则闭。佐水出焉，而东南流注于海，有凤皇、鹓鶵①。

【注释】①鹓鶵：传说中的一种鸟。参见前文注释，凤凰的一种。

【译文】再往东五百八十里，叫南禺山，山上多产金属矿物和玉石，山下有很多流水。山上有一个洞穴，水刚从穴中流出，又重新流进洞穴中，但这种情况只有在夏天才出现，冬天时则闭塞不通。佐水从这里发源，向东南流入大海，河水的岸边有凤皇和鹓鶵在这里栖息。

凡南次三经之首，自天虞之山以至南禺之山，凡一十四山，六千五百三十里。其神皆龙身而人面。其祠皆一白狗祈①，糈用稌。

【注释】①祈：向神灵请求祷告。据毕沅解释，可理解为刺伤狗并取血以涂来祭祀。

【译文】所有南方第三列山系，从天虞山直到南禺山，总共十四座山，途经六千五百三十里。诸山神都是龙的身子人的面孔。祭祀山

卷一 南山经 | 33

神的仪式都是用一条白狗作为祭品并向神灵祷告，祭祀的精米用稻米。

右①南经之山志②，大小凡四十山，万六千三百八十里。

【注释】①右：以上的意思。古书为自右向左方向竖排，所以右边就是上文，前文。这几句有人认为不是《山海经》原文，而是校勘整理者所写。②南经之山志：郝懿行《山海经笺疏》："篇末此语，盖校书者所题，故旧本皆亚于经。"袁柯并认为"志"是后人所妄加，原文应是"南经之山"。

【译文】以上是南方所经山脉的记录，大小总共四十座山，途经一万六千三百八十里。

卷二 西山经

【题解】《西山经》所记共有四列山系，所记山脉多是我国中原以西的名山，总共七十七座山，途经一万七千五百一十七里。第一列山系是华山山系，这说明了西岳华山早在传说时代就已经成为重要的地理标志。

本卷中所记述的矿物知识表明了人们对于自然资源的初步认识。此外，关于昆仑山、玉山的描述，则充满了浪漫主义的神话色彩，保留了关于西王母、黄帝、后稷等神话人物的传说，各种神的名字也光怪陆离，以及蒸腾的玉泉和各种奇异的神兽。关于西方的流沙和沼泽描写，说明了几千年前的西域也曾经有过湿热的气候。

西山经

西山经华山之首，曰钱来之山，其上多松，其下多洗石①。有兽焉，其状如羊而马尾，名曰羬羊②，其脂可以已腊③。

【注释】①洗石：一种石头。洗澡时用来擦洗身体。郭璞《山海经传》

注："洗澡可以碌体去垢。碌，初两反。"②羬（qián）羊：大尾羊。郭璞《山海经传》注："今大月氏国有大羊如驴而马尾；《尔雅》云，'羊六尺为羬，谓此羊也'。"③已腊：治疗皮肤皱皴。已，治疗，抑制。

【译文】西方第一列华山山系的第一座山，叫钱来山，山上有很多松树，山下多产洗石。山里有一种野兽，形状像羊，马的尾巴，名叫羬羊，这种羊的油脂可以防止皮肤干裂。

西四十五里，曰松果之山。濩水①出焉，北流注于渭，其中多铜②。有鸟焉，其名曰螐渠，其状如山鸡，黑身赤足，可以已曝③。

【注释】①濩（huò）水：郝懿行《山海经笺疏》："水经注作灌水。"②铜：指铜矿。③曝：皮肤起皴。

【译文】往西四十五里，叫松果山。濩水从这里发源，向北流入渭水，水中多产铜矿。山里有一种鸟，它的名字叫螐渠，形状像野鸡，黑身子红爪子，可以用来治疗皮肤起皴。

又西六十里，曰太华之山①，削成而四方，其高五千仞②，其广十里，鸟兽莫居。有蛇焉，名曰肥遗③，六足四翼，见则天下大旱。

【注释】①太华之山：今西岳华山，位于陕西境内。②仞：古代八尺为一仞。五千仞相当于四万尺，形容山势极高。郭璞《山海经传》注："仞，八尺也。上有明星玉女，持玉浆，得上服之，即成仙。道险僻不通。诗含神雾云。"

蜗渠　羬羊

郝懿行《山海经笺疏》："明星玉女，华山名也。"③肥遗：此处指蛇。又有肥遗鸟，见本卷"英山"条。郭璞《山海经传》注："汤时此蛇见于阳山下。复有肥遗蛇，疑是同名。"又见《北次三经》"浑夕山""彭毗山"条。

【译文】再往西六十里，叫太华山，山崖陡立如削，山体四方形，高五千仞，方圆十里，飞禽走兽不在这里栖息。山里有一种蛇，名叫肥遗，六只脚，四只翅膀，它一出现就会天下大旱。

又西八十里，曰小华之山，其木多荆杞，其兽多㸲牛①，其阴多磐石②，其阳多㻬琈之玉③。鸟多赤鷩④，可以御火⑤。其草有萆荔⑥，状如乌韭，而生于石上，亦缘木而生，食之已心痛。

【注释】①㸲牛：犀牛的一种，生活在山里，体重约千斤。②磐石：一种石头，可以制成乐器。用它制成的乐器叫磬，可以挂在架子上敲打。③㻬琈之玉：传说中的一种玉，具体材质不明，在"山经"部分多有记载。④赤鷩：一种禽鸟，山鸡之类。红色的胸腹，金黄色的冠，黄脑袋，绿尾巴，间杂红羽，色彩鲜明。⑤御火：辟火。御，屏除、防御。⑥萆荔：一种香草名，《楚辞》中写作"薜荔"。

【译文】再往西八十里，叫小华山，山上的树木大多是牡荆和枸杞，山里的野兽大多是㸲牛，山的北面多产磐石，山的南面多产㻬琈玉。山里有很多赤鷩鸟，喂养它可以防御火灾。山里有一种萆荔草，形状像乌韭，长在石头上，也攀缘树木而生，吃了它可以治疗心痛病。

又西八十里，曰符禺之山，其阳多铜，其阴多铁①。其上有

鸱　葱聋　肥遗

木焉，名曰文茎，其实如枣，可以已聋。其草多条，其状如葵②，而赤华黄实，如婴儿舌，食之使人不惑。符禺之水出焉，而北流注于渭。其兽多葱聋③，其状如羊而赤鬣④。其鸟多鴖⑤，其状如翠⑥而赤喙⑦，可以御火。

【注释】①铁：指铁矿。②葵：冬葵，也叫冬寒菜，古时候的一种蔬菜。③葱聋：一种野生的山羊。④赤鬣（liè）：红色的长毛。鬣，动物脖子上的长毛。⑤鴖：鸟类名。一说当为"鹛"，翠色红嘴的鸟。⑥翠：指翠鸟，又叫翡翠鸟，形体似燕子，只是羽毛颜色不同。⑦赤喙：红色的嘴壳。喙，鸟的嘴。

【译文】再往西八十里，叫符禺山，山的南面多产铜矿，山的北面多产铁矿。山上有一种树，名叫文茎，它结的果实像枣子，可以用来治疗耳聋。山上生长的草类多是条草，形状像葵菜，开红花，结黄果，果实像婴儿的舌头，吃了就不会被迷惑。符禺水从这里发源，然后向北流入渭水。山里的野兽大多是葱聋，形状像羊却有红色的鬣毛。山里的鸟类大多是鴖鸟，形状像翠鸟，红嘴壳，喂养它可以防御火灾。

又西六十里，曰石脆之山，其木多棕枏，其草多条①，其状如韭，而白华黑实，食之已疥。其阳多㻬琈之玉，其阴多铜。灌水出焉，而北流注于禺水。其中有流赭②，以涂牛马③无病。

【注释】①条：与上文所说的条草同名，但形状不完全相同。②流赭：硫黄和赭黄。硫黄，一种矿物，可入药，能杀虫。赭黄，一种褐铁矿，可做颜料。郭璞《山海经传》注："赭，赤土。"③以涂牛马：把染料涂在牛马的角

尸鳩　器　豪㹱

上。郭璞《山海经传》注："今人亦以朱涂牛角，云以辟恶。马或作角。"

【译文】再往西六十里，叫石脆山，山上的树木大多是棕树和楠树，山里的草类大多是条草，形状像韭菜，开白花，结黑果，吃了这种果子可以治疗疥疮。山的南面多产琈珸玉，山的北面多产铜矿。灌水从这里发源，然后向北流入禺水。水里出产硫黄和赭黄，把它涂在牛马的身上就能使牛马不生病。

又西七十里，曰英山，其上多杻橿①，其阴多铁，其阳多赤金。禺水出焉，北流注于招水，其中多𩶯鱼，其状如鳖，其音如羊。其阳多箭䉋②，其兽多㸲牛、羬羊。有鸟焉，其状如鹑③，黄身而赤喙，其名曰肥遗④，食之已疠⑤，可以杀虫⑥。

【注释】①杻、橿：杻树和橿树。杻树，近似于棣树，叶子细长可喂牛，木材能造车辋。橿树，木质坚硬，古代制车材料。郭璞《山海经传》注："杻似棣而细叶，一名土橿，音纽；橿，木中车材，音姜。"②箭䉋：一种竹子。节长、皮厚、根深，冬天可以挖笋来吃。郭璞《山海经传》注："今汉中郡出䉋竹，厚里而长节，根深，笋冬生地中，人掘取食之。"③鹑：鹌鹑，一种鸟，体形像鸡，头小尾短，羽毛赤褐色，有黄白色条纹。④肥遗：这里指一种鸟，和上文所说不同。⑤疠：癞病，即麻疯。郭璞《山海经传》注："疠，疫病也；或曰恶疮。"⑥杀虫：杀死腹内的寄生虫。

【译文】再往西七十里，叫英山，山上有很多杻树和橿树，山的北面多产铁矿，山的南面多产铜矿。禺水从这里发源，向北流入招水，水里有很多𩶯鱼，形状像鳖，发出的叫声像是羊叫。山的南面有很多箭竹和䉋竹，这里的野兽大多是㸲牛、羬羊。山里有一种鸟，形

肥遗鸟　猛豹　橐𪊨

状像鹌鹑，黄身子而红嘴壳，它的名字叫肥遗，吃了它的肉可以治疗麻风病，还能杀死腹内寄生虫。

　　又西五十二里，曰竹山，其上多乔木，其阴多铁。有草焉，其名曰黄蘽，其状如樗①，其叶如麻，白华而赤实，其状如赭②，浴之已疥，又可以已胕③。竹水出焉，北流注于渭，其阳多竹箭④，多苍玉。丹水出焉，东南流注于洛水，其中多水玉，多人鱼。有兽焉，其状如豚而白毛，毛大如笄⑤而黑端，名曰豪彘⑥。

　　【注释】①樗（chū）：椿树的一种。②赭：褐红色。赭，指赭石，即赤铁矿，这里取其颜色。③胕（fú）：全身浮肿，胕通肤。《素问·水热穴论》："上下溢于皮肤，故为胕肿。"④竹箭：小竹子。⑤笄（jī）：簪子，古代用来插挽头发的首饰。⑥豪彘：豪猪，俗称箭猪。一种大型啮齿类哺乳动物，有褐色、灰色及白色三种颜色。体形粗壮，身上有硬刺，四肢及腹部的棘刺短而软。

　　【译文】再往西五十二里，叫竹山，山上有很多高大的乔木，山的北面多产铁矿。山里有一种草，名叫黄蘽，形状像樗树，叶子像麻叶，开白花，结红果，果实的颜色呈紫红色，用它来洗澡可以治疗疥疮，还可以治疗浮肿病。竹水从这里发源，向北流入渭水，竹水的北岸有很多竹丛，多产青色的玉石。丹水发源于这座山，向东南流入洛水，水中多产水晶，有很多人鱼。山里有一种野兽，它的形状像猪，白色的毛，毛有簪子那么粗，尖端是黑色的，名叫豪猪。

　　又西百二十里，曰浮山，多盼木，枳叶①而无伤②，木虫居之③。有草焉，名曰薰草，麻叶而方茎，赤华而黑实，臭如蘪芜④，佩之可以已疠。

【注释】①枳：枳树，也叫"枸橘""臭橘"，叶上有粗刺。郭璞《山海经传》注："枳，刺针也，能伤人，故名云。"②无伤：这里是说盼木的叶子虽然像枳却无刺，不能伤人。③木虫居之：意思是说这种虫子长在树木中。④臭如蘼芜：气味像是蘼芜。蘼芜，一种香草，闻起来像兰花。

【译文】再往西一百二十里，叫浮山，这里有很多盼木，叶子像枳树叶却没有刺，木虫寄生在树上。山里有一种草，名叫薰草，叶子像麻叶却是方的茎干，开红色的花，结黑色的果，它的气味像蘼芜，把它佩戴在身上可以治疗麻风病。

又西七十里，曰羭次之山，漆水出焉，北流注于渭。其上多棫橿①，其下多竹箭，其阴多赤铜②，其阳多婴垣之玉③。有兽焉，其状如禺而长臂，善投，其名曰嚣④。有鸟焉，其状如枭，人面而一足，曰橐𩇯，冬见夏蛰⑤，服之不畏雷。

【注释】①棫橿：棫树和橿树。棫树，即白桵，一种小树，丛生，茎上有刺，果实紫红色，可吃。这种树最早出现于《诗经·大雅》："帝省其山，柞棫斯拔，松柏斯兑。"②赤铜：铜矿。③婴垣之玉：一种玉石，可以挂在脖子上作为装饰。江绍原认为应该是"婴脰之玉"。今福州马尾有婴脰山。④嚣（xiāo）：一种野兽，有人认为是猕猴，形貌像人。郭璞《山海经传》注："亦在畏兽画中，似猕猴投掷也。"毕沅校本作𤡔，云𤡔、夒形相近。《说文解字》："夒，母猴，似人。"由此可见，嚣即夒。⑤蛰：蛰伏。原指动物冬眠，潜伏于洞穴中，不吃东西也不活动。这里指动物像冬眠那样潜藏起来，不外出活动。

【译文】再往西七十里，叫羭次山。漆水从这里发源，向北流入渭水。山上有很多棫树和橿树，山下有很多竹丛，山的北面多产赤铜矿，山的南面多产可以用作颈饰的玉。山里有一种野兽，它的形状像猿猴，双臂很长，善于投掷，名叫嚣。山里有一种鸟，它的形状像猫头鹰，却有人的面孔，一只脚，名叫橐𦸎，这种动物冬天出现，夏天蛰伏，佩戴它的羽毛在身上就不会害怕打雷。

又西百五十里，曰时山，无草木。逐水①出焉，北流注于渭，其中多水玉。

【注释】①逐水：也写作遂水。

【译文】再往西一百五十里，叫时山，山上不生花草树木。逐水从这里发源，向北流入渭水，水中多产水晶。

又西百七十里，曰南山，上多丹粟。丹水出焉，北流注于渭。兽多猛豹①，鸟多尸鸠②。

【注释】①猛豹：一种野兽，形体像熊而略小，浅色有光泽。郭璞《山海经传》注："猛豹似熊而小，毛浅，有光泽，能食蛇，食铜铁，出蜀中。豹或作虎。"郝懿行《山海经笺疏》："猛豹即貘豹也，貘豹、猛豹声近而转。"②尸鸠：布谷鸟。郭璞《山海经传》注："尸鸠，布谷类也。鸠或作丘。"

【译文】再往西一百七十里，叫南山，山上多产如谷粒大小的红色细沙。丹水从这里发源，向北流入渭水。山里的野兽大多是猛豹，禽鸟类大多是布谷鸟。

又西百八十里，曰大时之山，上多榖柞^①，下多杻橿，阴多银，阳多白玉。涔水出焉，北流注于渭。清水出焉，南流注于汉水。

【注释】①柞：栎树。落叶乔木，分布广，种类多。

【译文】再往西一百八十里，叫大时山，山上有很多构树和栎树，山下有很多杻树和橿树，山的北面多产银矿，山的南面多产白玉。涔水从这里发源，向北流入渭水。清水从这里发源，向南流入汉水。

又西三百二十里，曰嶓冢之山，汉水出焉，而东南流注于沔。嚣水出焉，北流注于汤水。其上多桃枝钩端^①，兽多犀兕熊罴^②，鸟多白翰^③赤鷩。有草焉，其叶如蕙^④，其本^⑤如桔梗^⑥，黑华而不实，名曰蓇蓉，食之使人无子。

【注释】①桃枝钩端：桃枝和钩端，两种都是竹类植物。桃枝，一种竹子，四寸为一节。钩端：属于桃竹之类，稍有不同。②罴：熊的一种。③白翰：一种鸟，就是白雉，又叫白鹇。常栖息于高山竹林之间。郭璞《山海经传》注："白翰，白鷳也，亦名鷩雉，又曰白雉。"④蕙：蕙草，一种香草，兰草类。⑤本：根。⑥桔梗：桔树的枝干。

【译文】再往西三百二十里，叫嶓冢山，汉水从这里发源，向东南流入沔水；嚚水从这里发源，向北流入汤水。山上有很多桃枝和钩端之类的竹丛，山里的野兽大多是犀牛、兕、熊、罴，禽鸟类大多是白翰和赤鷩。山里有一种草，叶子像蕙草叶，其茎干像桔梗，开黑色的花，不结果实，名叫蓇蓉，吃了它会使人不生育。

又西三百五十里，曰天帝之山，上多棕枏，下多菅①蕙。有兽焉，其状如狗，名曰溪边，席②其皮者不蛊。有鸟焉，其状如鹑，黑文而赤翁③，名曰栎，食之已痔。有草焉，其状如葵，其臭如蘼芜，名曰杜衡④，可以走马⑤，食之已瘿⑥。

【注释】①菅：茅草类。②席：名词用作动词，铺垫的意思。③赤翁：红色的颈毛。翁，指鸟脖上的毛。④杜衡：一种香草。⑤可以走马：可以使马走得飞快。郭璞《山海经传》注："带之令人便马；或曰，马得之而健走。"⑥瘿：脖颈部所生长的瘤子。

【译文】再往西三百五十里，叫天帝山，山上有很多棕树和楠木，山下有很多茅草和蕙草。山里有一种野兽，它的形状像狗，名叫溪边，用它的皮作为铺垫就不会中蛊。山里有一种鸟，形状像鹌鹑，有黑色的花纹，红色的颈毛，名叫栎，吃了它的肉可以治疗痔疮。山上有一种草，它的形状像葵菜，发出的气味像蘼芜，名叫杜衡，佩戴上它可以使马跑得飞快，吃了它可以治疗脖子上的赘瘤。

西南三百八十里，曰皋涂之山，蔷水出焉，西流注于诸资之水。涂水出焉，南流注于集获之水。其阳多丹粟，其阴多银、黄金，其上多桂木。有白石焉，其名曰礜①，可以毒鼠。有草焉，其状如蘼芜②，其叶如葵而赤背，名曰无条，可以毒鼠。有兽焉，其状如鹿而白尾，马足人手而四角，名曰獏如。有鸟焉，其状如鸱而人足，名曰数斯，食之已瘿。

【注释】①礜（yù）：礜石，一种矿物，有毒，是制砷和亚砷酸的原料，煅成末，可用来毒鼠，也可入药。据说山上有礜石，则草木不能生，霜雪不能积；水里有礜石，就会不结冰。②蘼芜：一种香草，根茎可入药。

【译文】往西南三百八十里，叫皋涂山，蔷水从这里发源，向西流入诸资水；涂水从这里发源，向南流入集获水。山的南面多产谷粒大小的红色细沙，山的北面多产银矿和金矿，山上有很多桂树。山中有一种白色的石头，名叫礜，可以用来毒杀老鼠。山里有一种草，形状像蘼芜，叶子像葵菜的叶，背面是红色的，名叫无条，可以用来毒杀老鼠。山里有一种野兽，形状像鹿，白色的尾巴，马的蹄、前面两条腿像人的手，有四只角，名叫獏如。山里有一种鸟，形状像鹞鹰，有人一样的脚，名叫数斯，吃了它的肉可以治疗脖子上的赘瘤。

又西百八十里，曰黄山，无草木，多竹箭。盼水出焉，西流注于赤水，其中多玉。有兽焉，其状如牛，而苍黑大目，其名曰㸲①。有鸟焉，其状如鸮，青羽赤喙，人舌能言，名曰鹦鹉②。

【注释】①㸲（mǐn）：古代的一种动物，形状像牛，但体形稍小。《周书·王会篇》："数楚每牛，每牛者，牛之小者也。"②鹦鹉：鹦鹉。羽毛鲜艳，善于学人说话，常被作为宠物饲养。对趾型足，两趾向前两趾向后，适合抓握。分布地域广，种类多。

数斯　玃如

【译文】再往西一百八十里，叫黄山，山上不生花草树木，有很多竹丛。盼水从这里发源，向西流入赤水，水中多产玉石。山里有一种野兽，它的形状像牛，浑身苍黑色，大大的眼睛，名叫犛。山里有一种鸟，它的形状像猫头鹰，青色的羽毛，红嘴壳，肉质软舌，能学人说话，名叫鹦鹉。

又西二百里，曰翠山，其上多棕枏，其下多竹箭，其阳多黄金、玉，其阴多旄牛①、麢②、麝③。其鸟多鸓，其状如鹊，赤黑而两首、四足，可以御火。

【注释】①旄牛：牦牛。哺乳动物，生活在高寒地带。主产于我国青藏高原。耐劳，能识途，善走陡坡险路和沼泽，能渡江河激流。②麢(líng)：羚羊，形状像羊而稍大，角圆锐，跑动很快，喜在山崖间活动。麢，同羚。③麝：一种鹿科动物，也叫香獐，前肢短，后肢长，蹄小耳大，棕色，头上不长角。雄麝身上有麝腺，分泌的麝香可入药，也可制作香料。

【译文】再往西二百里，叫翠山，山上有很多棕树和楠树，山下遍布竹丛，山的南面多产金矿和玉石，山的北面有很多牦牛、羚羊、麝。山里的鸟类大多是鸓鸟，形状像喜鹊，红黑色的羽毛，两个脑袋、四只脚，喂养着它可以防御火灾。

又西二百五十里，曰騩山，是錞①于西海，无草木，多玉。凄水出焉，西流注于海，其中多采石②、黄金，多丹粟。

【注释】①錞：依附。这里是坐落、高踞的意思。②采石：带有彩色纹路

鸚䳱犎鵒

的石头。郭璞《山海经传》注:"采石,石有采色者;今雌黄、空青、碧绿之属。"

【译文】再往西二百五十里,叫騩山,它坐落在西海的岸边,这里不生花草树木,多产玉石。凄水从这里发源,向西流入大海,水中多产采石和金矿,还有很多谷粒大小的红色细沙。

凡西山经之首,自钱来之山至于騩山,凡十九山,二千九百五十七里。华山,冢^①也,其祠之礼:太牢^②。羭山神也,祠之用烛,斋^③百日以百牺^④,瘗用百瑜^⑤,汤^⑥其酒百樽,婴^⑦以百珪^⑧百璧。其余十七山之属,皆毛牷^⑨用一羊祠之。烛者,百草之未灰,白席采等纯之。

【注释】①冢:神鬼的居处。郭璞《山海经传》注:"冢者,神鬼之所舍也。"②太牢:古代祭祀时的最高规格,祭品用牛、羊、猪,三牲全备为太牢。③斋:古代祭祀之前,清洗身体并节制饮食,以示庄敬。④牺:祭祀时用的纯色的牲畜。牲是供祭祀用的牲畜。⑤瑜:美玉。⑥汤:通"烫"。⑦婴:学者江绍原认为"婴"是用玉器祭祀神的专称。郭璞《山海经传》注:"婴谓陈之以环祭也;或曰婴即古罂字,谓盂也。"⑧珪:一种长条形玉器,上端三角形。珪,同圭。⑨毛牷(quán):指祭祀所用的毛物都是整个的牲畜。

【译文】所有西方第一列山系,从钱来山直到騩山,总共十九座山,途经两千九百五十七里。华山,是诸山神的宗主,祭祀的仪式是:用猪、牛、羊三牲作为祭品。羭山,是神灵显应的地方,祭祀的仪式要用烛火,斋戒百日后用一百只毛色纯正的牲畜,和一百块瑜埋入地下,再烫一百樽美酒,祭祀的玉器用一百块玉珪和一百块玉璧。祭祀其他十七座山的山神,都用一只整羊当作祭品。所谓烛,就是用百草制成火把，还没有烧成灰，祭祀的席子要用各种颜色依次装饰边缘的白草席。

西次二经

西次二经之首，曰钤山①，其上多铜，其下多玉，其木多杻檀。

【注释】①钤（qián）山：郭璞《山海经传》注："音钳之钳；或作冷，又作涂。"

【译文】西方第二列山系的第一座山，名叫钤山，山上多产铜矿，山下多产玉石，山上的树木大多是杻树和檀树。

西二百里，曰泰冒之山①，其阳多金，其阴多铁。浴水②出焉，东流注于河③，其中多藻玉④，多白蛇⑤。

【注释】①泰冒之山：泰也写作秦。②浴水：《初学记》及《太平御览》并引作洛水。③河：古称"河"或"河水"，大多专指黄河。④藻玉：带有纹理的美玉。郭璞《山海经传》注："藻玉，玉有符彩者；或作柬，音练。"⑤白蛇：这里指水蛇。

【译文】向西二百里，叫泰冒山，山的南面多产金属矿物，山的北面多产铁矿。浴水从这里发源，向东流入黄河，水中多产藻玉，有很多白色的水蛇。

又西一百七十里，曰数历之山，其上多黄金，其下多银，其木多杻橿，其鸟多鹦鹉。楚水出焉，而南流注于渭，其中多白珠①。

【注释】①白珠：白色的珍珠。郭璞《山海经传》注："今蜀郡平泽出青珠。尸子曰：'水员折者有珠。'"

【译文】再往西一百七十里，叫数历山，山上多产金矿，山下多产银矿，山上的树木大多是杻树和橿树，禽鸟类大多是鹦鹉。楚水从这里发源，然后向南流入渭水，水中多产白珍珠。

又西百五十里，曰高山，其上多银，其下多青碧①、雄黄②，其木多棕，其草多竹③。泾水出焉，而东流注于渭，其中多磬石、青碧。

【注释】①青碧：青色的玉石。《说文解字》："碧，石之青美者也。"②雄黄：也叫鸡冠石，一种矿物，可以用作解毒、杀虫的药物。③竹：这里指低矮的竹丛，因为较小，所以在书中当作草类。

【译文】再往西一百五十里，叫高山，山上多产银矿，山下多产青碧、雄黄，山上的树木大多是棕树，草类大多是竹丛。泾水从这里发源，然后向东流入渭水，水中有很多磬石、青碧。

西南三百里，曰女床之山，其阳多赤铜，其阴多石涅①，其兽多虎、豹、犀、兕。有鸟焉，其状如翟②而五采文，名曰鸾

鸾鸟　凫徯

鸟^③，见则天下安宁。

【注释】①石涅：石墨，也叫画眉石。常被用作黑色染料，也可以写字。②翟：一种山鸡，尾巴很长，形体略大。③鸾鸟：传说中的一种鸟，象征吉祥，属于凤凰一类。

【译文】往西南三百里，叫女床山，山的南面多产赤铜，山的北面多产石涅，山里的野兽大多是虎、豹、犀牛和兕。山里有一种鸟，它的形状像山鸡却有五彩斑斓的羽毛，名叫鸾鸟，它一出现就会天下太平。

又西二百里，曰龙首之山，其阳多黄金，其阴多铁。苕水出焉，东南流注于泾水，其中多美玉。

【译文】再往西二百里，叫龙首山，山的南面多产金矿，山的北面多产铁矿。苕水从这里发源，向东南流入泾水，水中多产美玉。

又西二百里，曰鹿台之山，其上多白玉，其下多银，其兽多㧻牛、羬羊、白豪^①。有鸟焉，其状如雄鸡而人面，名曰凫徯，其鸣自叫也，见则有兵^②。

【注释】①白豪：长着白毛的野猪。②兵：兵器，指战争。

【译文】再往西二百里，叫鹿台山，山上多产白玉，山下多产银矿，山里的野兽大多是㧻牛、羬羊、白野猪。山里有一种鸟，形状像雄鸡，人的面孔，名叫凫徯，它的叫声就是自己名字的读音，它一出现天

人面马身神　人面牛身神　朱厌

下就会发生战争。

西南二百里，曰鸟危之山，其阳多磬石，其阴多檀楮^①，其中多女床^②。鸟危之水出焉，西流注于赤水，其中多丹粟。

【注释】①檀楮：檀树和构树。檀树，一种香木，常用来制作器具。楮，即构树，树体高大，其皮可以制成桑皮。②女床：指山名或地名。这里可能指一种植物，据说是女肠草。

【译文】往西南二百里，叫鸟危山，山的南面多产磬石，山的北面有很多檀树和构树，山上有很多女肠草。鸟危水从这里发源，向西流入赤水，水中有许多谷粒大小的红色细沙。

又西四百里，曰小次之山，其上多白玉，其下多赤铜。有兽焉，其状如猿，而白首赤足，名曰朱厌，见则大兵^①。

【注释】①大兵：大的战争。郭璞《山海经传》注："一作见则有兵起焉，一作见则为兵。"

【译文】再往西四百里，叫小次山，山上多产白玉，山下多产铜矿。山里有一种野兽，它的形状像猿猴，头是白色的、脚是红色的，名叫朱厌，它一出现天下就会发生大的战争。

又西三百里，曰大次之山，其阳多垩^①，其阴多碧，其兽多㸲牛、麢羊^②。

【注释】①垩: 一种黏土, 可以用来涂饰粉刷墙壁, 有白、红、青、黄等多种颜色。②麢(líng)羊: 羚羊。

【译文】再往西三百里, 叫大次山, 山的南面多产垩土, 山的北面多产碧玉, 山里的野兽大多是㸲牛、羚羊。

又西四百里, 曰薰吴之山, 无草木, 多金玉。

【译文】再往西四百里, 叫薰吴山, 山上不生花草树木, 多产金属矿物和玉石。

又西四百里, 曰厎阳之山, 其木多㯻①、㭉、豫章②, 其兽多犀、兕、虎、豹③、㸲牛。

【注释】①㯻: 这里指一种树木, 即水松, 有刺, 木质纹理细。②豫章: 樟树, 也叫香樟, 常绿乔木。郭璞《山海经传》注:"豫章, 大木, 似楸, 叶冬夏青, 生七年而后可知也。"据说这种树在小的时候看不出来是一种树, 长到七年以后才能辨别。③豹(zhuó): 一种野兽, 像豹子, 有斑纹。

【译文】再往西四百里, 叫厎阳山, 山上的树木大多是水松、楠木、樟树, 野兽大多是犀牛、兕、老虎、豹、㸲牛。

又西二百五十里, 曰众兽之山, 其上多㻎㻊之玉, 其下多檀楮, 多黄金, 其兽多犀、兕。

【译文】再往西二百五十里，叫众兽山，山上多产璆琈玉，山下有很多檀树和构树，多产金矿，山里的野兽大多是犀牛、兕。

又西五百里，曰皇人之山，其上多金玉，其下多青、雄黄①。皇水出焉，西流注于赤水，其中多丹粟。

【注释】①青、雄黄：一说指石青和雄黄。石青指一种矿物，可以制成蓝色染料。一说指青黑色而坚硬的雄黄。《本草图经》："雄黄，生武都山谷敦煌山之阳，今阶州山中有之。形块如丹砂，明澈不夹石，其色如鸡冠者为真。有青黑色而坚者名熏黄，有形色似真而气臭者名臭黄，并不入服食药，只可疗疮疥耳。"

【译文】再往西五百里，叫皇人山，山上多产金属矿物和玉石，山下多产石青、雄黄。皇水从这里发源，向西流入赤水，水中多产谷粒大小的红色细沙。

又西三百里，曰中皇之山，其上多黄金，其下多蕙棠①。

【注释】①棠：指棠梨树，所结果实似梨而略小，可吃，其味酸甜。

【译文】再往西三百里，叫中皇山，山上多产金矿，山下有很多蕙草和棠梨树。

又西三百五十里，曰西皇之山，其阳多金，其阴多铁，其兽多麋①、鹿、𰠶牛。

【注释】①麋：指麋鹿，也叫四不像。淡褐色的毛，雄性有角。角像鹿角，头像马头，身子像驴，蹄子像牛。郭璞《山海经传》注："麋大如小牛，鹿属也。"

【译文】再往西三百五十里，叫西皇山，山的南面多产金属矿物，山的北面多产铁矿，山里的野兽大多是麋、鹿和牦牛。

又西三百五十里，曰莱山，其木多檀楮，其鸟多罗罗①，是食人。

【注释】①罗罗：《海外北经》中提到一种青色的野兽，像老虎，也叫罗罗。

【译文】再往西三百五十里，叫莱山，山上的树木大多是檀树和构树，禽鸟类大多是罗罗，这种鸟吃人。

凡西次二经之首，自钤山至于莱山，凡十七山，四千一百四十里。其十神者，皆人面而马身。其七神，皆人面牛身，四足而一臂，操杖以行，是为飞兽之神。其祠之：毛用少牢①，白菅为席。其十辈②神者，其祠之：毛一雄鸡，钤③而不糈；毛采④。

【注释】①毛用少牢：祭祀时用猪和羊作为祭品，称为少牢。毛指带毛的动物，鸡、狗、牛、羊、猪等。②十辈：十类。③钤（qián）：可能是向神灵祷告的意思。郭璞《山海经传》注："钤，所用祭器名，所未详也。或作思训祈不糈，祠不以米。"郝懿行《山海经笺疏》："铃疑祈之声转耳，经文祈而不糈，即祠不以米之义；思训未详。"④毛采：郭璞云："言用熊色鸡也。"《藏经》作杂色鸡。

【译文】所有西方第二列山系，从钤山直到莱山，总共十七座山，途经四千一百四十里。其中十座山的山神，都是人的面孔，马的身子。有七座山的山神都是人的面孔，牛的身子，四只脚，一条胳膊，扶杖而行，这就是飞兽之神。祭祀这七位山神的仪式是：毛物用猪、羊当作祭品，放在白茅草席上。祭祀另外十位山神的仪式：毛物用一只公鸡当作祭品，祷告的时候不用精米；作为毛物的鸡，颜色要用杂色的。

西次三经

西次三经之首，曰崇吾①之山，在河之南，北望冢遂，南望瑶之泽，西望帝之搏兽之山，东望蠵渊。有木焉，员叶②而白柎③，赤华而黑理，其实如枳④，食之宜子孙。有兽焉，其状如禺而文臂，豹虎而善投，名曰举父⑤。有鸟焉，其状如凫，而一翼一目，相得乃飞，名曰蛮蛮⑥，见则天下大水。

【注释】①崇吾：有的版本也写作崇丘。②员叶：圆叶。员，通圆。③白柎：白色的花萼。④枳：一种橘树。《说文解字》："枳，木，似橘。"《考工记》："橘逾淮而北，为枳。"⑤举父：也写作夸父。⑥蛮蛮：可能指比翼鸟。

【译文】西方第三列山系的第一座山，叫崇吾山，在黄河的南岸，向北可以望见冢遂山，向南可以望见瑶泽，向西可以望见天帝所居的

钦鴀　蛮蛮鸟　举父

搏兽山, 向东可以望见蟜渊。山上有一种树, 圆圆的叶, 白色的花萼, 红色的花瓣上有黑色的纹理, 结的果实像枳实, 吃了它可以多子多孙。山里有一种野兽, 形状像猿猴, 胳臂上有斑纹, 豹的尾巴, 善于投掷, 名叫举父。山里有一种鸟, 形状像野鸭, 一只翅膀, 一只眼, 两只鸟合拢起来才能飞翔, 名叫蛮蛮, 它一出现天下就会发生洪涝之灾。

西北三百里, 曰长沙之山。泚水出焉, 北流注于泑水, 无草木, 多青、雄黄。

【译文】往西北三百里, 叫长沙山。泚水从这里发源, 向北流入泑水, 山上不生花草树木, 多产石青和雄黄。

又西北三百七十里, 曰不周之山①。北望诸毗之山, 临彼岳崇之山。东望泑泽, 河水所潜也, 其原②浑浑泡泡③。爰有嘉果④, 其实如桃, 其叶如枣, 黄华而赤柎, 食之不劳⑤。

【注释】①不周之山: 不周山。据说这座山的形状有缺而不周全, 所以叫不周山。山的西北部, 风从这里刮出。山形有缺, 相传是因为共工和颛顼争帝位时相撞而形成的。②原: 源头。原, 同源。③浑浑(gǔn)泡泡(páo): 形容水奔涌流淌发出的响声。④嘉果: 桃子。相传西王母种桃, 三千岁一结子。可能就是由此而阐发。⑤不劳: 没有烦忧。

【译文】再往北三百七十里, 叫不周山。向北可以望见诸毗山, 高居于岳崇山之上。向东可以望见泑泽, 这里是黄河所潜之处, 源

鼓　文鳐鱼

头的河水不断喷涌，发出浑浑泡泡的宏大水声。这里有一种优良果树，结出的果实像桃子，它的叶子像枣树的叶，开黄花而有红色的萼，吃了它的果实可以解除烦忧。

又西北四百二十里，曰崙山①，其上多丹木，员叶而赤茎，黄华而赤实，其味如饴，食之不饥。丹水出焉，西流注于稷泽，其中多白玉。是有玉膏，其原沸沸汤汤②，黄帝是食是飨③，是生玄玉④。玉膏所出，以灌丹木，丹木五岁，五色乃清，五味乃馨。黄帝乃取崙山之玉荣⑤，而投之钟山之阳。瑾瑜⑥之玉为良，坚粟精密，浊泽而有光。五色发作，以和柔刚。天地鬼神，是食是飨；君子服之，以御不祥。自崙山至于钟山，四百六十里，其间尽泽也。是多奇鸟、怪兽、奇鱼，皆异物焉。

【注释】①崙（mì）山：也写作密山。古代崙、密相通。②沸沸汤汤：水流喷涌的样子。③是食是飨：以之为事物并加以享用。飨，通享，享受。④玄玉：黑色的玉，由玉膏所生。⑤玉荣：玉之华。⑥瑾瑜：指美玉。

【译文】再往西北四百二十里，叫崙山，山上有很多红色的树木，红色的枝干上长着圆圆的叶子，开黄色的花，结红色的果实，味道是甜的，吃了它不会感觉饥饿。丹水从这里发源，向西流入稷泽，水中多产白玉。这里有一种玉膏，玉膏涌出时一片沸腾景象，黄帝经常服食并享用它，这里还出产一种黑色的玉石。用涌出的玉膏，去浇灌丹木，丹木经过五年的生长，就会开出鲜艳的五色花，结下味道甜美的五色果。黄帝采撷崙山玉石的精华，投种在钟山的南面。便生出瑾和瑜这类的美玉，坚硬而精密，润厚而有光泽。五种颜色相互辉映而散发光芒，有刚有柔非常和美。天地鬼神，都来服食享用；君子佩带这种美玉，能防御邪气的侵袭。从崟山到钟山，长四百六十里，其间全是水泽。水中有很多奇鸟、怪兽和异鱼，这些都是在别处很少见到的。

又西北四百二十里，曰钟山。其子曰鼓，其状如人面而龙身，是与钦䲹杀葆江于昆仑之阳，帝乃戮之钟山之东曰崟崖。钦䲹①化为大鹗②，其状如雕而黑文白首，赤喙而虎爪，其音如晨鹄③，见则有大兵。鼓亦化为鵔鸟，其状如鸱，赤足而直喙，黄文而白首，其音如鹄，见则其邑④大旱。

【注释】①钦䲹（pí）：传说中的神人。②大鹗：鱼鹰。禽鸟类，善于捕鱼。③晨鹄：鹗鹰之类的鸟。鹄，也叫鸿鹄。④邑：县城。本书中泛指人们聚居的场所。

【译文】再往西北四百二十里，叫钟山。钟山山神的儿子叫鼓，鼓的形貌是人的面孔，龙的身子，他和钦䲹一起在昆仑山的南面杀死天神葆江，天帝于是将鼓与钦䲹杀死在钟山东面一个叫崟崖的地方。钦䲹化为一只大鹗，形状像雕鹰，黑色的斑纹，白脑袋，红嘴壳，虎爪子，它的叫声像是晨鹄鸣叫，它一出现就会发生大的战争。鼓也化为一只鵔鸟，形状像鸱鹰，红色的足爪，直嘴壳，黄色的斑纹，白色的脑袋，它的叫声像鸿鹄的鸣叫，它所出现的地方会发生大旱。

又西百八十里，曰泰器之山。观水出焉，西流注于流沙。是多文鳐鱼①，状如鲤鱼，鱼身而鸟翼，苍文而白首赤喙，常行西海, 游于东海, 以夜飞。其音如鸾鸡②, 其味酸甘, 食之已狂, 见则天下大穰③。

【注释】①文鳐鱼: 带有纹理的鳐鱼, 据说是一种美味。②鸾鸡: 传说中的一种鸟, 具体所指不详。③大穰: 指庄稼成熟, 获得大丰收。

【译文】再往西一百八十里, 叫泰器山。观水从这里发源, 向西流入流沙。河水里有很多文鳐鱼, 形状像鲤鱼, 鱼的身子, 鸟的翅膀, 浑身苍青色的斑纹, 白脑袋, 红嘴壳, 常在西海行走, 又东海畅游, 夜间飞行。它的叫声像是鸾鸡鸣叫, 肉味酸中带甜, 吃了它的肉可以治疗癫狂病, 它一出现天下就会有大的丰收。

又西三百二十里, 曰槐江之山。丘时之水出焉, 而北流注于泑水, 其中多蠃母①。其上多青、雄黄, 多藏琅玕②、黄金、玉, 其阳多丹粟, 其阴多采③黄金、银。实惟帝之平圃, 神英招司之, 其状马身而人面, 虎文而鸟翼, 徇于四海, 其音如榴。南望昆仑, 其光熊熊, 其气魂魂。西望大泽, 后稷所潜④也。其中多玉, 其阴多榣木之有若⑤。北望诸毗, 槐鬼离仑居之, 鹰鹯⑥之所宅也。东望恒山四成, 有穷鬼居之, 各在一搏⑦。爰有淫水⑧, 其清洛洛⑨。有天神焉, 其状如牛, 而八足二首马尾, 其音如勃皇⑩, 见则其邑有兵。

【注释】①蠃母: 可能是指螺母。②琅玕: 玉石的一种, 似珠。③采: 有纹路和颜色。郝懿行《山海经笺疏》: "采指金银有符采者。"④后稷所潜:

天神　英招

指后稷被埋葬的地方，就在大泽之中。后稷，相传是周人的祖先，虞舜时任农官，善于种庄稼。据说他出生后，就很聪明，预知自己死后会化形而遁于大泽。⑤榣木之有若：一种特别高大，像是若木的树木。若即若木，神话传说中的树，奇异而有灵性。⑥鹭：鹞鹰一类的鸟。⑦一搏：指有穷鬼聚集而存，各在山的一处。搏，亦作抟。⑧淫水：郭璞云："水流下之貌，淫音遥也。"指水流众多像低处四处奔涌的样子。⑨洛洛：形容水流的响声。郝懿行云："陶潜《读山海经》诗云：'落落清瑶流。'是洛洛本作落落，淫本作瑶，皆假借声类之字。"⑩勃皇：这两字所指不详，大概是拟声词。有人认为是吹奏乐器薄膜时发出的声音。

【译文】再往西三百二十里，叫槐江山。丘时水从这里发源，然后向北流入泑水，水中有很多螺母。山上多产石青、雄黄，多产琅玕、金矿和玉石，山的南面多产谷粒大小的红色细沙，山的北面多产带花纹的金银。槐江山可以说是天帝悬在半空的园圃，由神英招掌管，神英招的形状是马的身子，人的面孔，老虎的斑纹，鸟的翅膀，巡行四海而传达天帝的命令，它的叫声像是用辘轳抽水的声音。在山上向南可以望见昆仑山，那里火光熊熊，气势恢弘。向西可以望见大泽，那里是后稷死后的葬所。大泽中多产玉石，大泽的南面有很多高大的榣木，榣木上面又有神灵显应的若木。向北可以望见诸毗山，是名叫槐鬼离仑的神所住的地方，也是鹰鹭等飞禽的栖息场所。向东可以望见恒山，高达四重，有穷鬼住在那里，各自住在山的一处。槐江山有瑶水，就是瑶池，清冷荡漾，汩汩流淌。有一个神住在山里，其形状像牛，有八只脚、两个脑袋，马的尾巴，发出的叫声像是吹奏乐器时薄膜发出的声音，它所出现的地方会发生战争。

钦原　天神　土蝼

西南四百里，曰昆仑之丘①，是实②惟帝之下都③，神陆吾司之。其神状虎身而九尾，人面而虎爪；是神也，司天之九部④及帝之囿⑤时。有兽焉，其状如羊而四角，名曰土蝼，是食人。有鸟焉，其状如蜂，大如鸳鸯，名曰钦原，蠚⑥鸟兽则死，蠚木则枯。有鸟焉，其名曰鹑鸟⑦，是司帝之百服。有木焉，其状如棠，黄华赤实，其味如李而无核，名曰沙棠，可以御水，食之使人不溺。有草焉，名曰薲草，其状如葵，其味如葱，食之已劳。河水出焉，而南流东注于无达。赤水出焉，而东南流注于氾天之水⑧。洋水出焉，而西南流注于丑涂之水。黑水出焉，而西流于大杅。是多怪鸟兽。

【注释】①昆仑之丘：昆仑山，传说中天帝所住的地方。②是实：这里确实是。③下都：指天帝在下方的住所。④九部：据古人解释是九域的部界。⑤囿：园林。这里指帝王畜养禽兽的园林。⑥蠚（hē）：毒虫类身上的刺。⑦鹑鸟：传说中的一种鸟类，属于凤凰之类。⑧氾（fán）天之水：《大荒南经》中有氾天山，在赤水的尽头。

【译文】往西南四百里，叫昆仑山，这里是天帝在下方的居处，天神陆吾所掌管。这个天神的形貌是老虎的身子，九条尾巴，人的面孔，老虎的爪子。这个天神还掌管天上九方的部族和天帝苑囿的时节。山里有一种野兽，形状像羊，四只角，名叫土蝼，这种动物能吃人。山里有一种鸟，形状像蜜蜂，大小像鸳鸯，名叫钦原，被它刺伤的鸟兽就会死去，被刺到的树木也会枯死。山里有一种鸟，名叫鹑鸟，它掌管天帝生活中的器用服饰。山里有一种树，形状像棠梨树，

西王母　狡

开黄花，结红果，果实的味道像李子，却没有核，名叫沙棠，可以用来防御水灾，吃了它就会在水中不沉。山上有一种草，名叫薲草，形状像葵菜，味道像葱，吃了它可以解除烦忧。黄河水从这里发源，然后向南流而东流入无达山。赤水发源于这座山，然后向东南流入汜天水。洋水发源于这座山，然后向西南流入丑涂水。黑水发源于这座山，然后向西流到大杅山。这座昆仑山上，有很多奇鸟和怪兽。

又西三百七十里，曰乐游之山。桃水出焉，西流注于稷泽，是多白玉，其中多鳛鱼，其状如蛇而四足，是食鱼。

【译文】再往西三百七十里，叫乐游山。桃水从这里发源，向西流入稷泽，这里多产白玉，水里还有很多鳛鱼，它的形状像蛇，四只脚，这种鱼以其他鱼类为食。

西水行四百里，曰流沙，二百里至于嬴母之山[1]，神长乘司之[2]，是天之九德也。其神状如人而豹尾。其上多玉，其下多青石而无水。

【注释】[1]西水行……嬴母之山：此处经文疑当作"西水行四百里，流沙二百里，至于嬴母之山。"曰字衍。[2]神长乘司之：神长乘掌管这里。《水经注》："禹西至洮水之上，见长人受黑玉书。"所指大概相同。司，掌管。

【译文】往西沿水行四百里，叫流沙，再行二百里就到了嬴母山，神长乘掌管这里，代表上天的九德之所在。它的形貌像人，豹的尾巴。山上多产玉石，山下多产青石，没有水流。

胜遇　长乘　鳍鱼

又西三百五十里，曰玉山①，是西王母所居也。西王母其状如人，豹尾虎齿而善啸，蓬发戴胜②，是司天之厉及五残③。有兽焉，其状如犬而豹文，其角如牛，其名曰狡，其音如吠犬，见则其国人穰。有鸟焉，其状如翟而赤，名曰胜遇，是食鱼，其音如录④，见则其国大水。

【注释】①玉山：据说这座山遍布玉石，所以叫玉山。《穆天子传》中称之为"群玉之山"。②胜（shèng）：指玉胜，用玉制作的一种首饰。③司天之厉及五残：掌管天地的刑罚和残杀之气。厉，灾厉。残，残杀。④录：疑为鹿之借字，音为"lù"，字义不详。

【译文】再往西三百五十里，叫玉山，这里是西王母居住的地方。它的形貌像人，豹的尾巴，虎的牙齿，喜欢吼叫，蓬松的头发上戴着玉制首饰，主管上天灾厉和五刑残杀之气。山里有一种野兽，形状像狗，豹的斑纹，头上的角像牛角，名叫狡，它的叫声像狗叫，它所出现的国家会有大丰收。山里有一种鸟，形状像野鸡，浑身红色，名叫胜遇，以鱼类为食物，发出的叫声像鹿鸣，它所在出现的国家会发生洪涝之灾。

又西四百八十里，曰轩辕之丘①，无草木。洵水出焉，南流注于黑水。其中多丹粟，多青、雄黄。

【注释】①轩辕之丘：轩辕丘，传说黄帝住在这里，娶西陵氏女为妻，所以叫轩辕丘。

【译文】再往西四百八十里，叫轩辕丘，这里不生花草树木。泂水从这里发源，向南流入黑水，水中遍布谷粒一般的红色细沙，多产石青和雄黄。

又西三百里，曰积石之山，其下有石门，河水冒^①以西流。是山也，万物无不有焉。

【注释】①冒：指水流积溢，淹没覆盖。

【译文】再往西三百里，叫积石山，山下有一座石门，黄河的水漫过石门向西流。这座积石山，可以说是万物俱全。

又西二百里，曰长留^①之山，其神白帝少昊^②居之。其兽皆文尾，其鸟皆文首。是多文玉石。实惟员神磈氏^③之宫。是神也，主司反景^④。

【注释】①长留：有的版本写作长流。②白帝少昊：少昊金天氏，传说中帝挚的号。③磈（wěi）氏：白帝少昊。④反景（yǐng）：太阳落山时反射的光影。景，通影。

【译文】再往西二百里，叫长留山，神白帝少昊住在这里。山里的野兽都是花尾巴，禽鸟类都是花脑袋。山上多产彩色的玉石。这里实际上是员神磈氏的宫殿。这个神，掌管太阳落山时光线射向东方的反影。

又西二百八十里，曰章莪之山，无草木，多瑶碧^①。所为甚怪。有兽焉，其状如赤豹，五尾一角，其音如击石，其名曰狰。
有鸟焉，其状如鹤，一足，赤文青质而白喙，名曰毕方②，其鸣自
叫也，见则其邑有讹火③。

【注释】①瑶碧：这两种都属于玉类。②毕方：据说是树木的精灵，形
状像鸟，青色羽毛，有一只脚，不吃五谷。一说指火神，形状像鸟，两只脚，一
只翅膀，常衔着火到处制造火灾。③讹火：莫名其妙而燃烧的怪火。

【译文】再往西二百八十里，叫章莪山，山上不生花草树木，到
处是瑶、碧之类的美玉。山中常常发生怪异的景象。山里有一种野
兽，形状像赤豹，五条尾巴，一只角，它的叫声像敲打石头的声音，名
字叫狰。山里有一种鸟，形状像鹤，一只脚，红斑纹和青身子，白嘴
壳，名叫毕方，发出的叫声是自己名字的读音，它所出现的地方会发
生怪火。

又西三百里，曰阴山。浊浴之水出焉，而南流注于蕃泽，其
中多文贝①。有兽焉，其状如狸而白首，名曰天狗②，其音如榴榴③，
可以御凶。

【注释】①文贝：带有花纹的彩色贝壳。②天狗：《大荒西经》中有天
犬，与此形态不同。③榴榴：郭璞云："榴榴或作猫猫。"

【译文】再往西三百里，叫阴山。浊浴水从这里发源，然后向南
流入蕃泽，水中有很多彩色的贝壳。山里有一种野兽，形状像狸猫，
白脑袋，名叫天狗，它发出"榴榴"的叫声，喂养它可以防御凶邪。

毕方　天狗　狰

又西二百里，曰符惕之山，其上多棕枏，下多金玉。神江疑居之。是山也，多怪雨，风云之所出[1]也。

【注释】①风云之所出：常指住有神灵的地方。郝懿行《山海经笺疏》："祭法云：'山林川谷丘陵能出云、为风雨、见怪物者皆曰神。'即斯类也。"

【译文】再往西二百里，叫符惕山，山上有很多棕树和枏树，山下多产金属矿物和玉石。名叫江疑的神住在这里。这座符惕山，经常有奇风怪雨，这里也是风云兴起的地方。

又西二百二十里，曰三危之山，三青鸟[1]居之。是山也，广员百里。其上有兽焉，其状如牛，白身四角，其豪[2]如披蓑，其名曰傲狠[3]，是食人。有鸟焉，一首而三身，其状如鸮，其名曰鸱。

【注释】①三青鸟：传说中的鸟，为西王母猎取食物。郭璞《山海经传》注："三青鸟主为西王母取食者，别自栖息于此山也。"②豪：指这种动物身上长而刚硬的毛刺。③傲狠（ài yē）：一种鸟类，像雕鹰，黑色斑纹，红色脖颈。

【译文】再往西二百二十里，叫三危山，三青鸟住在这里。这座三危山，方圆一百里。山里有一种野兽，形状像牛，白色的身子，四只角，身上的硬毛长而且密，像是披了蓑衣，名叫傲狠，这种动物吃人。山里有一种鸟，一个脑袋，三个身子，形状像鸮鸟，名叫鸱。

又西一百九十里，曰騩山，其上多玉而无石。神耆童[1]居之，其音常如钟磬[2]。其下多积蛇。

鸥　帝江　傲狠

【注释】①耆童：老童，传说中颛顼的儿子。②磬：古代乐器，用玉石制成。悬于架上，用硬物敲打而发声。

【译文】再往西一百九十里，叫骢山，山上多产美玉，没有石头。神耆童住在这里，他发出的叫声像是敲打钟磬的声音。山下有很多蛇，成群堆积。

又西三百五十里，曰天山，多金玉，有青、雄黄。英水出焉，而西南流注于汤谷。有神焉，其状如黄囊①，赤如丹火，六足四翼，浑敦②无面目，是识歌舞，实为帝江③也。

【注释】①黄囊：黄色的口袋。②浑敦：也写作"混沌"，指没有具体形状。③帝江（jiāng）：帝鸿氏，一说指黄帝。

【译文】再往西三百五十里，叫天山，山上多产金属矿物和玉石，出产石青和雄黄。英水从这里发源，然后向西南流入汤谷。山里有一个神，形貌像黄色布囊，发出的光通红如丹，六只脚，四只翅膀，混混沌沌没有面目，却能够唱歌跳舞，这个神实际上就是帝江。

又西二百九十里，曰泑山，神蓐收①居之。其上多婴短之玉②，其阳多瑾瑜之玉，其阴多青、雄黄。是山也，西望日之所入，其气员，神红光③之所司也。

【注释】①蓐收：据说是金神，人的面孔，虎的爪子，浑身白色，管理太阳的降落。②婴短之玉：与上文"翰次山"一节中所写"婴垣之玉"，大概所

蓐收 薩

指相同。据学者考证，"垣"、"短"可能都是"胆"字之误。婴胆之玉，就是可制作脖颈上所用饰品的玉石。婴，环绕的意思。胆，脖颈。③红光：指前面的金神蓐收。

【译文】再往西二百九十里，叫泑山，神蓐收住在这里。山上多产用作颈饰的玉石，山的南面多产瑾、瑜之类的美玉，山的北面多产石青和雄黄。站在山上，向西可以望见太阳落山，气象浑圆，这是神红光所掌管的。

西水行百里，至于翼望之山^①，无草木，多金玉。有兽焉，其状如狸，一目而三尾，名曰讙，其音如夺百声，^②是可以御凶，服之已瘅^③。有鸟焉，其状如乌，三首六尾而善笑，名曰鵸鵌，服之使人不厌^④，又可以御凶。

【注释】①翼望之山：有的版本写作土翠山。《中次十一经》有"翼望山"一节，可能是同一座山的不同山岭。②如夺百声：就像是压住了百种声音。夺，争取，这里有压倒的意思。③瘅：通疸，即黄疸病。中医认为此病是由湿热引起的。④厌：通魇，噩梦。梦中遇到可怕的事情而惊叫，或觉得有什么压住而不能动弹。魇，也指厉鬼，民间有"九魔一魇"的说法，世间能有九个魔鬼，也难以形成一个魇鬼。

【译文】往西行一百里，就到了翼望山，山上不生花草树木，多产金属矿物和玉石。山里有一种野兽，形状像野猫，一只眼睛，三条尾巴，名叫讙，发出的叫声像是一百种动物在鸣叫，喂养它可以防御凶邪，吃了它的肉可以治疗黄疸病。山里有一种鸟，形状像乌鸦，三个脑袋、六条尾巴，喜欢嬉笑，名叫鵸鵌，吃了它的肉不会做恶梦，还

鵁鵨　羊身人面神

可以防御凶邪。

　　凡西次三经之首，自崇吾之山至于翼望之山，凡二十三山，六千七百四十四里。其神状皆羊身人面。其祠之礼，用一吉玉^①瘗，糈用稷米^②。

　　【注释】①吉玉：带有符彩的玉。②稷：粟，俗称谷子。
　　【译文】所有西方第三列山系，从崇吾山直到翼望山，总共二十三座山，途经六千七百四十四里。诸山神的形貌都是羊的身子，人的面孔。祭祀的仪式是：把祭祀的一块吉玉埋入地下，祭祀的米用稷米。

西次四经

　　西次四经之首，曰阴山^①，上多榖，无石，其草多茆^②、蕃^③。阴水出焉，西流注于洛。

　　【注释】①阴山：前面已有阴山，可能只是同名，并非同一座山。②茆（mǎo）：莼菜，又叫凫葵，水生草本植物，叶椭圆形，浮生于水面，夏季开花。嫩叶可食。③蕃（fán）：苹草，像莎草而略大，生长在水边。
　　【译文】西方第四列山系的第一座山，名叫阴山，山上有很多构树，没有石头，这里的草类大多是莼菜、蕃草。阴水从这里发源，向西流入洛水。

北五十里, 曰劳山, 多茈草^①。弱水出焉, 而西流注于洛。

【注释】①茈（zǐ）草：紫草，一种紫色的水草，可以染色。茈通"紫"。

【译文】往北五十里，叫劳山，山上有很多紫色的水草。弱水从这里发源，然后向西流入洛水。

西五十里, 曰罢父之山, 洱水出焉, 而西南流注于洛, 其中多茈^①、碧^②。

【注释】①茈：紫色。这里指紫色的玉石。②碧：青绿色。这里指青绿色的玉石。

【译文】往西五十里，叫罢父山，洱水从这里发源，然后向西流入洛水，水中多产紫色、碧色的玉石。

北百七十里, 曰申山, 其上多榖柞, 其下多杻橿, 其阳多金玉。区水出焉, 而东流注于河。

【译文】往北一百七十里，叫申山，山上有很多构树和柞树，山下有很多杻树和橿树，山的南面多产金属矿物和玉石。区水从这里发源，然后向东流入黄河。

北二百里, 曰鸟山, 其上多桑, 其下多楮, 其阴多铁, 其阳多玉。辱水出焉，而东流注于河。

【译文】往北二百里，叫鸟山，山上有很多桑树，山下有很多构树，山的北面多产铁矿，山的南面多产玉石。辱水从这里发源，然后向东流入黄河。

又北百二十里，曰上申之山，上无草木，而多硌石①，下多榛楛②，兽多白鹿。其鸟多当扈，其状如雉③，以其髯④飞，食之不眴目⑤。汤水出焉，东流注于河。

【注释】①硌石：大块的石头。②榛楛：榛树和楛树。榛树，落叶灌木，木材可做器物，榛子似栗而略小，味美。楛树，像荆木而红色，木材可以做箭。《诗经》中有"榛楛济济"句。③雉：山鸡。善于行走，不能长飞。肉可食，羽毛可做装饰。雄性羽毛华丽。雌性全身砂褐色。④髯：咽下的须毛。⑤眴（shùn）目：眨眼。

【译文】再往北一百二十里，叫上申山，山上不生花草树木，遍布大石，山上有很多榛树和楛树，这里的野兽大多是白鹿。鸟类大多是当扈，形状像野鸡，用脖颈下的毛当翅膀来飞，吃了它的肉可以不眨眼。汤水从这里发源，向东流入黄河。

又北百八十里，曰诸次之山，诸次之水出焉，而东流注于河。是山也，多木无草，鸟兽莫居，是多众蛇。

【译文】再往北一百八十里，叫诸次山，诸次水从这里发源，然后向东流入黄河。这座诸次山，有很多树木却不生花草，飞禽走兽也不栖息，有很多蛇在山中。

又北百八十里，曰号山，其木多漆^①、棕，其草多药^②、蘦^③、芎藭^④。多汵石^⑤。端水出焉，而东流注于河。

【注释】①漆：漆树，落叶乔木，其汁液可做涂料。②药：又称白芷，多年生草本植物，植株高大。其根茎圆柱形，有浓烈气味，可入药。③蘦（xiāo）：一种香草，属于白芷一类。《说文解字》："楚谓之蓠，晋谓之蘦，齐谓之芷。从艸，翼声。"④芎藭：一种香草，属于白芷一类。生长在四川境内叫川芎，茎叶细嫩时叫蘼芜，叶子宽大时叫江蓠。⑤汵（jīn）石：一种石头，石质柔软如泥。

【译文】再往北一百八十里，叫号山，山里的树木大多是漆树和棕树，草类大多是白芷、蘦草、芎藭。山上多产汵石。端水从这里发源，然后向东流入黄河。

又北二百二十里，曰盂山，其阴多铁，其阳多铜，其兽多白狼白虎，其鸟多白雉白翟^①。生水出焉，而东流注于河。

【注释】①白雉白翟：这两种禽鸟应为同一种类，只是稍有不同。郝懿行《山海经笺疏》："雉、翟一物二种，经白翟当为白翠。"

【译文】再往北二百二十里，叫盂山，山的北面多产铁矿，山的南面多产铜矿，山里的野兽大多是白狼和白虎，禽鸟类大多是白色的野鸡和翠鸟。生水从这里发源，然后向东流入黄河。

西二百五十里，曰白於之山，上多松柏，下多栎檀，其兽多牸牛、羬羊，其鸟多鸮①。洛水出于其阳，而东流注于渭。夹水出于其阴，东流注于生水。

【注释】①鸮（xiāo）：一种鸟类，似鸠，青色。

【译文】往西二百五十里，叫白於山，山上有很多松树和柏树，山下有很多栎树和檀树，山里的野兽大多是牸牛、羬羊，禽鸟类大多是猫头鹰。洛水发源于山的南面，然后向东流入渭水；夹水发源于山的北面，向东流入生水。

西北三百里，曰申首之山①，无草木，冬夏有雪。申水出于其上，潜于其下，是多白玉。

【注释】①申首之山：也写作申由之山。

【译文】往西北三百里，叫申首山，山上不生花草树木，无论冬夏常年有雪。申水发源于山上，潜流到山下，水中多产白玉。

又西五十五里，曰泾谷之山。泾水出焉，东南流注于渭，是多白金白玉。

【译文】再往西五十五里，叫泾谷山。泾水从这里发源，向东南流入渭水，这里多产银矿和白玉。

又西百二十里，曰刚山，多柒木^①，多琈琈之玉。刚水出焉，北流注于渭。是多神魃^②，其状人面兽身，一足一手，其音如钦^③。

【注释】①柒木：漆树。柒，同漆。②神魃（kuí）：魑魅一类。魑魅，传说中山川大泽中的鬼怪精灵。③钦：通吟，同音假借。呻吟，打呵欠。

【译文】再往西一百二十里，叫刚山，山上有很多漆树，多产琈琈玉。刚水从这里发源，向北流入渭水。这里有很多神魃，形状是人的面孔，兽的身子，一只脚一只手，发出的叫声像是人在打呵欠。

又西二百里，至刚山之尾。洛水出焉，而北流注于河。其中多蛮蛮^①，其状鼠身而鳖首，其音如吠犬。

【注释】①蛮蛮：一种动物，属于水獭类。前文有"蛮蛮"，指一种鸟，两者只是同名，非同一物种。

【译文】再往西二百里，就到了刚山的尾部。洛水从这里发源，然后向北流入黄河。这里有很多蛮蛮兽，形状像老鼠，甲鱼的脑袋，它的叫声像是狗叫。

又西三百五十里，曰英鞮之山，上多漆木，下多金玉，鸟兽尽白。涴水出焉，而北流注于陵羊之泽。是多冉遗之鱼^①，鱼身蛇首六足，其目如马耳，食之使人不眯^②，可以御凶。

神魁　蛮蛮兽

【注释】①冉遗之鱼：有的版本写作无遗之鱼，可能是指蒲夷鱼，因为发音相近。②不眯：不做恶梦，不会梦魇。

【译文】再往西三百五十里，叫英鞮山，山上有很多漆树，山下多产金属矿物和玉石，山里的飞禽走兽都是白色的。涴水从这里发源，然后向北流入陵羊泽。水里有很多冉遗鱼，鱼的身子，蛇的脑袋，六只脚，眼睛像马耳朵，吃了这种鱼的肉不会做恶梦，可以防御凶邪。

又西三百里，曰中曲之山，其阳多玉，其阴多雄黄、白玉及金。有兽焉，其状如马而白身黑尾，一角，虎牙爪，音如鼓音，其名曰駮①，是食虎豹，可以御兵。有木焉，其状如棠，而员叶赤实，实大如木瓜②，名曰櫰木，食之多力。

【注释】①駮（bó）：一种猛兽，有锯齿，可以猎食虎豹，防御刀兵之灾。《说文解字》："兽，如马，倨牙，食虎豹。从马交声。"②木瓜：木瓜树上的果实，椭圆形，有香味，可以吃，也可入药。木瓜树也叫楙树，落叶灌木或乔木，秋季结果。

【译文】再往西三百里，叫中曲山，山的南面多产玉石，山的北面多产雄黄、白玉和金属矿物。山里有一种野兽，形状像马，白身子黑尾巴，一只角，虎的牙齿和爪子，它的叫声像敲鼓的声音，名叫駮，能吃老虎和豹子，喂养它可以防御战祸。山上有一种树，形状像棠梨，叶圆，结红果，果实像木瓜，名叫櫰木，吃了它能增加力气。

又西二百六十里，曰邽山。其上有兽焉，其状如牛，猬毛，

当扈　駁　冉遗鱼

名曰穷奇^①，音如獆狗^②，是食人。濛水出焉，南流注于洋水，其中多黄贝^③；嬴鱼，鱼身而鸟翼，音如鸳鸯，见则其邑大水。

【注释】①穷奇：传说中的一种猛兽。外形像老虎，浑身有针刺般硬毛，有翅膀。②獆狗：吼叫的狗。③黄贝：一种甲虫，其肉如蝌蚪，有头尾。

【译文】再往西二百六十里，叫邽山。山上有一种野兽，形状像牛，浑身刺猬毛，名叫穷奇，它的叫声像狗在狂吼，这种动物能吃人。濛水从这里发源，向南流入洋水，水中有很多黄贝；还有一种嬴鱼，鱼的身子鸟的翅膀，发出的叫声像鸳鸯叫，它所出现的县城会发生洪涝之灾。

又西二百二十里，曰鸟鼠同穴之山^①，其上多白虎、白玉。渭水出焉，而东流注于河，其中多鳋鱼，其状如鳣鱼^②，动则其邑有大兵。滥水出于其西，西流注于汉水，多䰽魮之鱼，其状如覆铫^③，鸟首而鱼翼鱼尾，音如磬石之声，是生珠玉。

【注释】①鸟鼠同穴之山：据说这座山上有一种鵌鸟，长得像燕子，黄色羽毛；有一种鵌鼠，像老鼠，尾巴短。鼠在洞里住，鸟在洞外住。郭璞《山海经传》注："今在陇西首阳县西南山，有鸟鼠同穴，鸟名曰鵌，鼠名曰鼵。鼵如人家鼠而短尾，鵌似燕而黄色。穿地入数尺，鼠在内，鸟在外而共处。孔氏尚书传曰，共为雌雄；张氏地理记云，不为牝牡也。"②鳣鱼：一种鱼类，形体较大，嘴长在颌下，身体上有甲。③铫：一种有把柄的温水器具。

【译文】再往西二百二十里，叫鸟鼠同穴山，山上有很多白虎、白玉。渭水从这里发源，然后向东流入黄河，水中有很多鳋鱼，形状像

鸟鼠同穴　亵湖　鳌鮇鱼

鳠鱼，它所出现的地方会发生大的战争。滥水从山的西面发源，向西流入汉水，水中有很多鳖鮈鱼，形状像倒转过来的铫，鸟的脑袋，鱼的鳍和尾巴，它的叫声像敲打磬石的声音，这种鱼能吐出珠玉。

西南三百六十里，曰崦嵫之山^①，其上多丹木，其叶如榖，其实大如瓜，赤符^②而黑理，食之已瘅，可以御火。其阳多龟，其阴多玉。苕水出焉，而西流注于海，其中多砥、砺^③。有兽焉，其状马身而鸟翼，人面蛇尾，是好举人，名曰孰湖。有鸟焉，其状如鸮而人面，蜼^④身犬尾，其名自号也，见则其邑大旱。

【注释】①崦嵫（yān zī）之山：崦嵫山，传说中太阳落入的地方，山下有蒙水，水中有虞渊。《离骚》有"望崦嵫而勿迫"句。王逸注："崦嵫，日所入山也；下有蒙水，水中有虞渊。"②符：花萼。符，通柎，同音假借。③砥、砺：两种不同的磨刀石。细致的叫砥，粗糙的叫砺。两者合称，泛指磨刀石。④蜼（wèi）：传说中的一种猴子，像猕猴。

【译文】往西南三百六十里，叫崦嵫山，山上有很多丹树，叶子像构树叶，果实大小如瓜，红色的花萼，黑色的斑纹，吃了它可以治疗黄疸病，还可以防御火灾。山的南面有很多乌龟，山的北面多产玉石。苕水从这里发源，向西流入大海，水中多产磨刀石。山里有一种野兽，它的形状是马的身子鸟的翅膀，人的面孔而蛇的尾巴，喜欢把人抱着举起，名叫孰湖。山里有一种鸟，形状像猫头鹰，人的面孔，蜼的身子，狗的尾巴，发出的叫声就是自己名字的读音，它所出现的地方会发生大旱。

人面鸮　穷奇　鲦鱼

凡西次四经，自阴山以下，至于崦嵫之山，凡十九山，二千六百八十里。其神祠礼，皆用一白鸡祈，糈以稻米，白菅为席。

【译文】所有西方第四列山系，从阴山开始，直到崦嵫山，总共十九座山，途经三千六百八十里。祭祀诸山神的仪式：用一只白色的鸡作为祭品，祭祀的精米用稻米，拿白色的茅草来做席子。

右西经之山，凡七十七山，一万七千五百一十七里。

【译文】以上是西方所经山脉的记录，总共七十七座山，一万七千五百一十七里。

卷三 北山经

【题解】《北山经》主要记述了我国北部的三列山系，发源于其间的河流，以及这一区域的动植物种类、物产状况以及神话传说，并介绍了诸山神的形状和祭祀的仪式。所记大小山脉，总共八十七座山，途经二万三千二百三十里，位于今宁夏、新疆、山西、河南、河北、内蒙古及蒙古国境内。值得一提的是，北山经和北次三经的河流最后都流入了黄河，这其实就是当时黄河中下游地区的记述，主要在山西境内和河北西部。

北山经

北山经之首，曰单狐之山，多机木①，其上多华草②。滽水出焉，而西流注于泑水，其中多茈石③、文石④。

【注释】①机木：桤树，像榆树。可以燃烧成灰作为稻田的肥料，生长在四川境内。②华草：不详何草。③茈石：紫色的石头。④文石：有纹理的石头。

【译文】北方第一列山系的第一座山，叫单狐山，山上有很多桤木树，有很多华草。逢水从这里发源，然后向西流入洳水，水中多产紫石、文石。

又北二百五十里，曰求如之山，其上多铜，其下多玉，无草木。滑水出焉，而西流注于诸毗之水①。其中多滑鱼，其状如鱓②，赤背，其音如梧③，食之已疣④。其中多水马，其状如马，文臂⑤牛尾，其音如呼。

【注释】①诸毗之水：郭璞《山海经传》注："水出诸毗山也。"《西次三经》："槐江之山，北望诸毗。"指山。②鱓：鳝鱼，俗称黄鳝，体形如蛇，肉味鲜美。③梧：枝梧，也作"支吾"，语言含混加以搪塞。④疣：皮肤上的赘疣，也叫瘊子。⑤文臂：带有花纹的前腿。臂，指水马前面的两条腿。

【译文】再往北二百五十里，叫求如山，山上多产铜矿，山下多产玉石，不生花草树木。滑水从这里发源，向西流入诸毗水。水中有很多滑鱼，形状像鳝鱼，红色脊背，发出的叫声像人在弹琴，吃了它的肉可以治疗皮肤赘疣。河水里有很多水马，形状像马，前腿有花纹，牛的尾巴，发出的叫声像是人在呼唤。

又北三百里，曰带山，其上多玉，其下多青碧。有兽焉，其状如马，一角有错①，其名曰臞疏，可以辟火。有鸟焉，其状如乌，五采而赤文，名曰鵸鵌②，是自为牝牡，食之不疽。彭水出焉，而西流注于芘湖之水，其中多儵鱼，其状如鸡而赤毛，三尾六足四目，其音如鹊，食之可以已忧。

朧疏　何罗鱼　鯈鱼

鹖鵌　孟槐　鳛鳛　滑鱼

【注释】①错：甲错。错，通厝。厝，磨刀石。②鹐鵌：这种鸟的名字曾出现于《西次三经》"翼望山"一节，形体不同。

【译文】再往北三百里，叫带山，山上多产玉石，山下多产青色碧玉。山里有一种野兽，形状像马，有一只角，角上有甲错，它的名字叫䑏疏，喂养它可以辟火。有一种鸟，形状像乌鸦，五彩羽毛，浑身红色斑纹，名叫鹐鵌，这种鸟可以自行交配，吃了它的肉不患痈疽病。彭水从这里发源，然后向西流入芘湖水，水中有很多儵鱼，它的形状像鸡，红色羽毛，三条尾巴、六只脚、四只眼，发出的叫声像喜鹊鸣叫，吃了它的肉可以无忧无虑。

又北四百里，曰谯明之山。谯水出焉，西流注于河。其中多何罗之鱼，一首而十身，其音如吠犬，食之已痈。有兽焉，其状如貆①而赤毫，其音如榴榴，名曰孟槐，可以御凶。是山也，无草木，多青、雄黄。

【注释】①貆：指白色的豪猪。《西山经》"竹山"一节曾出现。

【译文】再往北四百里，叫谯明山。谯明水从这里发源，向西流入黄河。水中有很多何罗鱼，一个脑袋，十个身子，发出的叫声像狗叫，吃了它的肉可以治疗痈肿。山里有一种兽，形状像豪猪，红色的毫毛，发出的叫声像是辘轳抽水的声音，名叫孟槐，喂养它可以防御凶邪之气。这座谯明山，山上不生花草树木，多产石青、雄黄。

又北三百五十里，曰涿光之山。嚣水出焉，而西流注于河。其中多鳛鳛之鱼，其状如鹊而十翼，鳞皆在羽端，其音如鹊，可

寓鳥　足訾　幽頞　耳鼠

以御火，食之不瘅。其上多松柏，其下多棕橿，其兽多羚羊，其
鸟多蕃^①。

【注释】①蕃：具体所指不详。一说指鸮，可能是猫头鹰之类的鸟。

【译文】再往北三百五十里，叫涿光山。嚻水从这里发源，然后
向西流入黄河。水中有很多鳛鳛鱼，形状像喜鹊，十只翅膀，鳞甲长
在翅端，发出的叫声像喜鹊的鸣叫，喂养它可以辟火，吃了它的肉可
以治疗黄疸病。山上有很多松树和柏树，山下有很多棕树和橿树，山
里的野兽大多是羚羊，禽鸟类大多是蕃鸟。

又北三百八十里，曰虢山，其上多漆，其下多桐椐^①。其阳
多玉，其阴多铁。伊水出焉，西流注于河。其兽多橐驼^②，其鸟
多寓^③，状如鼠而鸟翼，其音如羊，可以御兵。

【注释】①桐椐：桐树和椐树。桐指梧桐。椐树，也叫樻木，树干上多
有肿节，常用来制作拐杖。②橐驼：骆驼。身上有驼峰，善于行走于沙漠，能
辨识水泉，能承载重物。③寓：蝙蝠之类的鸟。

【译文】再往北三百八十里，叫虢山，山上有很多漆树，山下有很
多梧桐和椐树，山的南面多产玉石，山的北面多产铁矿。伊水从这里
发源，向西流入黄河。山里的野兽大多是橐驼，禽鸟类大多是寓鸟，
形状像老鼠，鸟的翅膀，发出的叫声像羊叫，喂养它可以防御兵灾。

又北四百里，至于虢山之尾，其上多玉而无石。鱼水出焉，
西流注于河，其中多文贝。

鸡鸟　孟极　橐驼

【译文】再往北四百里，就到了虢山的尾部，山上多产玉，没有石头。鱼水从这里发源，向西流入黄河，水中有很多带花纹的贝类。

又北二百里，曰丹熏之山，其上多樗柏，其草多韭䪏^①，多丹雘。熏水出焉，而西流注于棠水。有兽焉，其状如鼠，而菟^②首麋身，其音如嗥犬，以其尾飞^③，名曰耳鼠，食之不睬^④，又可以御百毒^⑤。

【注释】①韭䪏：䪏，音械，同"薤"。一种野菜，也叫藠头，茎可食用，并能入药。②菟：通兔。③以其尾飞：用它的尾巴来飞行。④睬（cǎi）：鼓胀。⑤百毒：表示多种，言其多，并非实指。

【译文】再往北二百里，叫丹熏山，山上有很多椿树和柏树，草类大多是山韭和野薤，多产丹雘。熏水从这里发源，然后向西流入棠水。山里有一种野兽，形状像老鼠，兔的脑袋，麋鹿的耳朵，它的叫声像狗叫，用尾巴飞行，名叫耳鼠，吃了它的肉不生膨胀病，还可以使人百毒不侵。

又北二百八十里，曰石者之山，其上无草木，多瑶碧。泚水出焉，西流注于河。有兽焉，其状如豹，而文题^①白身，名曰孟极，是善伏^②，其鸣自呼。

【注释】①文题：指额头上有花纹。多种颜色间杂而呈现斑纹或斑点。题，额头。②善伏：善于隐伏躲藏。

【译文】再往北二百八十里，叫石者山，山上不生花草树木，多产瑶、碧之类的玉石。泚水从这里发源，向西流入黄河。山里有一种野兽，形状像豹子，花额头和白身子，名叫孟极，这种动物善于隐伏，它的叫声就是自己名字的读音。

又北百一十里，曰边春之山，多葱①、葵、韭、桃②、李。杠水出焉，而西流注于泑泽。有兽焉，其状如禺而文身，善笑，见人则卧，名曰幽鴳，其鸣自呼。

【注释】①葱：山葱，一种野菜。茎生，叶大。采摘部分后仍然可以生长。②桃：山桃。一种野果。果实很小，桃仁多脂，可入药。

【译文】再往北一百一十里，叫边春山，山上有很多野葱、葵菜、山韭、桃树、李树。杠水从这里发源，向西流入泑泽。山里有一种野兽，形状像猿猴，浑身花纹，善于发笑，它看见人就会卧倒装睡，名叫幽鴳，它的叫声就是自己名字的读音。

又北二百里，曰蔓联之山，其上无草木。有兽焉，其状如禺而有鬣，牛尾、文臂、马蹄，见人则呼，名曰足訾，其鸣自呼。有鸟焉，群居而朋飞，其尾如雌雉，名曰䴋，其鸣自呼，食之已风。

【译文】再往北二百里，叫蔓联山，山上不生花草树木。山里有一种野兽，形状像猿猴却有鬣毛，牛的尾巴、带花纹的臂、马的蹄子，看见人就发出呼叫，名叫足訾，它的叫声就是自己名字的读音。山里有一种鸟，喜欢成群栖息，结队飞行，尾巴像雌野鸡，名叫鵸。它的叫声就是自己名字的读音，吃了它的肉可以治疗风痹病。

又北百八十里，曰单张之山，其上无草木。有兽焉，其状如豹而长尾，人首而牛耳，一目，名曰诸犍，善吒①，行则衔其尾，居则蟠②其尾。有鸟焉，其状如雉，而文首、白翼、黄足，名曰白鵺，食之已嗌痛③，可以已痸④。栎水出焉，而南流注于杠水。

【注释】①吒：因为发怒而大声吼叫。②蟠：蜷曲。③嗌痛：咽喉疼痛。嗌，咽。④痸：疯癫病，精神失常。

【译文】再往北一百八十里，叫单张山，山上不生花草树木。山里有一种野兽，形状像豹子，长尾巴，人的脑袋，牛的耳朵，一只眼，名叫诸犍，喜欢吼叫，行走时用嘴衔着尾巴，卧睡时则将尾巴盘起来。山里有一种鸟，形状像野鸡，带花纹的脑袋、白翅膀、黄爪子，名叫白鵺，吃了它的肉可以治疗咽喉痛，还可以治疗疯癫病。栎水从这里发源，然后向南流入杠水。

又北三百二十里，曰灌题之山，其上多樗柘①，其下多流沙，多砥。有兽焉，其状如牛而白尾，其音如訆②，名曰那父。有鸟焉，其状如雌雉而人面，见人则跃，名曰竦斯，其鸣自呼也。匠韩之水出焉，而西流注于泑泽，其中多磁石③。

【注释】①柘：柘树，也叫黄桑。一种落叶灌木，叶子可喂蚕，果子可

白鶺　諸犍　那父

食，树皮可造纸。②訆：同叫。大呼。③磁石：一种天然矿石，具有吸引铁、镍、钴等金属的属性。又称磁铁。管子曰："山上有磁石者，下必有铜。"

【译文】再往北三百二十里，叫灌题山，山上有很多椿树和柘树，山下遍布流沙，多产磨刀石。山里有一种野兽，形状像牛，白尾巴，它的叫声像人在高呼，名叫那父。山里有一种鸟，形状像雌野鸡，人的面孔，看见人就跳跃，名叫竦斯，它的叫声就是自己名字的读音。匠韩水从这里发源，然后向西流入泑泽，水中多产磁石。

又北二百里，曰潘侯之山，其上多松柏，其下多榛楛，其阳多玉，其阴多铁。有兽焉，其状如牛，而四节生毛，名曰旄牛①。边水出焉，而南流注于栎泽。

【注释】①旄牛：牦牛。多生活于高寒地带。郭璞《山海经传》注："今旄牛背膝及胡尾皆有长毛。"

【译文】再往北二百里，叫潘侯山，山上有很多松树和柏树，山下有很多榛树和楛树，山的南面多产玉石，山的北面多产铁矿。山里有一种野兽，形状像牛，四肢关节上有长毛，名叫牦牛。边水从这里发源，然后向南流入栎泽。

又北二百三十里，曰小咸之山，无草木，冬夏有雪。

【译文】再往北二百三十里，叫小咸山，山上不生花草树木，无论冬夏，常年有积雪。

北二百八十里，曰大咸之山，无草木，其下多玉。是山也，

牦牛　长蛇　竦斯

四方, 不可以上。有蛇名曰长蛇①, 其毛如彘豪, 其音如鼓柝②。

【注释】①长蛇: 传说的蛇类, 身体很长, 能吞象。《淮南子·本经》篇: "羿断修蛇于洞庭。"②鼓柝: 敲打梆子以发出声响。鼓, 敲打。古时候巡更的人, 常敲打这种木梆子来报时辰。

【译文】往北二百八十里, 叫大咸山, 山上不生花草树木, 山下多产玉石。这座大咸山, 四方形, 没有办法攀登。山里有一种蛇名叫长蛇, 它身上的毛像猪身上的硬毛, 发出的叫声像是人在敲梆子。

又北三百二十里, 曰敦薨之山, 其上多棕枏, 其下多茈草。敦薨之水出焉, 而西流注于泑泽。出于昆仑之东北隅, 实惟河原。其中多赤鲑①。其兽多兕、旄牛, 其鸟多尸鸠②。

【注释】①赤鲑: 一种淡水鱼类。鱼鳞小而圆, 口大而斜, 锥状牙齿。②尸鸠: 布谷鸟。体形像鸽子, 但较细长, 上体灰褐色, 腹部有横斑。飞行急速。芒种前后经常啼叫, 据说是春神句芒的使者。

【译文】再往北三百二十里, 叫敦薨山, 山上有很多棕树和楠树, 山下有很多紫草。敦薨水从这里发源, 然后向西流入泑泽。泑泽发源于昆仑山的东北角, 实际上是黄河的源头。水里有很多赤鲑。这里的野兽大多是犀牛、牦牛, 这里的鸟类大多是布谷鸟。

又北二百里, 曰少咸之山, 无草木, 多青碧。有兽焉, 其状如牛, 而赤身、人面、马足, 名曰窫窳①, 其音如婴儿, 是食人。敦水出焉, 东流注于雁门之水, 其中多𩹷𩹷②之鱼, 食之杀人。

山㹦　窦窳　鰶鱼

【注释】①窫窳：传说中的一种怪兽。②鲐鱼：指河豚。多见于我国沿海和长江中下游，肉质鲜美，但其卵、血、肝脏等部位含有剧毒。

【译文】再往北二百里，叫少咸山，山上不生花草树木，多产青色碧玉。山里有一种野兽，形状像牛，红身子、人的面孔、马蹄子，名叫窫窳，发出的叫声像是婴儿啼哭，这种动物吃人。敦水从这里发源，向东流入雁门水，水中有很多鲐鲐鱼，吃了它的肉会被毒死。

又北二百里，曰狱法之山。瀤泽之水出焉，而东北流注于泰泽。其中多鱲鱼，其状如鲤而鸡足，食之已疣。有兽焉，其状如犬而人面，善投，见人则笑，其名曰山㺍，其行如风，见则天下大风。

【译文】再往北二百里，叫狱法山。瀤泽水从这里发源，然后向东北流入泰泽。水中有很多鱲鱼，形状像鲤鱼，鸡爪子，吃了它的肉可以治疗赘瘤。山里有一种野兽，形状像狗，人的面孔，善于投掷，看见人就发笑，名叫山㺍，它行走如风，它一出现天下就会刮大风。

又北二百里，曰北岳之山，多枳棘①刚木②。有兽焉，其状如牛，而四角、人目、彘耳，其名曰诸怀，其音如鸣雁，是食人。诸怀之水出焉，而西流注于嚣水，其中多鮨鱼③，鱼身而犬首，其音如婴儿，食之已狂④。

【注释】①枳棘：枳木和棘木。这两种树的植株都比较矮小。枳木像

肥遗　诸怀　鲭鱼

橘树而略小，叶上有刺。春天开花，秋天结果，果小而味酸，可入药。棘木是丛生的小枣树，即酸枣树，叶上有刺。②刚木：指木质坚硬的树，即檀木、柘树之类。③鮨(yì)鱼：鱼身鱼尾而狗头，当是海狗。郭璞《山海经传》注："今海中有虎鹿鱼及海豨，体皆如鱼而头似虎鹿猪，此其类也。"④狂：发疯，癫狂。

【译文】再往北二百里，叫北岳山，山上有很多枳树、酸枣树和檀树、柘树之类的树木。山里有一种野兽，形状像牛，四只角、人的眼睛、猪的耳朵，名叫诸怀，发出的叫声像大雁鸣叫，这种动物吃人。诸怀水从这里发源，然后向西流入嚣水，水里有很多鮨鱼，鱼身子，狗脑袋，发出的叫声像婴儿啼哭，吃了它的肉可以治疗癫痫病。

又北百八十里，曰浑夕之山，无草木，多铜玉。嚣水出焉，而西北流注于海。有蛇一首两身，名曰肥遗①，见则其国大旱。

【注释】①肥遗：传说中的一种怪蛇。郭璞《山海经传》注："《管子》曰：'涸水之精，名曰蚳，一头而两身，其状如蛇，长八尺，以其名呼之，可使取鱼鬼。'亦此类。"

【译文】再往北一百八十里，叫浑夕山，山上不生花草树木，多产铜矿和玉石。嚣水从这里发源，向西北流入大海。这里有一种蛇，一个脑袋两个身子，名叫肥遗，它所出现的国家会发生大旱。

又北五十里，曰北单之山，无草木，多葱韭。

【译文】再往北五十里，叫北单山，山上不生花草树木，有很多野葱和山韭。

又北百里，曰罴差之山，无草木，多马①。

【注释】①马：指一种野马，像马却休态较小。
【译文】再往北一百里，叫罴差山，山上不生花草树木，却有很多小野马。

又北百八十里，曰北鲜之山，是多马。鲜水出焉，而西北流注于涂吾之水。

【译文】再往北一百八十里，叫北鲜山，这里有很多野马。鲜水从这里发源，向西北流入涂吾水。

又北百七十里，曰隄山，多马。有兽焉，其状如豹而文首，名曰狕①。隄水出焉，而东流注于泰泽，其中多龙龟②。

【注释】①狕（yǎo）：传说中的一种野兽，似豹而头上有斑纹。②龙龟：龙种龟身的吉吊。大概指一种形体比较特殊的龟科动物。吉吊，传说龙所生的卵。宋代孙光宪《北梦琐言》卷四："又海上人云：龙生三卵，一为吉吊也。"
【译文】再往北一百七十里，叫隄山，有很多小种野马。山里有一种野兽，它的形状像豹子，脑袋上有花纹，名叫狕。隄水从这里发源，向东流入泰泽，水中有很多龙龟。

独狢　㺄　骑马

凡北山经之首，自单狐之山至于隄山，凡二十五山，五千四百九十里，其神皆人面蛇身。其祠之：毛用一雄鸡彘瘗，吉玉用一珪，瘗而不糈^①。其山北人，皆生食不火之物。

【注释】①不糈（xǔ）：不用米来祭祀。

【译文】所有北方第一列山系，从单狐山直到隄山，总共二十五座山，途经五千四百九十里，诸山神都是人的面孔，蛇的身子。祭祀的仪式是：毛物用一只公鸡和一头猪作为祭品，埋入地下，祭祀的美玉用一块玉珪，埋入地下，不需要用米。住在这些山北边的人，都生吃不用火烤的食物。

北次二经

北次二经之首，在河之东，其首枕汾^①，其名曰管涔之山。其上无木而多草，其下多玉。汾水出焉，而西流注于河。

【注释】①枕汾：临于汾水之上。

【译文】北方第二列山系的第一座山，在黄河的东岸，这座山的首部枕着汾水，山的名字叫管涔山。山上没有树木却有很多花草，山下多产玉石。汾水从这里发源，然后向西流入黄河。

又西二百五十里，曰少阳之山，其上多玉，其下多赤银^①。酸水出焉，而东流注于汾水，其中多美赭^②。

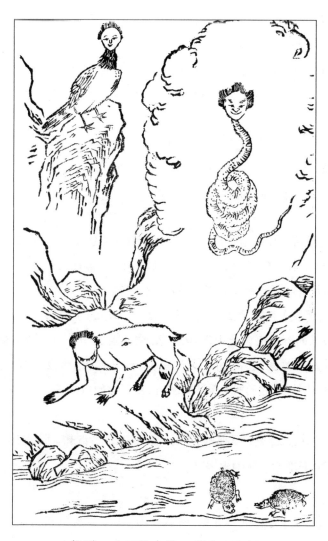

鳌� 人面蛇身神 狍鸮 龙龟

【注释】①赤银：含银量较高的优质银矿石。②美赭：指优良的赭石。赭，一种红褐色含铁的矿物。

【译文】再往北二百五十里，叫少阳山，山上多产玉石，山下多产赤银。酸水从这里发源，向东流入汾水，水中多产优良赭石。

又北五十里，曰县雍之山，其上多玉，其下多铜，其兽多间①麋，其鸟多白翟白鹕②。晋水出焉，而东流注于汾水。其中多鮆鱼，其状如儵③而赤鳞，其音如叱，食之不骄。

【注释】①间：也叫山驴，形体似驴而蹄子歧分，角如羚羊。②白鹕：白鹢，也叫白翰，参见《西山经》"嶓冢之山"一节。③儵（shū）：俗称白鲦鱼，北方水域常见，骨大而肉薄，适宜炖汤。这里指小鱼。

【译文】再往北五十里，叫县雍山，山上多产玉石，山下多产铜矿，山里的野兽大多是山驴和麋鹿，禽鸟类大多是白色的山鸡和翰鸟。晋水从这里发源，向东流入汾水。水中有很多鮆鱼，形状像儵鱼却有红色鳞甲，它的叫声像人在呵斥，吃了它的肉就不会患上狐臭。

又北二百里，曰狐岐之山，无草木，多青碧。胜水出焉，而东流注于汾水，其中多苍玉。

【译文】再往北二百里，叫狐岐山，山上不生花草树木，多产青色的碧玉。胜水从这里发源，向东流入汾水，水多产苍玉。

又北三百五十里，曰白沙山，广员三百里，尽沙也，无草木鸟兽。鲔水出于其上，潜于其下^①，是多白玉。

【注释】①潜于其下：指水流从山顶流出，然后停止在山下。

【译文】再往北三百五十里，叫白沙山，方圆三百里，到处是沙，山上不生花草树木，也没有飞禽走兽。鲔水发源于山上，潜流到山下，水中多产白玉。

又北四百里，曰尔是之山，无草木，无水。

【译文】再往北四百里，叫尔是山，山上不生花草树木，没有水。

又北三百八十里，曰狂山，无草木。是山也，冬夏有雪。狂水出焉，而西流注于浮水，其中多美玉。

【译文】再往北三百八十里，叫狂山，山上不生花草树木。这座狂山，无论冬夏常年有雪。狂水从这里发源，向西流入浮水，水中多产优良玉石。

又北三百八十里，曰诸余之山，其上多铜玉，其下多松柏。诸余之水出焉，而东流注于旄水。

【译文】再往北三百八十里，叫诸余山，山上多产铜矿和玉石，山下有很多松树和柏树。诸余水从这里发源，向东流入旄水。

又北三百五十里，曰敦头之山，其上多金玉，无草木。旄水出焉，而东流注于邛泽。其中多䮷马，牛尾而白身，一角，其音如呼。

【译文】再往北三百五十里，叫敦头山，山上多产金属矿物和玉石，不生花草树木。旄水从这里发源，向东流入邛泽。山里有很多䮷马，牛尾巴白身子，一只角，它的叫声像人在呼唤。

又北三百五十里，曰钩吾之山，其上多玉，其下多铜。有兽焉，其状如羊身人面，其目在腋下，虎齿人爪，其音如婴儿，名曰狍鸮①，是食人。

【注释】①狍鸮：或名饕餮，传说中的一种猛兽，生性贪婪，不仅吃人，还要把人撕扯咬碎。参见《海内南经》"宋山枫木"一节。

【译文】再往北三百五十里，叫钩吾山，山上多产玉石，山下多产铜矿。山里有一种野兽，它的形状是羊的身子，人的面孔，眼睛长在腋下，虎的牙齿，人手那样的爪子，发出的叫声像婴儿啼哭，名叫狍鸮，这种动物吃人。

又北三百里，曰北嚣之山，无石，其阳多碧，其阴多玉。有兽焉，其状如虎，而白身犬首，马尾彘鬣，名曰独狢。有鸟焉，其状如乌，人面，名曰鸒鹛①，宵飞而昼伏，食之已暍②。涔水出焉，而东流注于邛泽。

器鸟　鹆驿

【注释】①鹜𪇱：这种鸟大概属于鸱鸺之类。鸱鸺，一种小型鸮类。郭璞《山海经传》注："般冒两音；或作夏也。"郝懿行《山海经笺疏》："夏形声近贾，大荒南经有鹰贾，郭注云贾亦鹰属；水经注引庄子有雅贾，盖是乌类，经言此鸟状如乌，疑是也。"②暍(yē)：一种热病，即中暑。郭璞《山海经传》注："中热也；音谒。"汪绂云："今鸱鸺亦可治热及头风。"

【译文】再往北三百里，叫北嚚山，山上没有石头，山的南面多产碧玉，山的北面多产玉石。山里有一种野兽，形状像老虎，白身子狗脑袋，马尾巴，猪一样的硬毛，名叫独狢。山里有一种鸟，形状像乌鸦，人的面孔，名叫鹜𪇱，夜间飞行白天隐伏，吃了它的肉不会中暑。涔水从这里发源，向东流入邛泽。

又北三百五十里，曰梁渠之山，无草木，多金玉。修水出焉，而东流注于雁门①。其兽多居暨，其状如彙②而赤毛，其音如豚。有鸟焉，其状如夸父③，四翼、一目、犬尾，名曰嚣，其音如鹊，食之已腹痛，可以止衕④。

【注释】①雁门：这里是河流的名字，不是指山名。②彙：一种似鼠的小动物，红色的毛，像刺猬身上的刺。③夸父：一种野兽，长得像猕猴。即前文所说举父，参见《西次三经》"崇吾之山"一节。④衕(tòng)：腹泻。

【译文】再往北三百五十里，叫梁渠山，山上不生花草树木，多产金属矿物和玉石。修水从这里发源，向东流入雁门。山里的野兽大多是居暨兽，形状像彙，浑身红毛，它的叫声像是猪叫。山里有一种鸟，形状像夸父，四只翅膀、一只眼、狗的尾巴，名叫嚣，它的叫声像喜鹊叫，吃了它的肉可以治疗肚子痛，还可以止住腹泻。

鹠鹠　天马　居暨　人鱼

又北四百里，曰姑灌之山，无草木。是山也，冬夏有雪。

【译文】再往北四百里，叫姑灌山，山上不生花草树木。这座姑灌山，无论冬夏常年有雪。

又北三百八十里，曰湖灌之山，其阳多玉，其阴多碧，多马。湖灌之水出焉，而东流注于海，其中多鳡①。有木焉，其叶如柳而赤理。

【注释】①鳡：同鳝，即鳝鱼。形体细长，似蛇而无鳞，有青黄二色，生于水边泥窟之中。《尔雅》："鳝似蛇无鳞，体有涎沫，夏月于浅水作窟。"

【译文】再往北三百八十里，叫湖灌山，山的南面多产玉石，山的北面多产碧玉，有很多小野马。湖灌水从这里发源，向东流入大海，水里有很多鳝鱼。山上有一种树木，叶子像柳叶，有红色纹理。

又北水行五百里，流沙三百里，至于洹山，其上多金玉。三桑①生之，其树皆无枝，其高百仞，百果树生之。其下多怪蛇。

【注释】①三桑：传说中的三株扶桑。扶桑，古神木名，传说日出其下，后以"三桑"比喻辅佐之臣。参见《海外北经》"三桑无枝"一节；《大荒北经》"封渊"一节。

【译文】再往北行五百里，经过三百里流沙，就到了洹山，山上多产金属矿物和玉石。山上有一种三桑树，这种树不长枝条，树干高达百仞，这里还有各种果树。山下有很多怪蛇。

又北三百里，曰敦题之山，无草木，多金玉。是錞^①于北海。

【注释】①錞：依附。这里是坐落的意思。

【译文】再往北三百里，叫敦题山，山上不生花草树木，多产金属矿物和玉石。这座山坐落在北海的岸边。

凡北次二经之首，自管涔之山至于敦题之山，凡十七山，五千六百九十里。其神皆蛇身人面。其祠：毛用一雄鸡、彘瘞，用一璧一珪，投而不糈^①。

【注释】①投而不糈：把玉璧和玉珪投向山里，祭祀时不再使用精米。投，掷。

【译文】所有北方第二列山系，从管涔山直到敦题山，总共十七座山，途经五千六百九十里。诸山神都是蛇的身子，人的面孔。祭祀的仪式是：毛物用一只公鸡、一头猪作为祭品，埋入地下，祭祀的玉器用一块玉璧和一块玉珪，投向山里不用精米。

北次三经

北次三经之首，曰太行之山。其首曰归山，其上有金玉，其下有碧。有兽焉，其状如麢羊^①而四角，马尾而有距^②，其名曰䮽，善还^③，其名自訆。有鸟焉，其状如鹊，白身、赤尾、六足，其名曰䴅^④，是善惊，其鸣自詨^⑤。

【注释】①麢（líng）羊：羚羊。②距：鸡科动物脚爪上突出像脚趾的部分。这里指像鸡一样的爪子。③还：通旋，旋转。④鹘（bēn）：一种水鸟。《广韵》称鹘像鹄（hú）。体形比鹅稍大，叫声洪亮，善飞，也称天鹅。⑤詨（jiào）：大叫，呼唤。

【译文】北方第三列山系的第一座山，叫太行山。太行山的首部叫归山，山上多产金属矿物和玉石，山下多产碧玉。山里有一种野兽，形状像羚羊，四只角，马的尾巴，鸡的爪子，名叫䮝，善于盘旋起舞，它的叫声就是自己名字的读音。山里有一种鸟，形状像喜鹊，白身子、红尾巴、六只脚，名叫鹘，这种鹘鸟生性机敏，它的叫声就是自己名字的读音。

又东北二百里，曰龙侯之山，无草木，多金玉。决决之水出焉，而东流注于河。其中多人鱼①，其状如鳛鱼，四足，其音如婴儿，食之无痴疾②。

【注释】①人鱼：也称鲵，似一而四足，声如小儿，俗称娃娃鱼。参见《西山经》"竹山"一节，《中次七经》"少室山"一节。②痴疾：痴呆病。

【译文】再往东北二百里，叫龙侯山，山上不生花草树木，多产金属矿物和玉石。决决水从这里发源，向东流入黄河。水中有很多人鱼，形状像鳛鱼，四只脚，发出的叫声像婴儿啼哭，吃了它的肉不会犯痴呆症。

又东北二百里，曰马成之山，其上多文石，其阴多金玉。有兽焉，其状如白犬而黑头，见人则飞，其名曰天马，其鸣自訆。有鸟焉，其状如乌，首白而身青、足黄，是名曰鶌鶋，其鸣自詨，食之不饥，可以已寓①。

【注释】①寓：大概指昏忘之病，即老年健忘症，或老年痴呆症。郝懿行《山海经笺疏》："寓，误盖以声近为义，疑昏忘之病也。"

【译文】再往东北二百里，叫马成山，山上多产有纹理的石头，山的北面多产金属矿物和玉石。山里有一种野兽，它的形状像白狗，黑脑袋，一看见人就会腾飞而去，它的名字叫天马，发出的叫声就是自身名称的读音。山里有一种鸟，形状像乌鸦，白脑袋，青身子、黄爪子。这种鸟叫鶌鶋，它的叫声就是自己名字的读音，吃了它的肉不会饥饿，还可以治疗老年健忘。

又东北七十里，曰咸山，其上有玉，其下多铜，是多松柏，草多茈草。条菅之水出焉，而西南流注于长泽。其中多器酸①，三岁一成，食之已疠。

【注释】①器酸：具体所指不详。可能指一种有酸味的东西，就像盐池所产盐类，时间长了，会形成一种酸味的物质。王崇庆云："器酸或物之可食而酸者，如解州盐池出盐之类；盖泽水止而不流，积久或酸，故曰三年一成。"

【译文】再往东北七十里，叫咸山，山上多产玉石，山下多产铜矿，这里有很多松树和柏树，草类中多是紫草。条菅水从这里发源，向西南流入长泽。水中有很多器酸，三年才能收成一次，吃了它可以

飞鼠　辣辣　酸与

治疗麻风病。

又东北二百里，曰天池之山，其上无草木，多文石。有兽焉，其状如兔而鼠首，以其背飞^①，其名曰飞鼠。渑水出焉，潜于其下，其中多黄垩。

【注释】①以其背飞：指用其背上的毛来飞翔。郭璞《山海经传》注："用其背上毛飞，飞则仰也。"

【译文】再往东北二百里，叫天池山，山上不生花草树木，多产带花纹的石头。山里有一种野兽，它的形状像兔子，老鼠的头，借助背上的毛来飞行，它的名字叫飞鼠。渑水从这里发源，潜流到山下，水中多产黄垩。

又东三百里，曰阳山，其上多玉，其下多金铜。有兽焉，其状如牛而赤尾，其颈䯂^①，其状如句瞿^②，其名曰领胡^③，其鸣自詨，食之已狂。有鸟焉，其状如雌雉，而五采以文，是自为牝牡^④，名曰象蛇，其鸣自詨。留水出焉，而南流注于河。其中有鲐父之鱼，其状如鲋鱼，鱼首而彘身，食之已呕。

【注释】①䯂（shèn）：指颈上的赘瘤。②句瞿：斗。③领胡：脖子上赘肉。郝懿行《山海经笺疏》："说文云：'领，项也；胡，牛颔垂也。'此牛颈肉垂如斗，因名之领胡与？"④自为牝牡：自行交配。

【译文】再往东三百里，叫阳山，山上多产玉石，山下多产金矿和铜矿。山里有一种野兽，它的形状像牛，红尾巴，脖子上有肉瘤，形状

精卫　玲胡　象蛇　鲐父鱼

像斗，它的名字叫领胡，发出的叫声就是自己名字的读音，吃了它的肉可以治疗癫狂症。山里有一种鸟，形状像雌野鸡，羽毛上有五彩花纹，这种鸟能够自行交配，名叫象蛇，发出的叫声就是自己名字的读音。留水从这里发源，而后向南流入黄河。水中有鲄父鱼，它的形状像鲫鱼，鱼的头，猪的身子，吃了它的肉可以治疗呕吐。

又东三百五十里，曰贲闻之山，其上多苍玉，其下多黄垩，多涅石①。

【注释】①涅石：一种矿石，即礬石，也叫矾石，可做染料。有白、黄、青、黑、绛五种。有药用价值，能解毒杀虫，治疗多种疾病。

【译文】再往东三百五十里，叫贲闻山，山上多产苍玉，山下多产黄垩，多产涅石。

又北百里，曰王屋之山①，是多石。㴇水出焉，而西北流于泰泽。

【注释】①王屋之山：这座山起始于河南境内的太行山，向西北延伸至于山西境内。传说中的愚公移山就是指的这座山。王屋山是古代九大名山之一，道教全真派圣地。北连太岳，南临黄河。风景优美，具有独特的人文景观。

【译文】再往北一百里，叫王屋山，山上到处是石头。㴇水发源于这座山，向西北流入泰泽。

又东北三百里，曰教山，其上多玉而无石。教水出焉，西流注于河，是水冬干而夏流，实惟干河。其中有两山，是山也，广员三百步，其名曰发丸之山^①，其上有金玉。

【注释】①发丸之山：这座山居于水中，因为像射出的两颗弹丸，故得名。

【译文】再往东北三百里，叫教山，山上多产玉，没有石头。教水从这里发源，向西流入黄河，这条河冬天是干枯的，夏天才有水流，确实是干河。河道之间有两座山，方圆各三百步，名叫发丸山，山上多产金属矿物和玉石。

又南三百里，曰景山，南望盐贩之泽^①，北望少泽。其上多草、薯蓣^②，其草多秦椒^③，其阴多赭，其阳多玉。有鸟焉，其状如蛇，而四翼、六目、三足，名曰酸与，其鸣自詨，见则其邑有恐。

【注释】①盐贩之泽：可能指山西解州盐池。郭璞《山海经传》注："即盐池也；今在河东猗氏县。或无贩字。"沈括《梦溪笔谈》："解州盐池，卤色正赤，俚俗谓之'蚩尤血'。"②薯蓣：草本植物，块状根茎，富含淀粉，可以食用。这里当指山药。③秦椒：草类，叶细长，结的子实像花椒。

【译文】再往南三百里，叫景山，向南可以望见盐贩泽，向北可以望见少泽。山上有很多丛草、薯蓣，草类多是秦椒，山的北面多产赭石，山的南面多产玉石。山里有一种鸟，形状像蛇，有四只翅膀、六只眼、三只脚，名叫酸与，它的叫声就是自己名字的读音，它所出现的县城会发生令人恐慌的事情。

又东南三百二十里，曰孟门之山，其上多苍玉，多金，其下多黄垩，多涅石。

【译文】再往东南三百二十里，叫孟门山，山上多产苍玉，多产金属矿物，山下到处是黄垩，多产涅石。

又东南三百二十里，曰平山。平水出于其上，潜于其下，是多美玉。

【译文】再往东南三百二十里，叫平山。平水发源于这座山上，潜流到山下，水中多产优良玉石。

又东二百里，曰京山，有美玉，多漆木，多竹，其阳有赤铜，其阴有玄㻬①。高水出焉，南流注于河。

【注释】①玄㻬（sù）：黑色砥石。就是磨刀石。

【译文】再往东二百里，叫京山，山上多产美玉，有很多漆树，也有很多竹丛，山的阳面出产黄铜，山的北面出产黑色磨石。高水从这里发源，向南流入黄河。

又东二百里，曰虫尾之山，其上多金玉，其下多竹，多青碧。丹水出焉，南流注于河。薄水出焉，而东南流注于黄泽。

【译文】再往东二百里，叫虫尾山，山上多产金属矿物和玉石，山下有很多竹丛，多产青色的碧玉。丹水从这里发源，向南流入黄河。薄水也从这里发源，向东南流入黄泽。

又东三百里，曰彭毗之山，其上无草木，多金玉，其下多水。蚤林之水出焉，东南流注于河。肥水出焉，而南流注于床水，其中多肥遗之蛇。

【译文】再往东二百里，叫彭毗山，山上不生花草树木，多产金属矿物和玉石，山下到处是水流。蚤林水从这里发源，向东南流入黄河。肥水从这里发源，向南流入床水，水中有很多肥遗蛇。

又东百八十里，曰小侯之山。明漳之水出焉，南流注于黄泽。有鸟焉，其状如乌而白文，名曰鸪鹋，食之不灂[1]。

【注释】[1]灂：指眼睛昏花。
【译文】再往东一百八十里，叫小侯山。明漳水从这里发源，向南流入黄泽。山里有一种鸟，它的形状像乌鸦，有白色斑纹，名叫鸪鹋，吃了它的肉可以使眼睛不昏花。

又东三百七十里，曰泰头之山。共水出焉，南注于虖池。其上多金玉，其下多竹箭[1]。

【注释】[1]竹箭：指较为矮小的竹丛，茎干坚硬，可用作制箭的材料。
【译文】再往东三百七十里，叫泰头山。共水从这里发源，向南流入虖池。山上多产金属矿物和玉石，山下到处是竹丛。

又东北二百里，曰轩辕之山，其上多铜，其下多竹。有鸟焉, 其状如枭而白首, 其名曰黄鸟, 其鸣自詨, 食之不妒。

【译文】再往东北二百里, 叫轩辕山。山上多产铜矿, 山下到处是竹子。山里有一种鸟, 它的形状像猫头鹰, 白脑袋, 名字叫黄鸟, 发出的叫声是它名字的读音, 吃了它的肉可以使人不妒忌。

又北二百里, 曰谒戾之山, 其上多松柏, 有金玉。沁水出焉, 南流注于河。其东有林焉, 名曰丹林。丹林之水出焉, 南流注于河。婴侯之水出焉, 北流注于祀水。

【译文】再往北二百里, 叫谒戾山, 山上有很多松树和柏树, 多产金属矿物和玉石。沁水从这里发源, 向南流入黄河。山的东边有一片树林, 名叫丹林。丹林水从这里发源, 向南流入黄河。婴侯水从这里发源, 向北流入祀水。

东三百里, 曰沮洳之山, 无草木, 有金玉。濝水出焉, 南流注于河。

【译文】往东三百里, 叫沮洳山, 山上不生花草树木, 有金属矿物和玉石。濝水从这里发源, 向南流入黄河。

又北三百里, 曰神囷之山, 其上有文石, 其下有白蛇, 有飞虫①。黄水出焉, 而东流注于洹。滏水出焉, 而东流注于欧水。

【注释】①飞虫：指蚊虫之类。

【译文】再往北三百里，叫神囷山，山上出产带花纹的石头，山下有白蛇，有飞虫。黄水从这里发源，向东流入洹水。滏水从这里发源，向东流入欧水。

又北二百里，曰发鸠之山①，其上多柘木②。有鸟焉，其状如乌，文首、白喙、赤足，名曰精卫，其鸣自詨。是炎帝③之少女，名曰女娃。女娃游于东海，溺而不返，故为精卫④，常衔西山之木石，以堙⑤于东海。漳水出焉，东流注于河。

【注释】①发鸠之山：位于今山西省长子县。此山又名发苞山、鹿谷山、廉山，属于太行山系的分支。②柘木：柘树，桑树的一种，叶可喂蚕，果实可吃，树根树皮可入药。③炎帝：传说中的帝王，一说指神农氏。④精卫：精卫填海的故事在古籍中多有记载。如《述异记》："昔炎帝女溺死东海中，化为精卫。偶海燕而生子，生雌状如精卫，生雄如海燕。今东海精卫誓水处，曾溺此川，誓不饮其水。"⑤堙(yīn)：堵塞，填塞。

【译文】再往北二百里，叫发鸠山，山上有很多柘树。山里有一种鸟，它的形状像乌鸦，带花纹的脑袋，白嘴巴，红爪子，名叫精卫，它的叫声就是自己名字的读音。精卫这种鸟，原本是炎帝的小女儿，名叫女娃。女娃到东海游玩，结果被淹死了，没有办法再返回，就变成了精卫鸟，常常衔着西山的树枝和石子，用来填塞东海。漳水从这里发源，向东流入黄河。

又东北百二十里，曰少山，其上有金玉，其下有铜。清漳之水出焉，东流注于浊漳之水。

【译文】再往东北一百二十里，叫少山，山上出产金属矿物和玉石，山下出产铜矿。清漳水从这里发源，向东流入浊漳水。

又东北二百里，曰锡山，其上多玉，其下有砥。牛首之水出焉，而东流注于滏水。

【译文】再往东北二百里，叫锡山，山上多产玉石，山下出产磨石。牛首水从这里发源，向东流入滏水。

又北二百里，曰景山，有美玉。景水出焉，东南流注于海泽。

【译文】再往北二百里，叫景山，山上出产优良玉石。景水从这里发源，向东南流入海泽。

又北百里，曰题首之山，有玉焉，多石，无水。

【译文】再往北一百里，叫题首山，这里出产玉，有很多石头，没有水。

又北百里，曰绣山，其上有玉、青碧，其木多栒[①]，其草多芍药②、芎䓖。洧水出焉,而东流注于河,其中有鳡③黾④。

【注释】①枸:枸树,其树干可做成拐杖。②芎䓖:一名辛夷。多年生草本花卉,初夏开花,花大而美,其色不一。③鳡:鳡鱼,体态较细,灰褐色,头扁平,鱼鳍处有硬刺,后缘有锯齿。④黾(měng):蛙类,形体像蛤蟆而略小,肤青色。

【译文】再往北一百里,叫绣山,山上出产玉石和青色的碧玉,山上的树木大多是枸树,草类多是芎药、芎䓖。洧水从这里发源,向东流入黄河,水中有鳡鱼和黾蛙。

又北百二十里,曰松山。阳水出焉,东北流注于河。

【译文】再往北一百二十里,叫松山。阳水从这里发源,向东北流入黄河。

又北百二十里,曰敦与之山,其上无草木,有金玉。溹水出于其阳,而东流注于泰陆之水。泜水出于其阴,而东流注于彭水。槐水出焉,而东流注于泜泽。

【译文】再往北一百二十里,叫敦与山,山上不生花草树木,多产金属矿物和玉石。溹水发源于山的南面,向东流入泰陆水;泜水发源于山的北面,向东流入彭水;槐水从这里发源,向东流入泜泽。

又北百七十里,曰柘山,其阳有金玉,其阴有铁。历聚之水出焉，而北流注于洧水。

【译文】再往北一百七十里，叫柘山，山的南面出产金属矿物和玉石，山的北面出产铁。历聚水从这里发源，然后向北流入洧水。

又北三百里，曰维龙之山，其上有碧玉，其阳有金，其阴有铁。肥水出焉，而东流注于皋泽，其中多礧石①。敞铁之水出焉，而北流注于大泽。

【注释】①礧（lěi）石：礧石，大块石头。这里指肥水河中的大块石头高出水面，突兀耸立。

【译文】再往北三百里，叫维龙山，山上出产碧玉，山的南面出产金，山的北面出产铁。肥水从这里发源，然后向东流入皋泽，水中多有大块石头。敞铁水从这里发源，然后向北流入大泽。

又北百八十里，曰白马之山，其阳多石玉，其阴多铁，多赤铜。木马之水出焉，而东北流注于虖沱①。

【注释】①虖沱：前面所说泰头山上的虖池。可能是因为字体相近而误为虖沱。

【译文】再往北一百八十里，叫白马山，山的南面多产石头和玉石，山的北面多产铁矿和铜矿。木马水从这里发源，向东北流入虖沱水。

又北二百里，曰空桑之山①，无草木，冬夏有雪。空桑之水出焉，东流注于虖沱②。

【注释】①空桑之山：郭璞《山海经传》注："上已有此山，疑同名也。"郝懿行《山海经笺疏》："东经有此山，此经已上无之，检此篇北次二经之首，自管涔之山至于敦题之山，凡十七山，今才得十六山，疑经正脱此山也。"②虖沱：参见上节注释。

【译文】再往北二百里，叫空桑山，山上不生花草树木，无论冬夏常年有雪。空桑水从这里发源，向东流入虖沱水。

又北三百里，曰泰戏之山，无草木，多金玉。有兽焉，其状如羊，一角一目，目在耳后，其名曰辣辣，其鸣自詨。虖沱之水①出焉，而东流注于溇水。液女之水出于其阳，南流注于沁水。

【注释】①虖沱之水：上文空桑之山"虖沱"以及此处，宋本均做虖池。

【译文】再往北三百里，叫泰戏山，山上不生花草树木，多产金属矿物和玉石。山里有一种野兽，形状像羊，一只角一只眼，眼睛在耳朵后面，名叫辣辣，它的叫声就是自己名字的读音。虖沱水从这里发源，然后向东流入溇水。液女水发源于山的南面，向南流入沁水。

又北三百里，曰石山，多藏①金玉。濩濩之水出焉，而东流注于虖沱。鲜于之水出焉，而南流注于虖沱。

【注释】①藏：同臧，美好，这里可引申为优良。郝懿行《山海经笺疏》："藏，古字作臧，善也；西次三经槐江之山多藏黄金玉，义与此同。"

【译文】再往北三百里，叫石山，山中多产优良金属矿物和玉石。濩濩水从这里发源，向东流入滹沱水。鲜于水从这里发源，向南流入滹沱水。

又北二百里，曰童戎之山。皋涂之水出焉，而东流注于溇液水。

【译文】再往北二百里，叫童戎山。皋涂水从这里发源，向东流入溇液水。

又北三百里，曰高是之山。滋水出焉，而南流注于滹沱。其木多棕，其草多条。滱水出焉，东流注于河。

【译文】再往北三百里，叫高是山。滋水从这里发源，然后向南流入滹沱水。山上的树木大多是棕树，草类大多是条草。滱水从这里发源，然后向东流入黄河。

又北三百里，曰陆山，多美玉。𨛍水出焉，而东流注于河。

【译文】再往北三百里，叫陆山，山上多产优良玉石。𨛍水从这里发源，然后向东流入黄河。

又北二百里，曰沂山。般水出焉，而东流注于河。

【译文】再往北二百里，叫沂山。般水从这里发源，然后向东流入黄河。

北百二十里，曰燕山，多婴石①。燕水出焉，东流注于河。

【注释】①婴石：一种玉石，也叫燕石，带有彩色条纹。郭璞《山海经传》注："言石似玉有符彩婴带，所谓燕石者。"郝懿行《山海经笺疏》："婴疑燕声之转，未必取婴带为义。"

【译文】往北一百二十里，叫燕山，山上多产婴石。燕水从这里发源，向东流入黄河。

又北山行五百里，水行五百里，至于饶山。是无草木，多瑶碧，其兽多橐驼①，其鸟多鹠②。历虢之水出焉，而东流注于河，其中有师鱼③，食之杀人。

【注释】①橐驼：骆驼。参见《北山经》"虢山"一节。②鹠：鸺鹠。③师鱼：鲵鱼，就是前面的人鱼。郭璞《山海经传》注："未详。或作鲵。"郝懿行《山海经笺疏》："师，玉篇作鰤，非也。郭云或作鲵者，师、鲵声之转，鲵即人鱼也，已见上文。《酉阳杂俎》云：'峡中人食鲵鱼，缚树上，鞭至白汁出如构汁，方可食，不尔有毒也。'正与此经合。"

【译文】再往北沿山行五百里，沿水行五百里，就到了饶山。这座山不生花草树木，多产瑶、碧之类的美玉，山里的野兽大多是骆驼，禽鸟类大多是鸺鹠鸟。历虢水从这里发源，然后向东流入黄河，水中有很多师鱼，吃了它的肉会被毒死。

十四神　马身人面廿神　猿

又北四百里，曰乾山，无草木，其阳有金玉，其阴有铁，而无水。有兽焉，其状如牛而三足，其名曰獂，其鸣自詨。

【译文】再往北四百里，叫乾山，山上不生花草树木，山的南面多产金属矿物和玉石，山的北面多产铁矿，没有水流。山里有一种野兽，它的形状像牛，三只脚，名叫獂，发出的叫声就是自己名字的读音。

又北五百里，曰伦山。伦水出焉，而东流注于河。有兽焉，其状如麋，其川①在尾上，其名曰罴九②。

【注释】①川：王念孙、孙星衍并校作州，窍也。上窍谓耳目鼻口，下窍谓前阴后阴。这里指肛门。②罴（pí）九：古代传说中的猛兽。罴，熊的一种，也叫棕熊、马熊或人熊。毛棕褐色，能爬树，也能游水。

【译文】再往北五百里，叫伦山。伦水从这里发源，然后向东流入黄河。山里有一种野兽，形状像麋鹿，肛门长在尾巴上面，它的名字叫罴九。

又北五百里，曰碣石之山。绳水出焉，而东流注于河，其中多蒲夷之鱼①。其上有玉，其下多青碧。

【注释】①蒲夷之鱼：可能就是冉遗鱼，参见《西次四经》"英鞮之山"一节。其形体似蛇，六只脚，马的眼睛，吃了它的肉不会做恶梦。

【译文】再往北五百里，叫碣石山。绳水从这里发源，然后向东

彘身八足神　大蛇　黑九

流入黄河，水中有很多蒲夷鱼。这座山上出产玉石，山下多产青色碧玉。

又北水行五百里，至于雁门之山①，无草木。

【注释】①雁门之山：雁门山。《海内西经》："雁门山，雁出其间。在高柳北。"

【译文】再往北沿水行五百里，就到了雁门山，这里不生花草树木。

又北水行四百里，至于泰泽。其中有山焉，曰帝都之山，广员百里①，无草木，有金玉。

【注释】①广员百里：方圆百里。

【译文】再往北行四百里，就到了泰泽。泰泽中有一座山，名叫帝都山，方圆一百里，山上不生花草树木，出产金属矿物和玉石。

又北五百里，曰錞于毋逢之山，北望鸡号之山，其风如飔①。西望幽都之山②，浴水③出焉。是有大蛇，赤首白身，其音如牛，见则其邑大旱。

【注释】①飔（lì）：疾风。②幽都之山：在北海之内。参见《海内经》"幽都山"一节。③浴水：黑水。

【译文】再往北五百里，叫錞于毋逢山，向北可以望见鸡号山，从那里吹来的风如强劲的疾风。向西可以望见幽都山，浴水发源于那里。幽都山里有一种大蛇，红脑袋白身子，发出的叫声像是牛叫，它所出现的郡县就会发生大旱。

凡北次三经之首，自太行之山以至于无逢之山①，凡四十六山，万二千三百五十里。其神状皆马身而人面者廿②神。其祠之：皆用一藻茝③瘗之。其十四神状皆彘身而载④玉。其祠之，皆玉，不瘗。其十神状皆彘身而八足蛇尾。其祠之：皆用一璧瘗之。大凡四十四神，皆用稌糈米祠之。此皆不火食。

【注释】①无逢之山：上文所说的錞于毋逢山。②廿（niàn）：二十。③藻茝：藻，聚藻；茝，兰草类。学者江绍原认为可能是"藻珪"之误，因为古代祭祀神灵皆以玉瘗，没有以聚藻香草瘗者。④载：通戴。

【译文】所有北方第三列山系，从太行山直到无逢山，总共四十六座山，途经一万二千三百五十里。诸山神中的二十个，其形貌是马的身子，人的面孔。祭祀的仪式：把藻和茝之类的香草作为祭品埋入地下。其他十四座山的山神，其形貌是猪的身子，佩戴玉饰。祭祀的仪式：祭祀用玉器，不必埋入地下。另外十座山的山神，其形貌是猪的身子，八只脚，蛇的尾巴。祭祀的仪式是：用一块玉璧祭祀，然后埋入地下。这四十四个山神，都要用精米来祭祀。参加祭祀的人都吃不经火烤的食物。

右北经之山志，凡八十七山，二万三千二百三十里。

【译文】以上是北方所经诸山的记录，总共八十七座山，二万三千二百三十里。

卷四 东山经

【题解】《东山经》详细记述了我国东部的四大山系，一般认为是对山东半岛的描述，其中东次二经有"空桑山"，传说中有"蚩尤伐空桑"的故事。总共四十六座山，途经一万八千八百六十里。

第一列山系，从㨉𧑏山到竹山，共十二座，这些山系靠近北海，也就是今天的渤海，其中的水流大多流入北海。第二列山系从空桑山开始，这一山系在当时多有流沙，可见古今的气候变迁。第三列山系从尸胡山开始，这一山系的南边有扶桑树，物产多为亚热带作物，并有流沙在其间，反映了当时我国东部偏南的气候特征。第四列山系较短，从北海开始，南部的水系多流入皋泽和余如泽，说明了华中地区多湖泊沼泽的地貌特征。

东山经

东山经之首，曰㨉𧑏之山，北临乾昧。食水出焉，而东北流注于海。其中多鱅鱅之鱼，其状如犁牛^①，其音如彘鸣。

【注释】①犁牛：古时候的一种牛，毛色黄黑相间，有虎一样的斑纹。

【译文】东方第一列山系的第一座山，名叫楸盏山，北邻乾昧山。食水从这里发源，向东北流入大海。水中有很多鳙鳙鱼，它的形状像犁牛，发出的叫声像是猪叫。

又南三百里，曰藟山，其上有玉，其下有金。湖水出焉，东流注于食水，其中多活师①。

【注释】①活师：又叫活东，也叫蝌蚪，青蛙的幼体，头圆而尾细。

【译文】再往南三百里，叫藟山，山上产玉石，山下产金属矿物。湖水从这座山发源，向东流入食水，水中有很多蝌蚪。

又南三百里，曰枸状之山，其上多金玉，其下多青碧石。有兽焉，其状如犬，六足，其名曰从从，其鸣自詨。有鸟焉，其状如鸡而鼠尾，其名曰蚩鼠，见则其邑大旱。汜水出焉，而北流注于湖水。其中多箴鱼，其状如儵①，其喙如箴②，食之无疫疾。

【注释】①儵：一种小白鱼，也叫白鲦。体长数寸，背鳍有硬刺。②箴：同针。形容鱼的嘴尖。

【译文】再往南三百里，叫枸状山，山上多产金属矿物和玉石，山下多产青碧色的石头。山里有一种野兽，形状像狗，有六只脚，它的名字叫从从，发出的叫声就是自己名字的读音。山里有一种鸟，形状像鸡，鼠的尾巴，名叫蚩鼠，它所出现的地方会发生大旱。汜水从这里

儵鱐　从从　鱐鱐鱼

发源, 然后向北流入湖水。水里有很多箴鱼, 形状像儵鱼, 嘴巴像长针, 吃了它的肉不染瘟疫。

又南三百里, 曰勃垒^①之山, 无草木, 无水。

【注释】①垒(qí): 古"齐"字。
【译文】再往南三百里, 叫勃垒山, 山上不生花草树木, 没有水。

又南三百里, 曰番条之山, 无草木, 多沙。减水出焉, 北流注于海, 其中多鳡鱼^①。

【注释】①鳡(gǎn)鱼: 鲤科, 鳡属。淡水鱼, 生活在江河湖泊中, 以小鱼为食, 体长, 青黄色, 吻尖长, 口大, 眼小, 性凶猛。
【译文】再往南三百里, 叫番条山, 山上不生花草树木, 到处是沙子。减水从这里发源, 向北流入大海, 水中有很多鳡鱼。

又南四百里, 曰姑儿之山, 其上多漆, 其下多桑柘。姑儿之水出焉, 北流注于海, 其中多鳡鱼。

【译文】再往南四百里, 叫姑儿山, 山上有很多漆树, 山下有很多桑树和柘树。姑儿水从这里发源, 向北流入大海, 水中有很多鳡鱼。

又南四百里, 曰高氏之山, 其上多玉, 其下多箴石^①。诸绳之水出焉, 东流注于泽, 其中多金玉。

鲎鼠　人身龙首神　軨軨　㺌㺌

【注释】①箴石：用石头磨制成的针，可以为砭石，治疗痈肿，除脓血。

【译文】再往南四百里，叫高氏山，山上多产玉石，山下多产箴石。诸绳水从这里发源，向东流入湖泽，水中多产金属矿物和玉石。

又南三百里，曰岳山，其上多桑，其下多樗①。泺水出焉，东流注于泽，其中多金玉。

【注释】①樗（chū）：一种椿树。

【译文】再往南三百里，叫岳山，山上有很多桑树，山下有很多椿树。泺水从这里发源，向东流入湖泽，水中多产金属矿物和玉石。

又南三百里，曰犲山，其上无草木，其下多水，其中多堪予之鱼。有兽焉，其状如夸父而彘毛，其音如呼，见则天下大水。

【译文】再往南三百里，叫犲山，山上不生花草树木，山下遍布水流，水中有很多堪予鱼。山里有一种野兽，它的形状像猿猴，浑身猪毛，发出的叫声如同人在呼叫，它一出现天下就会发生洪水。

又南三百里，曰独山，其上多金玉，其下多美石。末涂之水出焉，而东南流注于沔①，其中多䲆蟰，其状如黄蛇，鱼翼，出入有光，见则其邑大旱。

【注释】①沔（miǎn）：河流名，在陕西境内，汉水的上流。

【译文】再往南三百里，叫独山，山上多产金属矿物和玉石，山下多产秀美的石头。末涂水从这里发源，然后向东南流入沔水，水中有很多儵蠕，形状像黄蛇，鱼的鳍，出入水中闪闪发光，它所出现的郡县会发生大旱。

又南三百里，曰泰山①，其上多玉，其下多金。有兽焉，其状如豚而有珠，名曰狪狪，其鸣自詨。环水出焉，东流注于汶②，其中多水玉。

【注释】①泰山：东岳泰山，在山东境内。郭璞《山海经传》注："即东岳岱宗也。今在泰山奉高县西北，从山下至顶四十八里三百步也。"②汶（wèn）：河流名，在山东境内。也叫"大汶河"，古代经东平县至梁山东南，流入济水。今主流往西汇入东平湖。

【译文】再往南三百里，叫泰山，山上多产玉石，山下多产金矿。山里有一种野兽，形状像猪，体内含有珠子，名叫狪狪，它的叫声就是自己名字的读音。环水从这里发源，向东流入汶水，水中多产水晶。

又南三百里，曰竹山，錞于江，无草木，多瑶碧。激水出焉，而东南流注于娶檀之水，其中多茈蠃①。

【注释】①茈蠃：紫螺。

【译文】再往南三百里，叫竹山，坐落在江水岸边，山上不生花草树木，多产瑶、碧之类的玉石。激水从竹山发源，然后向东南流入娶檀水,水中有很多紫螺。

　　凡东山经之首,自樕蠡之山以至于竹山,凡十二山,三千六百里。其神状皆人身龙首。祠:毛用一犬祈,衈^①用鱼。

　　【注释】①衈(èr):古代宰杀牲畜取血以供衅礼之用。衈,釁,用器具刺割牲畜使之出血以祭祀。

　　【译文】所有东方第一列山系,从樕蠡山直到竹山,总共十二座山,途经三千六百里。诸山神的形貌都是人的身子,龙的脑袋。祭祀的仪式是:毛物用一只狗作为祭品,杀牲取血时用鱼。

东次二经

　　东次二经之首,曰空桑之山^①,北临食水,东望沮吴,南望沙陵,西望滜泽。有兽焉,其状如牛而虎文,其音如吟,其名曰軨軨,其鸣自叫,见则天下大水。

　　【注释】①空桑之山:在山东境内。郭璞《山海经传》注:"此山出琴瑟材,见《周礼》也。"《淮南子·本经》篇:"舜之时,共工振滔洪水,以薄空桑。"《文选·思玄赋》注有"少皞金天氏居穷桑,在鲁北"句。

　　【译文】东方第二列山系的第一座山,名叫空桑山,北临食水,向东可以望见沮吴,向南可以望见沙陵,向西可以望见滜泽。山里有一种野兽,形状像牛,虎的斑纹,鸣叫声像是人在呻吟,它的名字叫軨軨,它的叫声就是自己名字的读音,它一出现,天下就会发生洪水。

朱獳　犰狳　珠鳖鱼

又南六百里，曰曹夕之山，其下多榖，而无水，多鸟兽。

【译文】再往南六百里，叫曹夕山，山下有很多构树，没有水流，还有很多鸟兽。

又西南四百里，曰峄皋之山①，其上多金玉，其下多白垩。峄皋之水出焉，东流注于激女之水，其中多蜃珧②。

【注释】①峄（yì）皋之山：古山名，在山东境内。②蜃珧（shèn yáo）：蚌蛤之类，软体动物。蜃，大蛤。贝壳卵圆形，有彩色斑纹。珧，小蚌。贝壳长卵形，黄褐色。郭璞《山海经传》注："蜃，蚌也；珧，玉珧，亦蚌属。"郝懿行《山海经笺疏》："《尔雅》云：'蜃小者珧。'即小蚌也。"

【译文】再往西南四百里，叫峄皋山，山上多产金属矿物和玉石，山下多产白垩。峄皋水从这里发源，向东流入激女水，水里有很多大蛤和小蚌。

又南水行五百里，流沙三百里，至于葛山之尾，无草木，多砥砺。

【译文】再往南沿水行五百里，经过三百里流沙，就到了葛山的尾部，这里不生花草树木，多产粗细磨刀石。

又南三百八十里，曰葛山之首，无草木。澧水出焉，东流注

于余泽，其中多珠蟞鱼，其状如肺而有目，六足，有珠，其味酸
甘，食之无疠。

【译文】再往南三百八十里，是葛山的起始，山上不生花草树
木。澧水从这里发源，向东流入余泽，水中有很多珠蟞鱼，形状像带
骨的肉脯团，有四只眼，六只脚，体内有珠子，这种鱼的味道酸中带
甜，吃了它的肉不会染上瘟疫。

又南三百八十里，曰余峨之山，其上多梓枏，其下多荆芑①。
杂余之水出焉，东流注于黄水。有兽焉，其状如菟而鸟喙，鸱目
蛇尾，见人则眠，名曰犰狳②，其鸣自訆，见则螽蝗③为败④。

【注释】①芑：通杞。即枸杞。②犰狳（qiú yú）：又称"铠鼠"，一种小
型哺乳动物，和食蚁兽有近亲关系，其骨质甲似盔甲，异常坚硬。若遇到危
险，来不及逃走，便蜷缩起来以保护自己。③螽蝗：一种昆虫，即螽斯、蝗虫
之类。体绿色或褐色，像蚱蜢。④为败：为害。

【译文】再往南三百八十里，叫余峨山，山上有很多梓树和楠
树，山下有很多牡荆和枸杞。杂余水从这里发源，向东流入黄水。有
一种野兽，它的形状像兔子，鸟的嘴，鸱鹰的眼，蛇的尾巴，看见人
就会装睡，名叫犰狳，发出的叫声是它名字的读音，它一出现就会有
螽斯蝗虫为害庄稼。

又南三百里，曰杜父之山，无草木，多水。

蠪蛭　鴛鴮　獙獙

【译文】再往南三百里,叫杜父山,山上不生花草树木,到处是流水。

又南三百里,曰耿山,无草木,多水碧①,多大蛇。有兽焉,其状如狐而鱼翼,其名曰朱獳②,其鸣自訆,见则其国有恐。

【注释】①水碧:水晶石,产于水中的玉石。②朱獳(rǔ):古代兽类,样子像狐狸,火红色。

【译文】再往南三百里,叫耿山,山上不生花草树木,多产水晶,有很多大蛇。山里有一种野兽,它的形状像狐狸,鱼的鳍,名叫朱獳,发出的叫声是它名字的读音,它所出现的国家会发生令人恐慌的事情。

又南三百里,曰卢其之山,无草木,多沙石。沙水出焉,南流注于涔水,其中多鹈鹕①,其状如鸳鸯而人足,共鸣自訆,见则其国多土功。

【注释】①鹈鹕(lí hú):也叫鹈鹕(tí hú),犁鹕。体形较长,羽毛多为白色,也有桃红色或灰褐色。嘴长而尖,下嘴壳处有皮囊,可以兜食鱼类。翅大而阔,四趾间有脚蹼。

【译文】再往南三百里,叫卢其山,山上不生花草树木,遍布沙石。沙水从这里发源,向南流入涔水,水中有很多鹈鹕,这种鸟的形状像鸳鸯,爪上有蹼像人的脚,发出的叫声是它名字的读音,它所出现的国家会有水土工程的劳役。

又南三百八十里，曰姑射之山①，无草木，多水。

【注释】①姑射之山：古山名。《海内北经》有列姑射，有姑射国，大概所指就是此处。

【译文】再往南三百八十里，叫姑射山，山上不生花草树木，却多有水流。

又南水行三百里，流沙百里，曰北姑射之山，无草木，多石。

【译文】再往南沿水行三百里，经过一百里流沙，叫北姑射山，山上不生花草树木，到处是石头。

又南三百里，曰南姑射之山，无草木，多水。

【译文】再往南三百里，叫南姑射山，山上不生花草树木，到处是流水。

又南三百里，曰碧山，无草木，多大蛇，多碧、水玉。

【译文】再往南三百里，叫碧山，山上不生花草树木，有很多大蛇。多产碧玉、水晶。

又南五百里，曰缑氏之山，无草木，多金玉。原水出焉，东流注于沙泽。

【译文】再往南五百里，叫缑氏山，山上不生花草树木，多产金属矿物和玉石。原水从这里发源，向东流入沙泽。

又南三百里，曰姑逢之山，无草木，多金玉。有兽焉，其状如狐而有翼，其音如鸿雁，其名曰獙獙，见则天下大旱。

【译文】再往南三百里，叫姑逢山，山上不生花草树木，多产金属矿物和玉石。山里有一种野兽，形状像狐狸却有翅膀，发出的叫声像大雁鸣叫，它的名字叫獙獙，它一出现天下就会发生大旱。

又南五百里，曰凫丽之山，其上多金玉，其下多箴石。有兽焉，其状如狐，而九尾、九首、虎爪，名曰蠪蛭，其音如婴儿，是食人。

【译文】再往南五百里，叫凫丽山，山上多产金属矿物和玉石，山下多产箴石。有一种野兽，形状像狐狸，九条尾巴、九个脑袋、虎的爪子，名叫蠪蛭，发出的叫声像婴儿啼哭，这种动物吃人。

又南五百里，曰硻山，南临硻水，东望湖泽。有兽焉，其状如马，而羊目、四角、牛尾，其音如嗥狗，其名曰峳峳，见则其国多狡客。有鸟焉，其状如凫而鼠尾，善登木，其名曰絜钩，见则其国多疫。

絮钩　兽身人面神　猲狟

【译文】再往南五百里，叫碙山，南临碙水，向东可以望见湖泽。山里有一种野兽，形状像马，羊的眼睛、四只角、牛的尾巴，发出的叫声像狗叫，它的名字叫峳峳，它所出现的国家会有很多奸猾之徒。山里有一种鸟，形状像野鸭，鼠的尾巴，擅长攀登树木，名叫絜钩，它所出现的国家就会多发瘟疫。

凡东次二经之首，自空桑之山至于碙山，凡十七山，六千六百四十里。其神状皆兽身人面载觡①。其祠：毛用一鸡祈，婴②用一璧瘗。

【注释】①载觡（gé）：戴觡。觡，指麋、鹿等动物头上的角。②婴：古代用玉器祭祀神灵的专称。

【译文】所有东方第二列山系，从空桑山直到碙山，总共十七座山，途经六千六百四十里。诸山神的形貌都是野兽的身子，人的面孔，头上戴着觡角。祭祀的仪式是：毛物用一只鸡作为祭品，祭祀的玉器用一块玉璧，献祭后埋入地下。

东次三经

又东次三经之首，曰尸胡之山，北望𦍡山，其上多金玉，其下多棘。有兽焉，其状如麇而鱼目，名曰妴胡，其鸣自訆。

【译文】东方第三列山系的第一座山，名叫尸胡山，向北可以望见𦍡山，山上多产金属矿物和玉石，山下有很多酸枣树。山里有一种野兽，它的形状像麋鹿，鱼的眼睛，名叫婡胡，发出的叫声就是自己名字的读音。

又南水行八百里，曰岐山，其木多桃李，其兽多虎。

【译文】再往南沿水行八百里，叫岐山，山上的树木大多是桃树和李树，山里的野兽大多是老虎。

又南水行五百里，曰诸钩之山，无草木，多沙石。是山也，广员百里，多寐鱼^①。

【注释】①寐鱼：古称鲢鱼。

【译文】再往南沿水行五百里，叫诸钩山，山上不生花草树木，遍布沙石。这座山方圆有一百里，山中的水流多有寐鱼。

又南水行七百里，曰中父之山，无草木，多沙。

【译文】再往南沿水行七百里，叫中父山，山上不生花草树木，多沙。

又东水行千里，曰胡射之山，无草木，多沙石。

【译文】再往东沿水行一千里，叫胡射山，山上不生花草树木，遍布沙石。

精精　婒胡　鮯鮯鱼

又南水行七百里，曰孟子之山，其木多梓桐，多桃李，其草多菌蒲①，其兽多麋鹿。是山也，广员百里。其上有水出焉，名曰碧阳，其中多鳣鲔②。

【注释】①菌蒲：紫菜，又称石花菜。②鳣鲔（wěi）：鳣鱼和鲔鱼。

【译文】再往南沿水行七百里，叫孟子山，山上的树木大多是梓树和桐树，以及桃树和李树，山上的草类大多是菌蒲，山里的野兽大多是麋鹿。这座山方圆一百里。有一条河发源于山上，名叫碧阳，河水中有很多鳣鱼和鲔鱼。

又南水行五百里，曰流沙，行五百里①，有山焉，曰跂踵之山，广员二百里，无草木，有大蛇，其上多玉。有水焉，广员四十里皆涌②，其名曰深泽，其中多蠵龟③。有鱼焉，其状如鲤，而六足鸟尾，名曰鮯鮯之鱼，其鸣自訆。

【注释】①又南水行五百里，曰流沙，行五百里：经文疑本作又南水行五百里，流沙五百里。"曰、行"二字衍。②涌：沸腾喷涌。郭璞《山海经传》注："今河东闻喜县有濮水，源在地底，潢沸涌出，其深无限，即此类也。"③蠵（xī）龟：一种海产大龟，甲上有彩色斑纹。身长约一米，四肢呈桨状，以鱼虾等为食，其卵可食，龟甲可入药。

【译文】再往南沿水行五百里，经流沙五百里，有一座山，名叫跂踵山，方圆二百里，山上不生花草树木，有大蛇，山上多产玉石。这里有一个水潭，方圆四十里都在沸腾喷涌，名叫深泽，水中有很多蠵龟。水中有一种鱼，形状像鲤鱼，六只脚，鸟的尾巴，名叫鮯鮯鱼，它的叫声是自己名字的读音。

又南水行九百里，曰蹭隅之山，其上多草木，多金玉，多赭。有兽焉，其状如牛而马尾，名曰精精，其鸣自訆。

【译文】再往南沿水行九百里，叫蹭隅山，山上有多种草木，多产金属矿物和玉石，还有很多赭石。山里有一种野兽，形状像牛，马的尾巴，名叫精精，它的叫声就是自己名字的读音。

又南水行五百里，流沙三百里，至于无皋之山，南望幼海①，东望榑木②，无草木，多风。是山也，广员百里。

【注释】①幼海：少海。②榑（fú）木：扶桑。传说中的神木，叶似桑叶，长而高大，太阳从这里升起。
【译文】再往南沿水行五百里，经三百里流沙，就到了无皋山，向南可以望见幼海，向东可以望见榑木，山上不生花草树木，经常刮大风。这座山方圆一百里。

凡东次三经之首，自尸胡之山至于无皋之山，凡九山，六千九百里。其神状皆人身而羊角。其祠：用一牡羊①，糈用黍②。是神也，见则风雨水为败。

【注释】①牡羊：公羊。牡，雄。②黍（shǔ）：一种谷物，性黏，子实淡黄色，可食用，也可酿酒。脱皮后，北方称为黄米。

【译文】所有东方第三列山系，从尸胡山直到无皋山，总共九座山，途经六千九百里。诸山神的形貌都是人的身子，长有羊角。祭祀的仪式是：毛物用一只公羊，祭祀的米用黄米。这些山神，出现时就会有疾风骤雨，进而形成洪水为害庄稼。

东次四经

又东次四经之首，曰北号之山，临于北海。有木焉，其状如杨，赤华，其实如枣而无核，其味酸甘，食之不疟。食水出焉，而东北流注于海。有兽焉，其状如狼，赤首鼠目，其音如豚，名曰猲狙①，是食人。有鸟焉，其状如鸡而白首，鼠足而虎爪，其名曰鬿雀②，亦食人。

【注释】①猲狙（xié jū）：古代传说中的一种猛兽，能吃人。②鬿雀（qí què）：传说中的一种怪鸟，能吃人。

【译文】东方第四列山系的第一座山，名叫北号山，在北海边。山上有一种树，形状像杨树，开红花，果实像枣却没有核，味道酸中带甜，吃了它不患疟疾病。食水从这里发源，然后向东北流入大海。山里有一种野兽，形状像狼，红脑袋，老鼠眼睛，它的叫声像是猪叫，名叫猲狙，这种动物吃人。山里还有一种鸟，形状像鸡，白脑袋，鼠足虎爪，名叫鬿雀，这种动物吃人。

又南三百里，曰旄山，无草木。苍体之水出焉，而西流注于

人身羊角神　猲狙

展水，其中多鳝鱼^①，其状如鲤而大首，食者不疣^②。

【注释】①鳝（qiū）鱼：鳅鱼，形状像鳝鱼，青黑色，没有鳞甲。常在河流池水的泥土中，俗称泥鳅。②疣：同肬。长在皮肤上的赘疣。

【译文】再往南三百里，叫旄山，山上不生花草树木。苍体水从这座山发源，然后向西流入展水，水中有很多鳝鱼，形状像鲤鱼，头很大，吃了它的肉皮肤上不会生赘瘤。

又南三百二十里，曰东始之山，上多苍玉。有木焉，其状如杨而赤理，其汁如血，不实，其名曰芑^①，可以服马^②。泚水出焉，而东北流注于海，其中多美贝，多茈鱼，其状如鲋^③，一首而十身，其臭如蘪芜^④，食之不糟^⑤。

【注释】①芑（qǐ）：通杞。②服马：使马驯服。③鲋：鲫鱼，肉味鲜美。④蘪芜：一种香草，叶子像当归，气味像白芷。因为其茎叶靡弱而繁芜，故得名。⑤糟（pì）：同屁。

【译文】再往南三百二十里，叫东始山，山上多产苍玉。山里有一种树，形状像杨树却有红色纹理，树干的汁液像血，不结果实，它的名字叫芑，把它的汁液涂在马身上可以使马驯服。泚水从这里发源，然后向东北流入大海，水中有很多美丽的贝，有很多茈鱼，形状像鲫鱼，有一个脑袋，十个身子，它的气味像蘪芜，吃了它就不会放屁。

又东南三百里，曰女烝之山，其上无草木。石膏水出焉，而西注于鬲水，其中多薄鱼，其状如鳝鱼而一目，其音如欧^①，见

魼雀 鱓鱼

则天下大旱。

【注释】①欧：通"呕"。

【译文】再往东南三百里，叫女烝山，山上不生花草树木。石膏水从这座山发源，然后向西流入鬲水，水中有很多薄鱼，它的形状像鳝鱼，一只眼，它的叫声像是人在呕吐，它一出现就会天下大旱。

又东南二百里，曰钦山，多金玉而无石。师水出焉，而北流注于皋泽，其中多鲐鱼，多文贝。有兽焉，其状如豚而有牙，其名曰当康，其鸣自訆，见则天下大穰①。

【注释】①大穰：大丰收。

【译文】再往东南二百里，叫钦山，山中多产金属矿物和玉石，却没有石头。师水从这里发源，然后向北流入皋泽，水中有很多鲐鱼，有很多带花纹的贝。山里有一种野兽，形状像猪却有牙齿，它的名字叫当康，它的叫声就是自己名字的读音，它一出现天下就会大丰收。

又东南二百里，曰子桐之山。子桐之水出焉，而西流注于余如之泽。其中多𩶅鱼，其状如鱼而鸟翼，出入有光，其音如鸳鸯，见则天下大旱。

【译文】再往东南二百里，叫子桐山。子桐水从这里发源，然后向西流入余如泽。水里有很多𩶅鱼，形状像鱼却有翅膀，出入水中时

合窳　当康　薄鱼

常闪光，它的叫声像是鸳鸯叫，它一出现天下就会发生大旱。

又东北二百里，曰剡山，多金玉。有兽焉，其状如彘而人面，黄身而赤尾，其名曰合窳，其音如婴儿，是兽也，食人亦食虫蛇，见则天下大水。

【译文】再往东北二百里，叫剡山，多产金属矿物和玉石。这里有一种野兽，形状像猪，人的面孔，黄身子，红尾巴，名叫合窳，它的叫声像是婴儿啼哭。这种野兽，能吃人，也吃虫和蛇，它一出现天下就会发生洪涝之灾。

又东二百里，曰太山，上多金玉桢木①。有兽焉，其状如牛而白首，一目而蛇尾，其名曰蜚②，行水则竭，行草则死，见则天下大疫。钩水出焉，而北流注于劳水，其中多鳛鱼。

【注释】①桢木：女桢，一种灌木，叶对生，披针形，冬季不凋。初夏开白花，果实椭圆形。②蜚（fēi）：古代一种野兽。

【译文】再往东二百里，叫太山，山上多产金属矿物和玉石，有女桢树。山里有一种野兽，形状像牛，白脑袋，一只眼，蛇尾，它的名字叫蜚，它所经过的地方水会干涸，草会枯死，它一出现天下就会有大瘟疫。钩水从这里发源，然后向北流入劳水，水中有很多鳛鱼。

凡东次四经之首，自北号之山至于太山，凡八山，一千七百二十里。

蜚 鳉鱼

【译文】所有东方第四列山系，从北号山直到太山，总共八座山，途经一千七百二十里。

右东经之山志，凡四十六山，万八千八百六十里。

【译文】以上是东方所经之山的记录，总共四十六座山，绵延一万八千八百六十里。

卷五 中山经

　　《中山经》在《山海经》中，篇幅最长，字数最多，占全书的三分之二，所涉范围涵盖晋南、陕中、豫西、河渭、伊洛地区。其主要内容记录了中原各地由北向南的十二列山系，具体到每一列山系的顺序是由西至东，下一山系则由东至西衔接。总共一百九十七座山，途经两万一千三百七十一里。

　　《中山经》记有很多名山，如少室山和太室山，即现在的中岳嵩山。除了名山大川以及河流物产，本卷还记录了各列山系的山神形貌以及祭祀的礼仪。山神有鸟首、龙首、猪首等，不一而足。在所记动植物状况的同时，简略提及了其药用价值，这表明了当时的人们已有了一定的医药知识。

中山经

　　中山经薄山之首，曰甘枣之山。共水出焉，而西流注于河。其上多枞木。其下有草焉，葵本①而杏叶，黄华而荚实②，名曰箨③，可以已瞢④。有兽焉，其状如獃鼠而文题，其名曰䶊，食之已瘿。

【注释】①葵本：根或茎干像葵。这里指茎干。②荚实：豆科类或其他草木的狭长果实，中间没有隔膜。如豆荚、皂荚。③箨（tuò）：不详确指，或是竹笋类植物。④蕾（méng）：视物不明，眼花。

【译文】中间第一列山系薄山山系的第一座山，名叫甘枣山。共水从这里发源，然后往西流入黄河。山里有很多枬树，山下有一种草，葵一样的茎，杏树一样的叶，开黄花，结荚果，名叫箨，吃了它可以治愈眼睛昏花。山里有一种野兽，它的形状像獣鼠而额头有花纹，名叫䶅，吃了它的肉可以消除脖上的赘瘤。

又东二十里，曰历儿之山①，其上多櫔，多枥木，是木也，方茎而员叶，黄华而毛，其实如楝②，服之不忘。

【注释】①历儿之山：传说舜曾在这里耕种，并非实证。郝懿行《山海经笺疏》："水经注云：'河东郡南有历山，舜所耕处也。'《史记正义》引《括地志》云：'蒲山亦名历山。'即此也；盖与薄山连麓而异名。"即历山。②楝（liàn）：一种落叶乔木，种子和树皮可入药。春夏开花，淡紫色。木材坚实，有多种用途。

【译文】再往东二十里，叫历儿山，山上有很多櫔树，还有很多枥树，这种树，方形的树干，圆形的叶子，开黄花上有绒毛，它的果实像楝树的果实，吃了它可以使人过目不忘。

又东十五里，曰渠猪之山，其上多竹。渠猪之水出焉，而南流

羆　鳴蛇　豪魚

注于河。其中是多豪鱼，状如鲔，赤喙尾，赤羽，可以已白癣^①。

【注释】①白癣：一种皮肤病。

【译文】再往东十五里，叫渠猪山，山上有很多竹子。渠猪水从这里发源，然后往南流入黄河。水中有很多豪鱼，形状像鲔鱼，红色的鱼嘴、红色的尾巴，还长有羽翅，这种鱼可以治疗白皮癣。

又东三十五里，曰葱聋之山，其中多大谷，是多白垩，黑、青、黄垩。

【译文】再往东三十五里，叫葱聋山，山中有许多大峡谷，这里多产白垩，也产黑垩、青垩、黄垩。

又东十五里，曰泿山^①，其上多赤铜，其阴多铁。

【注释】①泿山（wō）：传说中的山名，不详确指。

【译文】再往东十五里，叫泿山，山上多产赤铜矿，山的北面多产铁矿。

又东七十里，曰脱扈之山。有草焉，其状如葵叶而赤华，荚实，实如棕荚，名曰植楮，可以已癙^①，食之不眯^②。

【注释】①癙（shǔ）：烦忧，心神不安。②眯：指梦魇。参见《西次四经》"英鞮之山"一节。

胐胐　化蛇　飞鱼

【译文】再往东七十里，叫脱扈山。山中有一种草，形状像葵叶，红色的花，结带荚的果，果实的荚像棕树的果荚，名叫植楮，可以用它治疗心神惊恐，吃了它就不会做恶梦。

又东二十里，曰金星之山，多天婴①，其状如龙骨②，可以已痤③。

【注释】①天婴：古代一种植物，不详确指。②龙骨：又叫剑花、量天尺、霸王花。攀缘状灌木，茎长，多分枝。一说这种植物生于水岸边土穴中。郝懿行《山海经笺疏》："《本草别录》云：'龙骨生晋地川谷、及太山严水岸土穴中死龙处。'"③痤：一种皮肤病，即痤疮。

【译文】再往东二十里，叫金星山，山中有很多天婴，这种植物的形状像龙骨，可以用来治疗痤疮。

又东七十里，曰泰威之山。其中有谷，曰枭谷，其中多铁。

【译文】再往东七十里，叫泰威山。山中有峡谷叫枭谷，谷里多产铁矿。

又东十五里，曰橿谷之山，其中多赤铜。

【译文】再往东十五里，叫橿谷山，山中多产赤铜矿。

又东百二十里，曰吴林之山，其中多蘐草①。

【注释】①蒹（jiān）草：一种兰草类。蒹同蕑，蕑即兰。

【译文】再往东一百二十里，叫吴林山，山里有很多兰草。

又北三十里，曰牛首之山。有草焉，名曰鬼草，其叶如葵而赤茎，其秀①如禾，服之不忧。劳水出焉，而西流注于潏水②，是多飞鱼，其状如鲋鱼，食之已痔衕。

【注释】①秀：指禾类植物吐穗开花。泛指草木开花。②潏（jué）水：古水名，一说指"长安八水"之一，在陕西境内。"长安八水"指环绕西安的八条河流，即渭河、泾河、沣河、涝河、浐河、灞河、潏河、滈河。

【译文】再往北三十里，叫牛首山。山里有一种草，名叫鬼草，它的叶子像葵，红色的茎，开的花像禾苗吐穗，吃了它可以无忧无虑。劳水从这里发源，然后往西流入潏水，河里有很多飞鱼，它的形状像鲋鱼，吃了它可以治愈痔疮和痢疾。

又北四十里，曰霍山，其木多榖。有兽焉，其状如狸①，而白尾，有鬣，名曰朏朏②，养之可以已忧。

【注释】①狸：狸猫，似狐狸而略小，体肥壮而略短。②朏朏（fěi fěi）：传说中的一种野兽。

【译文】再往北四十里，叫霍山，这里的树木大多是构树。有一种野兽，它的形状像狸猫却有白色的尾巴，脖子上有鬃毛，名叫朏朏，喂养它可以消除忧愁。

又北五十二里，曰合谷之山，是多薝棘^①。

【注释】①薝棘：一种植物，大概指天门冬，可入药。
【译文】再往北五十二里，叫合谷山，这里有很多薝棘。

又北三十五里，曰阴山，多砺石、文石。少水出焉。其中多
雕棠，其叶如榆叶而方，其实如赤菽^①，食之已聋。

【注释】①菽(shū)：本指大豆，泛指豆类植物。
【译文】再往北三十五里，叫阴山，山上有很多磨刀石、带花纹的
石头。少水从这里发源。山中有很多雕棠树，它的叶子像榆叶，四方
形，它的果实像红豆，吃了它可以治疗耳聋。

又东四百里，曰鼓镫之山，多赤铜。有草焉，名曰荣草，其
叶如柳，其本如鸡卵，食之已风^①。

【注释】①风：风邪。中医认为，风邪是外感病症的先导。《素问》有
"风者，百病之始也"句。
【译文】再往东四百里，叫鼓镫山，多产赤铜矿。山里有一种草，
名叫荣草，它的叶子像柳叶，它的根茎像鸡蛋，吃了可以治疗风痹病。

凡薄山之首，自甘枣之山至于鼓镫之山，凡十五山，
六千六百七十里。历儿，冢也，其祠礼：毛，太牢之具；县^①婴以

吉玉^②。其余十三山者，毛用一羊，县婴用桑封^③，瘞而不糈。桑封者，桑主也，方其下而锐^④其上，而中穿之加金^⑤。

【注释】①县：悬挂。县，同悬。②吉玉：美玉。③桑封：带有彩色斑纹的玉器。④锐：使之尖锐，指磨成尖角。⑤加金：辅以金属制品作为装饰。

【译文】总计薄山山系，自甘枣山到鼓镫山，总共十五座山，途经六千六百七十里。历儿山是诸山的宗主，祭祀本山山神的仪式是：毛物用猪、牛、羊三牲，悬挂环绕美玉。祭祀其余十三座山的山神，毛物中用一只羊，悬挂环绕的饰物用玉器中的桑封，祭礼完成埋入地下即可，不用精米。所谓桑封，就是桑主，下方而上尖，中间穿孔贴上金属薄片作为装饰。

中次二经

中次二经济山之首，曰辉诸之山，其上多桑，其兽多闾麋^①，其鸟多鹖^②。

【注释】①闾麋：山驴和麋鹿。闾，形状像驴而有角。②鹖（hé）：一种野鸡，体形稍大，羽毛青色，生性好斗。一说今名褐马鸡，当是。

【译文】中间第二列山系济山山系的第一座山，名叫辉诸山，山上有很多桑树，山里的兽类大多是山驴和麋鹿，禽鸟类大多是鹖鸟。

又西南二百里，曰发视之山，其上多金玉，其下多砥砺。即鱼之水出焉，而西流注于伊水。

【译文】再往西南二百里，叫发视山，山上多产金属矿物和玉石，山下多产磨刀石。即鱼水从这里发源，然后往西流入伊水。

又西三百里，曰豪山，其上多金玉而无草木。

【译文】再往西三百里，叫豪山，山上多产金属矿物和玉石，山上不生花草树木。

又西三百里，曰鲜山，多金玉，无草木。鲜水出焉，而北流注于伊水。其中多鸣蛇，其状如蛇而四翼，其音如磬，见则其邑大旱。

【译文】再往西三百里，叫鲜山，多产金属矿物和玉石，山上不生花草树木。鲜水从这里发源，然后向北流入伊水。河水里有很多鸣蛇，形状像蛇却有四只翅膀，叫声如同敲打磬石，它出现的地方会发生大旱。

又西三百里，曰阳山，多石，无草木。阳水出焉，而北流注于伊水。其中多化蛇，其状如人面而豺身，鸟翼而蛇行，其音如叱呼，见则其邑大水。

【译文】再往西三百里，叫阳山，到处是石头，山上不生花草树木。阳水从这里发源，然后向北流入伊水。河水里有很多化蛇，人的面孔，豺狼的身子，鸟的翅膀，蛇一样爬行，它的叫声像人在呵斥，它出现的地方会发洪水。

又西二百里，曰昆吾之山，其上多赤铜①。有兽焉，其状如彘而有角，其音如号，名曰蠪蚔②，食之不眯。

【注释】①赤铜：相传昆吾山特产一种铜矿，色赤红如火。用它来制作刀剑，非常锋利，切割玉石如削泥。所谓昆吾剑，就是由此而来。郭璞《山海经传》注："此山出名铜，色赤如火，以之作刃，切玉如割泥也；周穆王时西戎献之，尸子所谓昆吾之剑也。"②蠪蚔：可能是前面的蠪蛭，参见《东次二经》"凫丽山"一节。

【译文】再往西二百里，叫昆吾山，山上多产赤铜矿。山里有一种野兽，它的形状像猪却有角，它的叫声像人在大哭，名叫蠪蚔，吃了它的肉不会做恶梦。

又西百二十里，曰葌山。葌水出焉，而北流注于伊水。其上多金玉，其下多青、雄黄。有木焉，其状如棠而赤叶，名曰芒草①，可以毒鱼。

【注释】①芒草：也叫莽草，有毒。可能因为植株高大，所以称为木，其实是草。

【译文】再往西一百二十里，叫葌山。葌水从这里发源，然后向北流入伊水。山上多产金属矿物和玉石，山下多产石青、雄黄。山里有一种树木，它的形状像棠梨，红色的叶子，名叫芒草，可以用来毒鱼。

马腹　蠪蚳　鴢

又西一百五十里，曰独苏之山，无草木而多水。

【译文】再往西一百五十里，叫独苏山，这里不生花草树木，遍布水流。

又西二百里，曰蔓渠之山，其上多金玉，其下多竹箭。伊水出焉，而东流注于洛。有兽焉，其名曰马腹^①，其状如人面虎身，其音如婴儿，是食人。

【注释】①马腹：传说中的一种怪兽。据《水经注》记载"沔水"时提到一种水虎，"如三四岁小儿，鳞甲如绫鲤，头似虎，掌爪常没水中"，"欲取弄戏，便杀人"，可能指同一种动物。

【译文】再往西二百里，叫蔓渠山。山上多产金属矿物和玉石，山下多产有很多小竹丛。伊水从这里发源，然后向东流入洛水。山里有一种野兽，名叫马腹，它的形状是人的面孔虎的身子，发出的叫声像婴儿啼哭，这种动物吃人。

凡济山之首，自辉诸之山至于蔓渠之山，凡九山，一千六百七十里。其神皆人面而鸟身。祠用毛，用一吉玉，投而不糈。

【译文】所有济山山系，从辉诸山开始，直到蔓渠山，总共九座

魋武罗　夫诸　飞鱼

山，途经一千六百七十里。这里的山神都是人的面孔鸟的身子。祭祀山神时用毛物作为祭品，再用一块美玉，把这些投向山谷，不用精米。

中次三经

中次三经䟠山之首，曰敖岸之山，其阳多㻬琈之玉，其阴多赭、黄金。神熏池居之。是常出美玉。北望河林，其状如蒨①如举②。有兽焉，其状如白鹿而四角，名曰夫诸，见则其邑大水。

【注释】①蒨：同"茜"，一种多年生草类，善攀缘，其根黄红色，可做染料。②举：榉柳。一种落叶乔木，木材坚实，用途广。

【译文】中间第三列䟠山山系的第一座山，名叫敖岸山，山的南面多产㻬琈玉，山的北面多产赭石、金矿。天神熏池住在这里。这座山还经常出产美玉。从山顶向北可以远望黄河和丛林，它们的形状像是茜草和榉柳。山里有一种野兽，它的形状像白鹿却有四只角，名叫夫诸，它出现的地方会洪水泛滥。

又东十里，曰青要之山，实惟帝之密都①。北望河曲，是多驾鸟②。南望墠渚③，禹父之所化④，是多仆累⑤、蒲卢⑥。魃⑦武罗司之，其状人面而豹文，小要⑧而白齿，而穿耳以鐻⑨，其鸣如鸣玉。是山也，宜女子。畛水出焉，而北流注于河。其中有鸟焉，名曰鴢，其状如凫，青身而朱目赤尾，食之宜子。有草焉，其状如菅，而方茎黄华赤实，其本如藁⑩本，名曰苟草，服之美人色。

【注释】①密都：隐秘的住所。②驾鸟：野鹅。③渚：水中小洲。④禹父之所化：禹的父亲所变化形成。禹的父亲即鲧。传说中，多有人物或神灵化为古迹的说法。汪绂云："《左传》言鲧化黄熊，入于羽渊，而又云在此，世之随处而附会以为古迹，类似此也。"⑤仆累：蜗牛。一种软体动物。⑥蒲卢：一种圆形贝壳类软体动物，蛤、蚌之类。⑦魖（shén）：一说指神鬼，即鬼中的神灵；一说指山神。⑧要：同腰。⑨鐻：金银制成的耳环。⑩藁（gǎo）：多年生草本植物，茎直立中空，根可入药。也叫抚芎、西芎。

【译文】再往东十里，叫青要山，这里是天帝隐蔽的住所。从山顶向北可以远望黄河拐弯处，那里有成群的野鹅。从山顶向南可以远望墠渚，那里是大禹的父亲鲧化为黄熊的地方，那里有很多蜗牛、蒲卢。山神武罗掌管这里，它的形状是人的面孔，全身豹纹，细小的腰身，白色的牙齿，耳上挂着金银环，发出的叫声像玉石碰击叮咚作响。这座青要山，适宜女子居住。畛水从这里发源，然后向北流入黄河。山里有一种鸟，名叫鴢，形状像野鸭，青色的身子，浅红色的眼睛，红尾巴，吃了它的肉有助于生孩子。山里有一种草，形状像兰草，方形的茎干，黄花、红果，根像藁本，名叫苟草，吃了它就会皮肤变白。

又东十里，曰騩山①，其上有美枣，其阴有琈珧之玉。正回之水出焉，而北流注于河。其中多飞鱼②，其状如豚而赤文，服之不畏雷，可以御兵。

【注释】①騩（guī）山：古山名，不名确指。②飞鱼：前面牛首山涝水也有飞鱼，但与此不同，当为同名异物。

【译文】再往东十里，叫騩山，山上有一种甜枣树，山的北面出产琈珚玉。正回水从这里发源，然后向北流入黄河。河水里有很多飞鱼，形状像猪浑身红色花纹，吃了它的肉就会不怕打雷，还可以抵御兵灾。

又东四十里，曰宜苏之山，其上多金玉，其下多蔓居①之木。潇潇之水出焉，而北流注于河，是多黄贝。

【注释】①蔓居：蔓荆，一种落叶灌木，多长在水边，高一丈多，其花红白相间。

【译文】再往东四十里，叫宜苏山，山上多产金属矿物和玉石，山下有很多蔓荆。潇潇水从这里发源，然后向北流入黄河，河水里有很多黄色的贝。

又东二十里，曰和山，其上无草木而多瑶碧，实惟河之九都①。是山也五曲，九水出焉，合而北流注于河，其中多苍玉。吉神②泰逢司之，其状如人而虎尾，是好居于萯山之阳，出入有光。泰逢神动天地气③也。

【注释】①九都：泛指水流汇聚之处。郭璞《山海经传》注："九水所潜，故曰九都。"②吉神：对神的美称，即善神。③动天地气：指灵验有显应。郭璞《山海经传》注："言其有灵爽能兴云雨也。夏后孔甲田于萯山之下，天

泰逢　獭　鼵

大风晦冥，孔甲迷惑，入于民室；见吕氏春秋也。"

【译文】再往东二十里，叫和山，山上不生花草树木，多产瑶、碧那样的美玉，这里是黄河九条支流交汇的地方。这座和山盘旋回复共有五层，九条河流从这里发源，然后交汇向北流入黄河，河中多产苍玉。吉神泰逢掌管这座山，其形貌像人却有虎的尾巴，喜欢住在萯山的南面，出入的时候会发出光芒。泰逢这个神能摇动天地之气，兴风作雨。

凡萯山之首，自敖岸之山至于和山，凡五山，四百四十里。其祠泰逢、熏池、武罗，皆一牡羊副①，婴用吉玉。其二神，用一雄鸡瘗之，糈用稌。

【注释】①副（pì）：劈开，分开。

【译文】所有萯山山系，从敖岸山直到和山，总共五座山，途经四百四十里。祭祀诸山山神的仪式是：泰逢、熏池、武罗这三个神各用一只公羊劈开来祭祀，祭祀的玉器要用美玉。其余两个山神各用一只公鸡献祭，埋入地下。祭祀的精米用稻米。

中次四经

中次四经厘山之首，曰鹿蹄之山，其上多玉，其下多金。甘水出焉，而北流注于洛，其中多泠石①。

【注释】①泠（gàn）石：一种石头，也写作涂石，柔软如泥。泠，同

駄　獸身人面神　犀渠

淯。

【译文】中间第四列厘山山系的第一座山，名叫鹿蹄山，山上多产玉石，山下多产金属矿物。甘水从这里发源，然后向北流入洛水，水中多产泠石。

西五十里，曰扶猪之山，其上多礝石①。有兽焉，其状如貀②而人目，其名曰麷。虢水出焉，而北流注于洛，其中多瓀石③。

【注释】①礝（ruǎn）石：礝，同硬。次于玉的一种美石。②貀：也叫狗獾。外形像狐狸，体态稍肥壮，全身棕灰色，尾较短。③瓀石：同礝石。

【译文】往西五十里，叫扶猪山，山上多产礝石。山里有一种野兽，它的形状像貀却有人的眼睛，名叫麷。虢水从这里发源，然后向北流入洛水，河中多产礝石。

又西一百二十里，曰厘山，其阳多玉，其阴多蒐①。有兽焉，其状如牛，苍身，其音如婴儿，是食人，其名曰犀渠。滽滽之水出焉，而南流注于伊水。有兽焉，名曰㹮，其状如獳犬②而有鳞，其毛如彘鬣。

【注释】①蒐（sōu）：茅蒐，也作茜草。其根紫红色，可做染料，亦可入药。②獳（nòu）犬：指发怒而吼叫的犬。

【译文】再往西一百二十里，叫厘山，山的南面多产玉石，山的北面遍布茜草。山里有一种野兽，形状像牛，全身青黑色，发出的叫声如同婴儿啼哭，这种动物吃人，名叫犀渠。滽滽水从这里发源，然后向南流入伊水。山里还有一种野兽，名叫獭，形状像獳犬却浑身有鳞，长在身上的毛像猪鬃。

又西二百里，曰箕尾之山，多榖，多涂石^①，其上多璿珚之玉。

【注释】①涂石：泠石。石质柔软如泥。

【译文】再往西二百里，叫箕尾山，山上有很多构树，多产涂石，山上还多产璿珚玉。

又西二百五十里，曰柄山，其上多玉，其下多铜。滔雕之水出焉，而北流注于洛。其中多羬羊。有木焉，其状如樗，其叶如桐而荚实，其名曰茇^①，可以毒鱼。

【注释】①茇（bá）：可能是"芫"的误写。芫即芫华，也叫芫花，一种落叶灌木，其根茎有毒。《说文解字》："茇，杜根也。东齐或曰茇。"

【译文】再往西二百五十里，叫柄山，山上多产玉石，山下多产铜矿。滔雕水从这里发源，然后向北流入洛水。山里有很多羬羊。山上有一种树，形状像椿树，叶子像梧桐而结荚果，名叫茇，可以用来毒鱼。

又西二百里，曰白边之山，其上多金玉，其下多青、雄黄。

【译文】再往西二百里，叫白边山，山上多产金属矿物和玉石，山下多产石青、雄黄。

又西二百里，曰熊耳之山，其上多漆，其下多棕。浮濠之水出焉，而西流注于洛，其中多水玉，多人鱼。有草焉，其状如苏①而赤华，名曰葶苧②，可以毒鱼。

【注释】①苏：紫苏，也叫山苏。草本植物，其茎干方形，其叶紫红色，可入药。②葶苧（tíng níng）：同"苧"古代一种草名。今有葶苈（tíng lì），一年生草本植物，长于原野，开黄花，种子黑褐色，可入药。

【译文】再往西二百里，叫熊耳山，山上有很多漆树，山下有很多棕树。浮濠水从这里发源，然后向西流入洛水，河里多产水晶石，有很多美人鱼。山里有一种草，形状像苏草而开红花，名叫葶苧，可以用来毒鱼。

又西三百里，曰牡山，其上多文石，其下多竹箭、竹䉠。其兽多㸲牛、羬羊，鸟多赤鷩①。

【注释】①赤鷩（bì）：也叫锦鸡，像野鸡而略小，其冠羽都很艳丽。

【译文】再往西三百里，叫牡山，山上有很多带花纹的石头，山下遍布竹箭、竹䉠之类的竹丛。山里的兽类大多是㸲牛、羬羊，禽鸟类大多是赤鷩。

又西三百五十里，曰讙举之山。雒水出焉，而东北流注于玄扈之水。其中多马肠①之物。此二山者，洛间也。

【注释】①马肠：前面所说马腹。

【译文】再往西三百五十里，叫讙举山。雒水从这里发源，然后向东北流入玄扈水。河水里有很多马肠。在讙举山和玄扈山之间，夹有一条洛水。

凡厘山之首，自鹿蹄之山至于玄扈之山，凡九山，千六百七十里。其神状皆人面兽身。其祠之：毛用一白鸡，祈而不糈，以采衣之^①。

【注释】①以采衣之：用彩色的帛给白鸡穿上，作为装饰。衣，穿。这里可能是包裹的意思。

【译文】所有厘山山系，从鹿蹄山直到玄扈山，总共九座山，途经一千六百七十里。诸山神都是人的面孔，兽的身子。祭祀山神的仪式是：毛物中用一只白鸡，祭祀的时候不用精米，用彩帛把鸡包起来。

中次五经

中次五经薄山之首，曰苟床之山，无草木，多怪石。

【译文】中间第五列薄山山系的第一座山，名叫苟床山，山上不生花草树木，怪石林立。

东三百里，曰首山，其阴多穀柞^①，其草多茶^②芫^③。其阳多璎珝之玉，木多槐。其阴有谷，曰机谷，多𪁫鸟，其状如枭而三目，有耳，其音如录，食之已垫④。

【注释】①柞：柞树。常绿灌木，冬夏常青。初秋开花，雌雄异株，其花黄白色，浆果。②苵：山蓟。草本植物，可入药。分为苍术、白术两种。③芫：芫华。其实是一种落叶灌木，因为树形矮小，所以被当成草类。其花可入药，其根可毒鱼。④垫：可能是一种风湿类的疾病。

【译文】往东三百里，叫首山，山的北面有很多构树、柞树，这里的草以苵草、芫华居多。山的南面多产璎珝玉，这里的树木大多是槐树。山的北面有一条峡谷，名叫机谷，峡谷里有许多𪁫鸟，这种鸟形状像猫头鹰却有三只眼，有耳朵，它的叫声就像鹿鸣，吃了它的肉可以治疗风湿病。

又东三百里，曰县𨊧之山，无草木，多文石。

【译文】再往东三百里，叫县𨊧山，山上不生花草树木，多产带花纹的石头。

又东三百里，曰葱聋之山，无草木，多㟅石①。

【注释】①㟅石：珸石，一种次于玉的石头。

【译文】再往东三百里，叫葱聋山，山上不生花草树木，多产㟅石。

东北五百里，曰条谷之山，其木多槐桐，其草多芍药、蘼冬^①。

【注释】①薔（mén）冬：俗称门冬，分为麦门冬和天门冬两种，均可入药。

【译文】往东北五百里，叫条谷山，山里的树木大多是槐树和桐树，草类大多是芍药、门冬。

又北十里，曰超山，其阴多苍玉，其阳有井^①，冬有水而夏竭。

【注释】①井：这里当指泉眼，形似水井，故称。

【译文】再往北十里，叫超山，山的北面到处是苍玉，山的南面有井泉，冬天有水夏天干枯。

又东五百里，曰成侯之山，其上多櫄木^①，其草多芁^②。

【注释】①櫄（chūn）木：据说这种树像椿树，体形高大，树干可做车辕。②芁（jiāo）：郝懿行云："芁，《说文》训草盛，非草名也。疑当为芁（jiāo）字之讹，芁音交，即草药秦芁也，见《本草》。

【译文】再往东五百里，叫成侯山，山上有很多櫄树，草类大多是秦芁。

又东五百里，曰朝歌之山，谷多美垩。

【译文】再往东五百里,叫朝歌山,山谷之中多产优良垩土。

又东五百里,曰槐①山,谷多金锡。

【注释】①槐:按毕沅本,槐山作稷山,云稷当为稬,稬即稷字古文,稷山在今山西省稷山县,后稷播时百谷于此,遂以名山。

【译文】再往东五百里,叫稷山,谷中多产金矿和锡矿。

又东十里,曰历山①,其木多槐,其阳多玉。

【注释】①历山:即前面所说历儿之山。

【译文】再往东十里,叫历山,山里的树大多是槐树,山的南面多产玉石。

又东十里,曰尸山,多苍玉,其兽多麖①。尸水出焉,南流注于洛水,其中多美玉。

【注释】①麖(jīng):鹿的一种,体型较大。

【译文】再往东十里,叫尸山,多产苍玉,山里的野兽大多是麖鹿。尸水从这里发源,向南流入洛水,河水中多产美玉。

又东十里,曰良余之山,其上多穀柞,无石。余水出于其阴,而北流注于河。乳水出于其阳,而东南流注于洛。

【译文】再往东十里，叫良余山，山上有很多构树和柞树，没有石头。余水发源于良余山的北面，然后向北流入黄河；乳水发源于良余山的南面，然后向东南流入洛水。

又东南十里，曰蛊尾之山，多砺石、赤铜。龙余之水出焉，而东南流注于洛。

【译文】再往东南十里，叫蛊尾山，山上多产磨刀石、赤铜。龙余水从这里发源，然后向东南流入洛水。

又东北二十里，曰升山，其木多穀柞棘，其草多薯蓣^①、蕙，多寇脱^②。黄酸之水出焉，而北流注于河，其中多璇玉^③。

【注释】①薯蓣：山药。其块茎可食，可入药。②寇脱：草本植物，长在南方，一丈多高，叶子像荷叶。郭璞《山海经传》注："寇脱草生南方，高丈许，似荷叶而茎中有瓤，正白，零桂人植而日灌之以为树也。"③璇玉：一种玉石，质料成色比玉稍次。

【译文】再往东北二十里，叫升山，山里的树木大多是构树、柞树、酸枣，草类大多是山药、蕙草，有很多寇脱草。黄酸水从这里发源，然后向北流入黄河，水中多产璇玉。

又东十二里，曰阳虚之山，多金，临于玄扈之水^①。

【注释】①玄扈之水：古水名，前文已出现。郭璞《山海经传》注："河图曰:'仓颉为帝,南巡狩,登阳虚之山,临于玄扈洛汭,灵龟负书,丹甲青文以授之。'出此水中也。"

【译文】再往东十二里,叫阳虚山,多产金属矿物,这座山在玄扈河的岸边。

凡薄山之首,自苟林之山至于阳虚之山,凡十六山,二千九百八十二里。升山,冢也,其祠礼:太牢,婴用吉玉。首山,魁①也,其祠用稌、黑牺太牢之具、蘖酿②;干儛③,置鼓;婴用一璧。尸水,合天也,肥牲祠之,用一黑犬于上,用一雌鸡于下,刉④一牝羊,献血。婴用吉玉,采之,飨之。

【注释】①魁:神灵。②蘖(niè)酿:用麴蘖酿酒。蘖,指酒曲。这里泛指美酒。③干儛:一种舞蹈,古代祭祀时所跳。干,即盾牌。儛,同舞。干儛就是手拿盾牌起舞。④刉(jī):也作"刏"。划,割。

【译文】所有薄山山系,从苟林山直到阳虚山,总共十六座山,途经两千九百八十二里。升山是诸山的宗主,祭祀山神的仪式是:毛物用猪、牛、羊三牲,环陈的玉要用美玉。首山,是神灵显应的地方,祭祀山神用稻米、黑色的猪、牛、羊三牲以及麴蘖酿造的美酒;手拿盾牌而舞,敲打锣鼓应和;祭祀的玉器用一块玉璧。尸水,上通于天,要用肥壮的牲畜作为祭品;把一只黑狗放在上面,把一只母鸡放在下面,再割刺一只母羊,用它献血涂祭。祭祀的玉器要用美玉,用彩帛包住祭品,请神享用。

中次六经

中次六经缟羝山之首，曰平逢之山，南望伊洛，东望榖城之山^①，无草木，无水，多沙石。有神焉，其状如人而二首，名曰骄虫，是为螫虫^②，实惟蜂蜜^③之庐^④。其祠之，用一雄鸡，禳^⑤而勿杀。

【注释】①榖城之山：古山名。郭璞《山海经传》注："在济北榖城县西，黄石公石在此山下，张良取以合葬尔。"②螫（shì）虫：指有毒刺能伤人的虫类。③蜂、蜜：两种皆为蜂类。④庐：房屋。这里指巢穴。⑤禳（ráng）：祭祀时向神灵祈祷以消除灾殃，去除邪恶。

【译文】中间第六列缟羝山山系的第一座山，名叫平逢山，从平逢山上向南可以远望伊水和洛水，向东可以远望榖城山，这座山上不生花草树木，没有水，遍布沙石。山里有一个神，形貌像人却有两个脑袋，名叫骄虫，它是所有螫虫的首领，这里也是各种蜂类的巢穴。祭祀这个山神，用一只公鸡作为祭品，向神灵祈祷之后放掉而不杀死。

西十里，曰缟羝之山，无草木，多金玉。

【译文】往西十里，叫缟羝山，山上不生花草树木，多产金属矿物和玉石。

骄虫　鸧鹠　三足龟

又西十里，曰廆山，其阴多㻬琈之玉。其西有谷焉，名曰雚谷，其木多柳楮，其中有鸟焉，状如山鸡而长尾，赤如丹火而青喙，名曰鸰䴈，其鸣自呼，服之不眯。交觞之水出于其阳，而南流注于洛。俞随之水出于其阴，而北流注于谷水。

【译文】再往西十里，叫廆山，山的北坡多产㻬琈玉。这座山的西面有一条峡谷，名叫雚谷，谷中的树木大多是柳树、楮树，这里有一种鸟，形状像野鸡却有长尾巴，浑身色红如丹，青嘴壳，名叫鸰䴈，它的叫声就是自己名字的读音，吃了它的肉不会做恶梦。交觞水发源于这座山的南麓，然后向南流入洛水；俞随水发源于这座山的北麓，然后向北流入谷水。

又西三十里，曰瞻诸之山，其阳多金，其阴多文石。谢水出焉，而东南流注于洛。少水出于其阴，而东流注于谷水。

【译文】再往西三十里，叫瞻诸山，山的南面多产金属矿物，山的北面多产带花纹的石头。谢水从这里发源，然后向东南流入洛水；少水发源于这座山的北麓，然后向东流入谷水。

又西三十里，曰娄涿之山，无草木，多金玉。瞻水出于其阳，而东流注于洛。陂水出于其阴，而北流注于谷水，其中多茈石、文石。

豕身人面十六神　人面三首神　旋龟　鯩鱼

【译文】再往西三十里，叫娄涿山，山上不生花草树木，多产金属矿物和玉石。瞻水发源于这座山的南麓，然后向东流入洛水；陂水发源于这座山的北麓，然后向北流入谷水，河水中多产紫色石头、带花纹的石头。

又西四十里，曰白石之山。惠水出于其阳，而南流注于洛，其中多水玉。涧水出于其阴，西北流注于谷水，其中多麋石①、栌丹②。

【注释】①麋石：即画眉石。一种矿石，可以用来描饰眉毛。麋，通眉。②栌丹：可能指黑丹。一种矿物，黑红色细沙状。栌，通卢，黑色。
【译文】再往西四十里，叫白石山。惠水发源于山的南麓，然后向南流入洛水，水中多产水晶。涧水发源于山的北麓，向西北流入谷水，水中多产麋石和栌丹。

又西五十里，曰谷山，其上多穀，其下多桑。爽水出焉，而西北流注于谷水，其中多碧绿①。

【注释】①碧绿：可能指孔雀石，其色青绿，可以做装饰品和染料。
【译文】再往西五十里，叫谷山，山上有很多构树，山下有很多桑树。爽水从这里发源，然后向西北流入谷水，水中多产碧绿的玉石。

又西七十二里，曰密山，其阳多玉，其阴多铁。豪水出焉，而南流注于洛，其中多旋龟①，其状鸟首而鳖尾，其音如判木^②。无草木。

【注释】①旋龟：一种龟类。参见《南山经》"杻阳山"一节。②判木：劈木头。判，劈开。

【译文】再往西七十二里，叫密山，山的南面多产玉石，山的北面多产铁矿。豪水从这里发源，然后向南流入洛水，水中有很多旋龟，它的形状是鸟的头，鳖的尾巴，发出的叫声像是劈木头的声音。这座山不生花草树木。

又西百里，曰长石之山，无草木，多金玉。其西有谷焉，名曰共谷，多竹。共水出焉，西南流注于洛，其中多鸣石^①。

【注释】①鸣石：一种青色玉石，可以制乐器，磬石之类。郭璞《山海经传》注："晋永康元年，襄阳郡上鸣石，似玉，色青，撞之声闻七八里，即此类也。"

【译文】再往西一百里，叫长石山，山上不生花草树木，多产金属矿物和玉石。这座山的西面有一道峡谷，名叫共谷，竹林遍布。共水从这座山发源，向西南流入洛水，水中多产鸣石。

又西一百四十里，曰傅山，无草木，多瑶碧。厌染之水出于其阳，而南流注于洛，其中多人鱼。其西有林焉，名曰墦冢。谷水出焉，而东流注于洛，其中多珚玉^①。

【注释】①珚玉：一种玉类。

【译文】再往西一百四十里，叫傅山，山上不生花草树木，到处是瑶、碧之类的美玉。厌染水发源于这座山的南麓，然后向南流入洛水，水中有很多人鱼。这座山的西面有一片树林，名叫墦冢。谷水发源于这里，然后向东流入洛水，水中多产珚玉。

又西五十里，曰橐山，其木多樗，多㮒木，其阳多金玉，其阴多铁，多萧①。橐水出焉，而北流注于河。其中多脩辟之鱼，状如黾②而白喙，其音如鸱，食之已白癣。

【注释】①萧：草本植物，蒿草类。②黾（měng）：青蛙类。

【译文】再往西五十里，叫橐山，山中的树木大多是臭椿，也有很多㮒树，山的南面多产金属矿物和玉石，山的北面多产铁矿，有很多蒿草。橐水从这里发源，然后向北流入黄河。水中有很多脩辟鱼，形状像青蛙，白嘴巴，它的叫声像猫头鹰在叫，吃了它的肉可以治疗白癣病。

又西九十里，曰常烝之山，无草木，多垩。潐水出焉，而东北流注于河，其中多苍玉。菑水出焉，而北流注于河。

【译文】再往西九十里，叫常烝山，山上不生花草树木，多产垩土。潐水从这里发源，然后向东北流入黄河，水中多产苍玉。菑水从这里发源，然后向北流入黄河。

又西九十里，曰夸父之山①，其木多棕枏，多竹箭，其兽多㸲牛、羬羊，其鸟多赤鷩，其阳多玉，其阴多铁。其北有林焉，名曰桃林^②，是广员三百里，其中多马。湖水出焉，而北流注于河，其中多珚玉。

【注释】①夸父之山：一名秦山，与太华山相连，在河南境内。②桃林：一名邓林。神话传说中夸父逐日弃杖所化。

【译文】再往西九十里，叫夸父山，山上的树木大多是棕榈和楠树，有很多小竹丛，山上的兽类大多是柞牛、羬羊，禽鸟类大多是赤鷩，山的南面多产玉石，山的北面多产铁矿。山的北面有一片树林，名叫桃林，树林广袤方圆三百里，林中有很多马。湖水从这里发源，然后向北流入黄河，水中多产珚玉。

又西九十里，曰阳华之山，其阳多金玉，其阴多青、雄黄，其草多薯蓣，多苦辛，其状如楸^①，其实如瓜，其味酸甘，食之已疟。杨水出焉，而西南流注于洛。其中多人鱼。门水出焉，而东北流注于河，其中多玄碡。绪姑之水出于其阴，而东流注于门水，其上多铜。门水至于河，七百九十里入雒水。

【注释】①楸：同楸。落叶乔木，树形高大。夏季开花，其子实可入药。

【译文】再往西九十里，叫阳华山，山的南面多产金属矿物和玉石，山的北面多产石青、雄黄，山中的草类大多是山药，还有很多苦辛，形状像楸木，它的果实像瓜，味道酸中带甜，吃了它可以治疗疟疾。杨水从这里发源，然后向西南流入洛水，水中有很多人鱼。门水从这里发源，然后向东北流入黄河，水中多产黑色磨刀石。绪姑水发源于阳华山的北麓，然后向东流入门水，两岸山间多产铜矿。从门水到黄河，共有七百九十里，然后流入雒水。

凡缟羝山之首，自平逢之山至于阳华之山，凡十四山，七百九十里。岳①在其中，以六月②祭之，如诸岳之祠法，则天下安宁。

【注释】①岳：指高山。汪绂云："此条无中岳，而曰岳在其中，盖以洛阳居天下之中，王者于此以时望祭四岳，以其非岳而祭四岳，故曰岳在其中；此殆东周时之书矣。"②六月：六月为岁中。

【译文】所有缟羝山山系，从平逢山直到阳华山，总共十四座山，途经七百九十里。高大的山岳在这一山系中，要在每年六月加以祭祀，就像祭祀其他高山大岳的仪式，天下自会安宁。

中次七经

中次七经苦山之首，曰休与之山。其上有石焉，名曰帝台之棋①，五色而文，其状如鹑卵。帝台之石，所以祷百神者也，服之不蛊。有草焉，其状如蓍②，赤叶而本丛生，名曰夙条，可以为簳③。

【注释】①帝台之棋：神帝台所用的棋子。棋，指博棋。②蓍：草本植物，又叫锯齿草，叶互生，披针形。古人常取用其茎以占卜。③簳（gǎn）：小竹，箭杆。

【译文】中间第七列苦山山系的第一座山，名叫休与山。山上有一种石子，名叫帝台之棋，这些石子带有五色花纹，形状像鹌鹑蛋。帝台的石子，是用来祷祀百神的，佩带上它可以防止邪气侵染。山上有一种草，它的形状像蓍草，红色的叶，根茎丛生，名叫凤条，可以用它制作箭杆。

东三百里，曰鼓钟之山，帝台之所以觞①百神也。有草焉，方茎而黄华，员叶而三成②，其名曰焉酸，可以为毒③。其上多砺，其下多砥。

【注释】①觞：指举办宴会以招待众神。②成：重，层。③为毒：去除毒害。为，去。

【译文】往东三百里，叫鼓钟山，帝台在这里演奏钟鼓之乐，宴会诸位天神。山里有一种草，方形的茎，开黄花，圆形的叶，三叶互生，名叫焉酸，可以用它解毒。山上多产砺石，山下多产砥石。

又东二百里，曰姑媱之山。帝女死焉，其名曰女尸，化为䔄草①，其叶胥成②，其华黄，其实如菟丘③，服之媚于人。

【注释】①䔄草：一名女荒草。②胥成：指叶子重叠而生。③菟丘：菟丝子，草本植物，缠绕寄生，茎细柔，呈丝状。

【译文】再往东二百里，叫姑媱山，天帝的女儿死在这里，她的名字叫女尸，死后化成了䔄草，其叶重叠而生，所开的花是黄色的，所结的果实像菟丝子的果实，女子吃了它会变得妖媚而受人喜爱。

又东二十里，曰苦山。有兽焉，名曰山膏，其状如逐^①，赤若丹火，善詈^②。其上有木焉，名曰黄棘，黄华而员叶，其实如兰，服之不字^③。有草焉，员叶而无茎，赤华而不实，名曰无条，服之不瘿。

【注释】①逐：豚。②詈：责骂。③字：生育。字，生。《易经》中有"女子贞，不字"句。

【译文】再往东二十里，叫苦山。山里有一种野兽，名叫山膏，它的形状像猪，浑身通红如丹，善于像人那样詈骂。山上有一种树，名叫黄棘，黄花而圆叶，果实像兰草的果实，女子吃了它就不能生孩子。山上还有一种草，圆叶却没有茎干，开红花却不结果，名叫无条，吃了它脖子上不会生瘤子。

又东二十七里，曰堵山，神天愚居之，是多怪风雨。其上有木焉，名曰天楄，方茎而葵状，服者不哽。

【译文】再往东二十七里，叫堵山，神天愚住在这里，这座山常有狂风怪雨。山上有一种树，名叫天楄，方茎像葵菜，吃了它就可以不哽噎。

又东五十二里，曰放皋之山。明水出焉，南流注于伊水，其中多苍玉。有木焉，其叶如槐，黄华而不实，其名曰蒙木，服之不惑。有兽焉，其状如蜂，枝尾而反舌，善呼，其名曰文文。

【译文】再往东五十二里，叫放皋山。明水从这里发源，向南流入伊水，水中多产苍玉。山上有一种树，叶子像槐树叶，开黄花却不结果，名叫蒙木，吃了它就不会迷惑。山里有一种野兽，形状像蜂，分成叉的尾巴，倒着长的舌头，喜欢呼唤，它的名字叫文文。

又东五十七里，曰大苦之山，多㻬琈之玉，多麋玉①。有草焉，其状叶如榆，方茎而苍伤②，其名曰牛伤，其根苍文，服者不厥③，可以御兵。其阳狂水出焉，西南流注于伊水，其中多三足龟，食者无大疾，可以已肿。

【注释】①麋玉：可能指瑂玉，一种像玉的石头。②苍伤：青色的刺。③不厥：不会昏厥晕倒。厥，晕倒。

【译文】再往东五十七里，叫大苦山，多产㻬琈玉，多产麋玉。山上有一种草，它的叶子像榆树叶，其茎干是方形的，上面有青色的刺，它的名字叫牛伤，其根茎上有青色斑纹，吃了它不会晕倒，还能防御刀兵之灾。狂水发源于这座山的南麓，向西南流入伊水，水中有很多三脚龟，吃了它的肉就会不生大病，还能治疗痈肿。

又东七十里，曰半石之山。其上有草焉，生而秀，其高丈余，赤叶赤华，华而不实①，其名曰嘉荣，服之者不畏霆②。来需之水出于其阳，而西流注于伊水，其中多鯩鱼，黑文，其状如鲋，食者不睡。合水出于其阴，而北流注于洛，多腾鱼，状如鳜，居逯③，苍文赤尾，食者不痈，可以为瘘④。

【注释】①华而不实：指先吐穗开花，然后长叶。郭璞《山海经传》注："初生先作穗，却著叶，花生穗间。"②霆：一种迅疾而响的雷。③逯：指水底的洞穴相互连通。④瘘：脖上生疮，久治不愈，流脓生蛆，称作瘘。

【译文】再往东七十里，叫半石山。山上有一种草，刚生长就吐穗开花，高一丈多，有红色的叶子和花，开花后不结子，名叫嘉荣，吃了它就会不怕雷鸣。来需水发源于山的南面，然后向西流入伊水，水中有很多鯩鱼，浑身黑色斑纹，形状像鲫鱼，吃了它的肉不会瞌睡。合水发源于山的北面，然后向北流入洛水，水中有很多𩺰鱼，形状像鳜鱼，潜伏于水底的洞穴里，浑身青色斑纹却有红尾巴，吃了它的肉不会患痈肿病，可以治疗瘘疮。

又东五十里，曰少室之山，百草木成囷①。其上有木焉，其名曰帝休，叶状如杨，其枝五衢②，黄华黑实，服者不怒。其上多玉，其下多铁。休水出焉，而北流注于洛，其中多鯑鱼，状如盩蜼③而长距，足白而对，食者无蛊疾，可以御兵。

【注释】①囷：指草木群聚而如谷仓。囷，远行谷仓。②五衢：指枝叶交错歧出。郭璞《山海经传》注："言树枝交错，相重五出，有象衢路也。《离骚》曰：'靡萍九衢。'"③盩蜼（zhōu wèi）：一种野兽，像猕猴。

【译文】再往东五十里，叫少室山，各种各样的花草丛集像谷仓。山上有一种树，它的名字叫帝休，叶子的形状像杨树叶，树枝交叉伸向五方，黄色的花，黑色的果，吃了它就不会轻易发怒。山上多产玉石，山下多产铁矿。休水从这里发源，然后向北流入洛水，水中有很多鱼，形状像猕猴却有长爪子，白色的足趾相对而生，吃了它的肉不会犯疑心病，还能防御兵灾。

又东三十里，曰泰室之山①。其上有木焉，叶状如梨而赤理，其名曰栯木，服者不妒。有草焉，其状如荼，白华黑实，泽如蘡薁②，其名曰蓇草③，服之不眛④。上多美石。

【注释】①泰室之山：中岳嵩山。②蘡薁：藤本植物。指山葡萄。夏季开花，果实黑色。③蓇草：前面已有蓇草，但两者形状不同。④不眛：王念孙校改不眜；不眜，不厌梦也。

【译文】再往东三十里，叫泰室山。山上有一种树，叶子的形状像梨树叶，有红色纹理，名叫栯木，吃了它就不会嫉妒。山上有一种草，它的形状像苍术，开白花，结黑果，果实润泽像山葡萄，名叫蓇草，吃了它就不会眼目不明。山上有很多漂亮的石头。

又北三十里，曰讲山，其上多玉，多柘、多柏。有木焉，名曰帝屋，叶状如椒①，反伤②赤实，可以御凶。

【注释】①椒：花椒。木本植物。枝干有刺，果红色。②反伤：指倒生的刺。

【译文】再往北三十里，叫讲山，山上多产玉石，有很多柘树和柏树。还有一种树，名叫帝屋，叶子的形状像花椒叶，长着倒刺，结红果，可以用它防御凶邪之气。

又北三十里，曰婴梁之山，上多苍玉，錞于玄石^①。

【注释】①錞于玄石：指苍玉依附黑石而生。玄石，黑色石头。

【译文】再往北三十里，叫婴梁山，山上多产青色的玉，这种玉附于玄石之上。

又东三十里，曰浮戏之山。有木焉，叶状如樗而赤实，名曰亢木，食之不蛊。汜水出焉，而北流注于河。其东有谷，因名曰蛇谷，上多少辛^①。

【注释】①少辛：细辛，一种药草。

【译文】再往东三十里，叫浮戏山。山上有一种树，叶子的形状像椿树叶，红色的果实，名叫亢木，吃了它可以驱虫辟邪。汜水从这座山发源，然后向北流入黄河。在浮戏山的东边有一条峡谷，因为有很多蛇所以叫蛇谷，峡谷上有很多细辛这种药草。

又东四十里，曰少陉之山。有草焉，名曰芮草，叶状如葵，而赤茎白华，实如蘡薁，食之不愚。器难之水出焉，而北流注于役水。

【译文】再往东四十里，叫少陉山。山中有一种草，名叫芮草，叶子形状像葵菜叶，红色的茎，白色的花，果实像山葡萄，吃了它可以使人不愚蠢。器难水从这里发源，然后向北流入役水。

又东南十里，曰太山。有草焉，名曰梨，其叶状如荻^①而赤华，可以已疽。太水出于其阳，而东南流注于役水。承水出于其阴，而东北流注于役。

【注释】①荻：同萩，草本植物，蒿类，像艾蒿却分叉多，茎高约丈余。

【译文】再往东南十里，叫太山。山上有一种草，名叫梨，它的叶子形状像蒿草而开红花，可以用来治疗痈疽。太水发源于山的南面，然后向东南流入役水；承水发源于山的北面，然后向东北流入役水。

又东二十里，曰末山，上多赤金。末水出焉，北流注于役水。

【译文】再往东二十里，叫末山，山上多产铜矿。末水从这座山发源，向北流入役水。

又东二十五里，曰役山，上多白金，多铁。役水出焉，北流注于河。

【译文】再往东二十五里，叫役山，山上多产银矿，多产铁矿。役水从这里发源，向北流入黄河。

又东三十五里，曰敏山。上有木焉，其状如荆，白华而赤实，名曰葪柏，服者不寒。其阳多㻬琈之玉。

【译文】再往东三十五里，叫敏山。山上有一种树，它的形状像牡荆，开白色的花，结红色的果，名叫葪柏，吃了它的果实就不怕冷。敏山的南面多产㻬琈玉。

又东三十里，曰大騩之山，其阴多铁、美玉、青垩。有草焉，其状如蓍而毛，青华而白实，其名曰葨，服之不夭，可以为腹病。

【译文】再往东三十里，叫大騩山，山的北面多产铁矿、美玉、青垩。山上有一种草，形状像蓍草却有毛，青花，白果，它的名字叫葨，吃了它就不会夭折，还可以治疗肠胃病。

凡苦山之首，自休与之山至于大騩之山，凡十有九山，千一百八十四里。其十六神者，皆豕身而人面。其祠：毛牲用一羊羞①，婴用一藻玉②瘗。苦山、少室、太室，皆冢也。其祠之：太牢之具，婴以吉玉。其神状皆人面而三首，其余属皆豕身人面也。

【注释】①羞：指献祭。②藻玉：带有纹理的玉。
【译文】所有苦山山系，从休与山直到大騩山，总共十九座山，

蛊围　鸼鸟

途经一千一百八十四里。其中十六座山的山神，都是猪的身子人的面孔。祭祀这些山神的仪式是：毛物用一只羊作为祭品，祭祀的玉器用一块藻玉，祭祀后埋入地下。苦山、少室山、太室山是诸山的宗主。祭祀这些山神的仪式是：毛物用猪、牛、羊三牲作为祭品，祭祀的玉器用美玉。这里的山神都是人的面孔，三个脑袋。另外十六座山的山神都是猪的身子，人的面孔。

中次八经

中次八经荆山之首，曰景山，其上多金玉，其木多杼檀①。雎水②出焉，东南流注于江，其中多丹粟，多文鱼③。

【注释】①杼檀：杼树和檀树。杼树，即柞树。②雎（jū）水：古水名，在今江苏徐州附近。③文鱼：带有斑纹的鱼。

【译文】中间第八列荆山山系的第一座山，名叫景山，山上多产金属矿物和玉石，这里的树木大多是柞树和檀树。雎水从这里发源，向东南流入江水，水中有很多谷粒大小的红色细沙，有很多带斑纹的鱼。

东北百里，曰荆山，其阴多铁，其阳多赤金，其中多犛牛①，多豹虎，其木多松柏，其草多竹，多橘櫾②。漳水出焉，而东南流注于雎，其中多黄金，多鲛鱼③。其兽多闾麋。

【注释】①犛牛：牦牛类，黑色。②櫾（yòu）：同柚。③鲛鱼：鲨鱼。

【译文】往东北一百里，叫荆山，山的北面多产铁矿，山的南面多

计蒙 涉蟲 鲛鱼

产铜矿，山中有很多犉牛、豹子和老虎，这里的树木大多是松树和柏树，这里的草类大多是丛生的竹子，有很多橘树和柚树。漳水从这里发源，然后向东南流入睢水，水中多产金矿，有很多鲛鱼。山里的野兽大多是山驴和麋鹿。

又东北百五十里，曰骄山，其上多玉，其下多青雘，其木多松柏，多桃枝钩端。神𫚭^①围处之，其状如人面，羊角虎爪，恒游于睢漳之渊，出入有光。

【注释】①𫚭（tuó）围：传说中的神灵。

【译文】再往东北一百五十里，叫骄山，山上多产玉石，山下多产青雘，这里的树木大多是松树和柏树，到处是桃枝和钩端一类的竹丛。神𫚭围住在这座山里，形貌像人，长着羊角，虎的爪子，常在睢水和漳水的深渊里游荡，出入水面时闪烁光芒。

又东北百二十里，曰女几之山，其上多玉，其下多黄金。其兽多豹虎，多闾麋、麖、麂^①，其鸟多白鹇^②，多翟，多鸩^③。

【注释】①麂：一种鹿，似獐而略大。②白鹇（jiāo）：鸟类，像山鸡而尾长，生性勇健，其羽可为饰品，常边飞边鸣。③鸩（zhèn）：传说中的一种毒鸟。生活在岭南一带，以蛇为食。

【译文】再往东北一百二十里，叫女几山，山上多产玉石，山下多产金矿。山里的野兽大多是豹子和老虎，还有很多山驴、麋鹿、麖、麂，这里的鸟类大多是白鹇，还有很多长尾山鸡和鸩鸟。

又东北二百里，曰宜诸之山，其上多金玉，其下多青雘。滫水出焉，而南流注于漳，其中多白玉。

【译文】再往东北二百里，叫宜诸山，山上多产金属矿物和玉石，山下多产青雘。滫水从这里发源，然后向南流入漳水，水中有很多白玉。

又东北二百里，曰纶山，其木多梓、枏，多桃枝，多柤^①、栗、橘、櫾，其兽多闾、麋、麖、㚟^②。

【注释】①柤（zhā）：古树名，即柤树。《大荒东经》有"甘柤"，指一种传说中的仙草，吃了可以成仙。②㚟：像兔而有鹿脚，青色。

【译文】再往东北二百里，叫纶山，山上的树木大多是梓树、楠树，以及桃枝竹丛，还有很多柤树、栗子树、橘子树、柚子树，山里的野兽大多是山驴、麋、羚羊、㚟。

又东二百里，曰陆郇之山，其上多㻬琈之玉，其下多垩，其木多杻橿。

【译文】再往东二百里，叫陆郇山，山上多产㻬琈玉，山下多产垩土，这里的树木大多是杻树和橿树。

又东百三十里，曰光山，其上多碧，其下多木。神计蒙处之，其状人身而龙首，恒游于漳渊，出入必有飘风暴雨^①。

【注释】①飘风暴雨：疾风骤雨。

【译文】再往东一百三十里，叫光山，山上多产碧玉，山下很多树木。神计蒙住在这里，它的样子是人的身子，龙的脑袋，经常游荡于漳水的深渊，出入水面必然伴有疾风骤雨。

又东百五十里，曰岐山，其阳多赤金，其阴多白珉①，其上多金玉，其下多青雘，其木多樗。神涉蟲处之，其状人身而方面，三足。

【注释】①白珉：一种白色的石头，似玉。

【译文】再往东一百五十里，叫岐山，山的南面多产铜矿，山的北面多产白珉，山上多产金属矿物和玉石，山下多产青雘，这里的树木大多是椿树。神涉蟲住在这里，它的形貌是人的身子，方面孔，三只脚。

又东百三十里，曰铜山，其上多金、银、铁，其木多榖、柞、柤、栗、橘、櫾，其兽多犳。

【译文】再往东一百三十里，叫铜山，山上多产金、银、铁，这里的树木大多是构树、柞树、柤树、栗树、橘树、柚树，野兽大多是犳。

又东北一百里，曰美山，其兽多兕牛，多闾、麈，多豕鹿，其上多金，其下多青雘。

【译文】再往东北一百里，叫美山，山里的野兽大多是野牛，以及山驴和麈，还有很多野猪和鹿，山上多产金属矿物，山下多产青雘。

又东北百里，曰大尧之山，其木多松柏，多梓桑，多机^①，其草多竹，其兽多豹、虎、麢、臭。

【注释】①机：机木，就是桤树。落叶乔木，木材坚韧，生长快，易成林。

【译文】再往东北一百里，叫大尧山，山上的树木大多是松树和柏树，以及梓树和桑树，还有很多机木，山上的草类大多是丛生的竹子，野兽大多是豹、虎、羚羊、臭。

又东北三百里，曰灵山，其上多金玉，其下多青雘，其木多桃、李、梅、杏。

【译文】再往东北三百里，叫灵山，山上多产金属矿物和玉石，山下多产青雘，山上的树木大多是桃树、李树、梅树、杏树。

又东北七十里，曰龙山，上多寓木^①，其上多碧，其下多赤锡，其草多桃枝钩端。

【注释】①寓木：又叫宛童，也叫寄生草。分为茑木和女萝。因缠绕攀附其他树木而生，故名寓木。

【译文】再往东北七十里，叫龙山，山上有很多寓木，山上多产碧玉，山下多产红色锡矿，山上的草类大多是桃枝、钩端之类的竹丛。

又东南五十里，曰衡山，上多寓木榖柞，多黄垩、白垩。

【译文】再往东南五十里，叫衡山，山上大多是寓木、构树和柞树，多产黄垩和白垩。

又东南七十里，曰石山，其上多金，其下多青雘，多寓木。

【译文】再往东南七十里，叫石山，山上多产金属矿物，山下多产青雘，还有很多寓木。

又南百二十里，曰若山，其上多琈珇之玉，多赭，多邽石[①]，多寓木，多柘。

【注释】①邽石：应为封，不详所指。一说指某种矿物，味甜而无毒，可入药。

【译文】再往南一百二十里，叫若山，山上多产琈珇玉，多产赭石，有很多封石，还有很多寓木和柘树。

又东南一百二十里，曰彘山，多美石，多柘。

【译文】再往东南一百二十里，叫彘山，多产漂亮的石头，有很多柘树。

又东南一百五十里，曰玉山，其上多金玉，其下多碧铁，其木多柏。

【译文】再往东南一百五十里，叫玉山，山上多产金属矿物和玉石，山下多产碧玉、铁矿，这里的树木大多是柏树。

又东南七十里，曰讙山，其木多檀，多邽石，多白锡。郁水出于其上，潜于其下，其中多砥砺。

【译文】再往东南七十里，叫讙山，山上的树木大多是檀树，多产封石，多产白锡矿。郁水发源于山顶，潜流到山下，水中多产磨刀石。

又东北百五十里，曰仁举之山，其木多榖柞，其阳多赤金，其阴多赭。

【译文】再往东北一百五十里，叫仁举山，山上的树木大多是构树和柞树，山的南面多产赤金矿，山的北面多产赭石。

又东五十里，曰师每之山，其阳多砥砺，其阴多青雘，其木多柏，多檀，多柘，其草多竹。

【译文】再往东五十里，叫师每山，山的南面多产磨刀石，山的北

鸟身人面神　鼍

面多产青雘，山上的树木大多是柏树、檀树和柘树，山上的草类大多是丛生的小竹。

又东南二百里，曰琴鼓之山，其木多穀、柞、椒^①、柘，其上多白珉，其下多洗石，其兽多豕鹿，多白犀，其鸟多鸩。

【注释】①椒：一种灌木，植株矮小而丛生。郭璞《山海经传》注："椒为树小而丛生，下有草木则死。"

【译文】再往东南二百里，叫琴鼓山，山上的树木大多是构树、柞树、椒树、柘树，山上多产白色珉石，山下多产洗石，山里的野兽大多是野猪和鹿，还有很多白色犀牛，鸟类大多是鸩鸟。

凡荆山之首，自景山至琴鼓之山，凡二十三山，二千八百九十里。其神状皆鸟身而人面。其祠：用一雄鸡祈瘞，用一藻圭，糈用稌。骄山，冢也。其祠：用羞酒少牢祈瘞，婴毛一璧。

【译文】所有荆山山系，从景山直到琴鼓山，总共二十三座山，途经两千八百九十里。诸山神的形貌都是鸟的身子，人的面孔。祭祀的仪式是：毛物用一只公鸡，祭祀后埋入地下，用一块藻圭献祭，祭祀的米用稻米。骄山，是诸山的宗主。祭祀骄山山神的仪式是：用美酒和猪、羊来祭祀，并将一块玉璧系在猪、羊颈项上做装饰祭祀后埋入地下。

中次九经

中次九经岷山之首，曰女几之山，其上多石涅^①，其木多杻橿，其草多菊苨。洛水出焉，东注于江^②。其中多雄黄，其兽多虎豹。

【注释】①石涅：涅石，一种黑色矿物，可做染料。②江：专指长江。

【译文】中间第九列岷山山系的第一座山，叫女几山，山上多产石涅，这里的树木大多是杻树、橿树，这里的草类大多是野菊、苍术或白术。洛水从这里发源，向东流入长江。山上多产雄黄，山里的野兽大多是老虎和豹子。

又东北三百里，曰岷山。江水出焉，东北流注于海，其中多良龟，多鼍^①。其上多金玉，其下多白珉。其木多梅棠，其兽多犀象，多夔牛^②，其鸟多翰^③鷩^④。

【注释】①鼍（tuó）：扬子鳄，俗称猪婆龙。一种小型鳄鱼品种。②夔（kuí）牛：传说中的一种大牛，体重可达数千斤。③翰：白翰，山鸡的一种。④鷩：赤鷩，也叫锦鸡。

【译文】再往东北三百里，叫岷山。长江从这里发源，向东北流入大海，水中有很多优良的龟，有很多扬子鳄。山上多产金属矿物和玉石，山下多产白色珉石。山上的树木大多是梅树和海棠，山里的野兽大多是犀牛和大象，有很多夒牛，这里的鸟类大多是白翰和赤鷩。

又东北一百四十里，曰崃山。江水出焉，东流注于大江。其阳多黄金，其阴多麋麈，其木多檀柘，其草多蘽韭，多药①、空夺②。

【注释】①药：白芷，一种香草。②空夺：寇脱。
【译文】再往东北一百四十里，叫崃山。江水从这里发源，向东流入长江。山的南面多产金矿，山的北面有很多麋鹿和麈，这里的树木大多是檀树和柘树，草类大多是野生的蘽菜和韭菜，有很多白芷和寇脱。

又东一百五十里，曰崌山。江水出焉，东流注于大江，其中多怪蛇①，多鳌鱼②。其木多楢③枏，多梅梓，其兽多夒牛、麢、臭、犀、兕。有鸟焉，状如鸮而赤身白首，其名曰窃脂，可以御火。

【注释】①怪蛇：一种带钩的蛇，能勾取岸上的动物而吞食。郭璞《山海经传》注："今永昌郡有勾蛇，长数丈，尾岐，在水中勾取岸上人、牛、马啖之，又呼马绊蛇，谓此类也。"②鳌鱼：古鱼名，不详确指。③楢：一种木质刚硬的树，其木材可用来制作车子。
【译文】再往东一百五十里，叫崌山。江水从这里发源，向东流入长江，水中有很多怪蛇，还有很多鳌鱼。这里的树木大多是楢树和杻树，还有很多梅树与梓树，野兽大多是夔牛、羚羊、臭、犀牛、兕。有一种鸟，形状像猫头鹰，红身子，白脑袋，名叫窃脂，喂养它可以防御火灾。

又东三百里，曰高粱之山，其上多垩，其下多砥砺，其木多桃枝、钩端。有草焉，状如葵而赤华、荚实、白柎，可以走马。

【译文】再往东三百里，叫高粱山，山上多产垩土，山下多产磨刀石，这里的树木大多是桃枝和钩端。有一种草，形状像葵菜，开红色的花，其果实带荚，白色花萼，马吃了能跑得飞快。

又东四百里，曰蛇山，其上多黄金，其下多垩，其木多枸，多豫章，其草多嘉荣、少辛。有兽焉，其状如狐，而白尾长耳，名㹮狼，见则国内有兵。

【译文】再往东四百里，叫蛇山，山上多产金矿，山下多产垩土，这里的树木大多是枸树和豫章树，草类大多是嘉荣、少辛。山里有一种野兽，形状像狐狸，却有白尾巴和长耳朵，名叫㹮狼，它出现在哪个国家，哪个国家就会发生战争。

又东五百里，曰鬲山，其阳多金，其阴多白珉。蒲鸮之水出焉，而东流注于江，其中多白玉。其兽多犀、象、熊罴，多猿、蜼①。

【注释】①蜼：一种长尾猿。汪绂云："蜼，猿属，仰鼻岐尾，天雨则自

犰狳　窃脂　蜼

悬树，而以尾塞鼻。"

【译文】再往东五百里，叫肏山，山的南面多产金属矿物，山的北面多产白色珉石。蒲鹮水从这里发源，然后向东流入长江，水中有很多白玉。山里的野兽大多是犀牛、大象、熊罴，以及猿猴、长尾猿。

又东北三百里，曰隅阳之山，其上多金玉，其下多青雘，其木多梓桑，其草多茈。徐之水出焉，东流注于江，其中多丹粟。

【译文】再往东北三百里，叫隅阳山，山上多产金属矿物和玉石，山下多产青雘，这里的树木大多是梓树和桑树，草类大多是紫草。徐水从这里发源，向东流入长江，水中有许多粟粒大小的红色细沙。

又东二百五十里，曰岐山，其上多白金，其下多铁，其木多梅梓，多杻橿。减水出焉，东南流注于江。

【译文】再往东二百五十里，叫岐山，山上多产银矿，山下多产铁矿，这里的树木大多是梅树和梓树，以及杻树和橿树。减水从这里发源，向东南流入长江。

又东三百里，曰勾檷之山，其上多玉，其下多黄金，其木多栎柘，其草多芍药。

【译文】再往东三百里，叫勾檷山，山上多产玉石，山下多产金矿，这里的树木大多是栎树和柘树，草类大多是芍药。

又东一百五十里，曰风雨之山，其上多白金，其下多石涅，其木多楸椫^①，多杨。宣余之水出焉，东流注于江，其中多蛇。其兽多闾麋，多麈、豹、虎，其鸟多白鹝。

【注释】①楸椫（zōu shàn）：楸树和椫树。楸树，不详其确指。椫树，白色纹理，木质坚硬，可制成梳子、勺子等器具。

【译文】再往东一百五十里，叫风雨山，山上多产银矿，山下多产石涅，这里的树木大多是楸树和椫树，以及杨树。宣余水从这座山发源，向东流入长江，水中有很多蛇。山里的野兽大多是山驴和麋鹿，以及麈、豹、虎，鸟类大多是白鹝。

又东北二百里，曰玉山，其阳多铜，其阴多赤金，其木多豫樟、楢、杻，其兽多豕、鹿、麢、臬，其鸟多鸩。

【译文】再往东北二百里，叫玉山，山的南面多产铜矿，山的北面多产金矿，这里的树木大多是豫章、楢树、杻树，兽类大多是野猪、鹿、羚羊、臬，禽鸟类大多是鸩鸟。

又东一百五十里，曰熊山。有穴焉，熊之穴，恒出入神人。夏启而冬闭。是穴也，冬启乃必有兵。其上多白玉，其下多白金。其木多樗柳，其草多寇脱。

【译文】再往东一百五十里，叫熊山。山上有一个洞穴，熊住在里面，常有神人出入其中。这个洞穴夏天开启，冬天关闭；就是这个洞穴，如果冬天开启就必然发生战争。山上多产白玉，山下多产银矿。山里的树木大多是椿树和柳树，草类大多是寇脱。

又东一百四十里，曰騩山，其阳多美玉、赤金，其阴多铁，其木多桃枝、荆、芑。

【译文】再往东一百四十里，叫騩山，山的南面多产美玉、铜矿，山的北面多产铁矿，这里的树木大多是桃枝、牡荆、枸杞。

又东二百里，曰葛山，其上多赤金，其下多瑊石^①，其木多相、栗、橘、櫠、楢、杻，其兽多廲臭，其草多嘉荣。

【注释】①瑊（jiān）石：一种美石，似玉而稍次。

【译文】再往东二百里，叫葛山，山上多产铜矿，山下多产瑊石，这里的树木大多是相树、栗树、橘树、柚树、楢树、杻树，这里的野兽大多是羚羊和臭，这里的草类大多是嘉荣。

又东一百七十里，曰贾超之山，其阳多黄垩，其阴多美赭，其木多相、栗、橘、櫠，其中多龙脩^①。

【注释】①龙脩：龙须草，像莞草而叶稍细，多生于山石缝隙中。郭璞《山海经传》注："龙须也；似莞而细，生山石穴中，茎倒垂，可以为席。"据《古今注》记载："世称黄帝炼丹于凿砚山，乃得仙，乘龙上天。群臣援龙

马身龙首神　婴勺　跂踵

须，须堕而生草，日龙须。"

【译文】再往东一百七十里，叫贾超山，山的南面多产黄垩，山的北面多产优良赭石，这里的树木大多是柤树、栗树、橘树、柚树，这里的草类大多是龙须草。

凡岷山之首，自女几山至于贾超之山，凡十六山，三千五百里。其神状皆马身而龙首。其祠：毛用一雄鸡瘗，糈用稌。文山①、勾檷、风雨、騩之山，是皆冢也。其祠之：羞酒，少牢具，婴毛一吉玉。熊山，席也。其祠：羞酒，太牢具，婴毛一璧。干儛，用兵以禳②；祈，璆冕③舞。

【注释】①文山：指岷山。②禳：向神灵祭祀祷告以求消灾解难。③璆(qiú)冕：手持美玉穿上礼服。璆，美玉，也指玉磬。冕，冕服。泛指礼服。

【译文】所有岷山山系，从女几山直到贾超山，总共十六座山，途经三千五百里，诸山山神都是马的身子，龙的脑袋。祭祀的仪式是：毛物用一只公鸡作为祭品，埋入地下，祭祀的米用稻米。文山、勾檷山、风雨山、騩山，是诸山的宗主。祭祀这里山神的仪式是：呈献美酒，用猪、羊作为祭品，再加一块吉玉装饰毛物。熊山，是诸山的首领。祭祀的仪式是：呈献美酒，用猪、牛、羊三牲作为祭品，用一块璧玉装饰。手拿盾牌而舞，并像神灵祷告以消除战祸；祈求福祥，手持美玉穿上礼服而舞。

中次十经

中次十经之首，曰首阳之山，其上多金玉，无草木。

【译文】中间第十列山系的第一座山，叫首阳山，山上多产金属矿物和玉石，不生花草树木。

又西五十里，曰虎尾之山，其木多椒椐^①，多封石^②，其阳多赤金，其阴多铁。

【注释】①椐：椐树。树干多节，常用来制作手杖。②封石：据《本草别录》记载："封石味甘，无毒，生常山及少室。"下面婴侯山、丰山、服山、声匈山皆多产此石。

【译文】再往西五十里，叫虎尾山，这里的树木大多是椒树、椐树，山上遍布封石，山的南面多产铜矿，山的北面多产铁矿。

又西南五十里，曰繁缋之山，其木多楢杻，其草多枝勾^①。

【注释】①枝勾：指前面提到的桃枝和钩端，矮小而丛生的竹子。

【译文】再往西南五十里，叫繁缋山，这里的树木大多是楢树和杻树，草类大多是桃枝、钩端之类的竹丛。

又西南二十里，曰勇石之山，无草木，多白金，多水。

鸜鹆　耕父　鸩　猽

【译文】再往西南二十里，叫勇石山，山上不生花草树木，多产银矿，遍布水流。

又西二十里，曰复州之山，其木多檀，其阳多黄金。有鸟焉，其状如鸮，而一足彘尾，其名曰跂踵，见则其国大疫。

【译文】再往西二十里，叫复州山，这里的树木大多是檀树，山的南面多产金矿。有一种鸟，形状像猫头鹰，一只爪子，猪的尾巴，名叫跂踵，它所出现的国家会发生大瘟疫。

又西三十里，曰楮山①，多寓木，多椒椐，多柘，多垩。

【注释】①楮山：郭璞《山海经传》注："一作渚州之山。"
【译文】再往西三十里，叫楮山，山上有很多寓木，还有很多椒树和椐树，以及柘树，多产垩土。

又西二十里，曰又原之山，其阳多青雘，其阴多铁，其鸟多鸜鹆①。

【注释】①鸜鹆（qú yù）：鸲鹆，一种山雀，俗称八哥。
【译文】再往西二十里，叫又原山，山的南面多产青雘，山的北面多产铁矿，这里的鸟类大多是八哥。

又西五十里，曰涿山，其木多穀、柞、杻，其阳多㻬琈之玉。

【译文】再往西五十里，叫涿山，这里的树木大多是构树、柞树和杻树，山的南面多产璚玗玉。

又西七十里，曰丙山，其木多梓檀，多弞杻①。

【注释】①弞杻：杻树的树干都是弯曲的，而弞杻的树干长得比较直。

【译文】再往西七十里，叫丙山，这里的树木大多是梓树、檀树，还有很多长而直的杻树。

凡首阳山之首，自首山①至于丙山，凡九山，二百六十七里。其神状皆龙身而人面。其祠之：毛用一雄鸡瘗，糈用五种之糈②。楮山，冢也，其祠之：少牢具，羞酒祠，婴毛一璧瘗。騩山，帝也，其祠：羞酒，太牢具，合巫祝③二人儛，婴一璧。

【注释】①首山：首阳山。②五种之糈：指黍、稷、稻、粱、麦。③巫祝：男女巫师。以舞降神的人，即女巫。在祠庙中掌管祭祀的人，即男巫。

【译文】所有首阳山系，从首阳山直到丙山，总共九座山，途经二百六十七里。诸山神的形貌都是龙的身子，人的面孔。祭祀的仪式是：毛物用一只公鸡献祭，然后埋入地下，祭祀的米用五种精米。楮山，是诸山的宗主，祭祀的仪式是：用猪、羊二牲作为祭品，呈献美酒，用一块璧玉装饰，祭祀后埋入地下。騩山，是诸山的首领，祭祀山神要呈献美酒，用猪、牛、羊三牲作为祭品；让男女巫师一起跳舞，祭祀的玉器用一块玉璧。

中次十一经

中次一十一经荆山之首，曰翼望之山。湍水出焉，东流注于济。贶水出焉，东南流注于汉，其中多蛟①。其上多松柏，其下多漆梓，其阳多赤金，其阴多珉。

【注释】①蛟：传说中的一种动物，能发洪水。据说虺五百年为蛟，蛟千年为龙，龙五百年为角龙（头上长角），千年为应龙（有翼）。中医则泛指腹内寄生虫。郭璞《山海经传》注："似蛇而四脚，小头细颈，有白瘿，大者十数围，卵如一二石瓮，能吞人。"

【译文】中间第十一列荆山山系的第一座山，名叫翼望山。湍水从这里发源，向东流入济水；贶水从这里发源，向东南流入汉水，水中有很多蛟。山上有很多松树和柏树，山下有很多漆树和梓树，山的南面多产铜矿，山的北面多产珉石。

又东北一百五十里，曰朝歌之山。潕水出焉，东南流注于荥，其中多人鱼。其上多梓枏，其兽多麢麋。有草焉，名曰莽草①，可以毒鱼。

【注释】①莽草：芒草。参见《中次二经》"葌山"一节。

【译文】再往东北一百五十里，叫朝歌山。潕水从这里发源，向东南流入荥水，水里有很多人鱼。山上有很多梓树、楠木，这里的野兽大多是羚羊、麋鹿。有一种草，名叫莽草，可以用来毒鱼。

又东南二百里，曰帝囷之山，其阳多琈琈之玉，其阴多铁。帝囷之水出于其上，潜于其下，多鸣蛇①。

【注释】①鸣蛇：传说中的蛇。其状如蛇而有四翼，能发磬石之音。参见《中次二经》"鲜山"一节。

【译文】再往东南二百里，叫帝囷山，山的南面多产琈琈玉，山的北面多产铁矿。帝囷水发源于山顶，潜流到山下，水中有很多鸣蛇。

又东南五十里，曰视山，其上多韭。有井焉，名曰天井①，夏有水，冬竭。其上多桑，多美垩、金玉。

【注释】①天井：指自然形成的泉眼。

【译文】再往东南五十里，叫视山，山上有很多山韭。山里有一口井，名叫天井，夏天有水，冬天枯竭。山上有很多桑树，多产优良垩土、金属矿物和玉石。

又东南二百里，曰前山，其木多楮①，多柏，其阳多金，其阴多赭。

【注释】①楮（zhū）：楮树。常绿乔木，叶椭圆形，花黄绿色。果实如橡子，可食。木质坚硬，可制器具。

【译文】再往东南二百里，叫前山，这里的树木大多是楮树和柏树，山的南面多产金属矿物，山的北面多产赭石。

又东南三百里，曰丰山。有兽焉，其状如猿，赤目、赤喙、黄身，名曰雍和，见则国有大恐。神耕父处之，常游清泠之渊，出入有光，见则其国为败。有九钟焉，是知霜鸣。其上多金，其下多榖、柞、杻、橿。

【译文】再往东南三百里，叫丰山。山里有一种野兽，形状像猿猴，红色的眼睛和嘴巴，黄色的身子，名叫雍和，它所出现的国家会发生大的恐慌。神仙耕父住在这座山上，经常游荡于清泠之渊，出入时闪烁光芒，它所出现的国家会不断衰败。山里有九口钟，它们都依据霜的降落而鸣。山上多产金属矿物，山下有很多构树、柞树、杻树和橿树。

又东北八百里，曰兔床之山，其阳多铁，其木多藷藇，其草多鸡榖，其本如鸡卵，其味酸甘，食者利于人。

【译文】再往东北八百里，叫兔床山，山的南面多产铁矿，这里的树木大多是藷藇，这里的草类大多是鸡榖草，它的根茎像鸡蛋，味道酸中带甜，吃了它有益于身体。

又东六十里，曰皮山，多垩，多赭，其木多松柏。

【译文】再往东六十里，叫皮山，多产垩土和赭石，这里的树木大多是松树和柏树。

又东六十里，曰瑶碧之山，其木多梓枏，其阴多青雘，其阳多白金。有鸟焉，其状如雉，恒食蜚^①，名曰鸩^②。

【注释】①蜚：一种小飞虫。②鸩：和上文所说鸩鸟不是一类，是同名异物。

【译文】再往东六十里，叫瑶碧山，这里的树木大多是梓树和楠木，山的北面多产青雘，山的南面多产银矿。山里有一种鸟，它的形状像野鸡，常吃蜚虫，名叫鸩。

又东四十里，曰支离之山。湆水出焉，南流注于汉。有鸟焉，其名曰婴勺，其状如鹊，赤目、赤喙、白身，其尾若勺^①，其鸣自呼。多㸲牛，多𦏆羊。

【注释】①若勺：像酒勺。古代有器具叫鹊尾勺。

【译文】再往东四十里，叫支离山。湆水从这里发源，向南流入汉水。山里有一种鸟，名叫婴勺，形状像喜鹊，红眼睛、红嘴壳、白身子，尾巴的形状像勺子，它的叫声就是自己名字的读音。山里还有很多㸲牛和𦏆羊。

又东北五十里，曰族篱之山，其上多松、柏、机桓^①。

【注释】①机桓：古树名。一说指无患子，其叶像柳叶，树皮黄白色。相传其木制成木棒可驱魔杀鬼，故名无患。其果皮肉厚而含皂素，可用于洗衣除垢。

【译文】再往东北五十里，叫族簡山，山上有很多松树、柏树和机桓。

又西北一百里，曰菫理之山，其上多松柏，多美梓，其阴多丹臒，多金，其兽多豹虎。有鸟焉，其状如鹊，青身白喙，白目有尾，名曰青耕，可以御疫，其鸣自叫。

【译文】再往西北一百里，叫菫理山，山上有很多松树和柏树，以及优良梓树，山的北面多产丹臒，多产金属矿物，这里的野兽大多是豹子和老虎。有一种鸟，形状像喜鹊，青色身子，白嘴壳，白眼睛有尾巴，名叫青耕，喂养它可以辟瘟疫，它的叫声就是自己名字的读音。

又东南三十里，曰依轱之山，其上多杻橿，多苴①。有兽焉，其状如犬，虎爪有甲，其名曰獜，善駚犇②，食者不风。

【注释】①苴：通"柤"。即柤树。②駚犇：跳跃自如。
【译文】再往东南三十里，叫依轱山，山上有很多杻树和橿树，以及柤树。山里有一种野兽，它的形状像狗，老虎爪子，浑身鳞甲，名叫獜，擅长跳跃腾扑，吃了它的肉不会患风疾。

又东南三十五里，曰即谷之山，多美玉，多玄豹，多闾麋，多麢臭。其阳多珉，其阴多青臒。

狙如　犵即　梁渠

【译文】再往东南三十五里，叫即谷山，多产优良玉石，山里有很多玄豹，以及山驴、麋，多羚羊和臭。山的南面多产珉石，山的北面多产青䨼。

又东南四十里，曰鸡山，其上多美梓，多桑，其草多韭。

【译文】再往东南四十里，叫鸡山，山上有很多优良梓树，还有很多桑树，这里的草类大多是山韭。

又东南五十里，曰高前之山。其上有水焉，甚寒而清，帝台之浆也，饮之者不心痛。其上有金，其下有赭。

【译文】再往东南五十里，叫高前山。山上有水流，极为寒冷而且清莹透澈，这是帝台所用的浆水，喝了它可以不患心痛。山上多产金属矿物，山下多产赭石。

又东南三十里，曰游戏之山，多杻、橿、穀，多玉，多封石。

【译文】再往东南三十里，叫游戏山，这里有很多杻树、橿树和构树，还多产玉石，多产封石。

又东南三十五里，曰从山，其上多松柏，其下多竹。从水出于其上，潜于其下，其中多三足鳖^①，枝尾^②，食之无蛊疫。

于儿　蜺

【注释】①三足鳖：传说的怪兽。最早见于先秦，据说人吃了会体化而亡。《庚巳集》："太仓民家，得三足鳖，命妇烹，食毕入卧，少顷，形化为血水，止存发耳。"郭璞《山海经传》注："三足鳖又名能，见《尔雅》。"这里说的三足鳖能吃，可见有所不同。②枝尾：尾巴分叉。

【译文】再往东南三十五里，叫从山，山上有很多松树和柏树，山下有很多竹丛。从水发源于山上，潜流到山下，水中多有三足鳖，尾巴分叉，吃了它的肉不会患蛊疾。

又东南三十里，曰婴䃌之山，其上多松柏，其下多梓楯①。

【注释】①楯(chūn)：又叫杶树，形状像椿树，其木材可以造车。

【译文】再往东南三十里，叫婴䃌山，山上有很多松树和柏树，山下有很多梓树和楯树。

又东南三十里，曰毕山。帝苑之水出焉，东北流注于视，其中多水玉，多蛟。其上多㻬琈之玉。

【译文】再往东南三十里，叫毕山。帝苑水从这里发源，向东北流入视水，水中多产水晶，还有很多蛟。山上多产㻬琈玉。

又东南二十里，曰乐马之山。有兽焉，其状如彙①，赤如丹火，其名曰狼，见则其国大疫。

【注释】①彙(huì)：刺猬。

【译文】再往东南二十里,叫乐马山。山里有一种野兽,它的形状像刺猬,全身通红如丹,名叫狼,它所出现的国家会发生大瘟疫。

又东南二十五里,曰葴山,视水出焉,东南流注于汝水,其中多人鱼,多蛟,多颉①。

【注释】①颉(jiá):传说中的怪兽,皮毛青色而像狗。可能指水獭。

【译文】再往东南二十五里,叫葴山,视水从这里发源,向东南流入汝水,水中有很多人鱼,还有很多蛟和颉。

又东四十里,曰婴山,其下多青䨼,其上多金玉。

【译文】再往东四十里,叫婴山,山下多产青䨼,山上多产金属矿物和玉石。

又东三十里,曰虎首之山,多苴、椆①、椐。

【注释】①椆(diāo):古树名,耐寒而不凋零。

【译文】再往东三十里,叫虎首山,山上有很多柤树、椆树和椐树。

又东二十里,曰婴侯之山,其上多封石,其下多赤锡。

【译文】再往东二十里,叫婴侯山,山上多产封石,山下多有红色锡土。

又东五十里，曰大騩之山。杀水出焉，东北流注于视水，其中多白垩。

【译文】再往东五十里，叫大騩山。杀水从这里发源，向东北流入视水，沿岸多产白垩。

又东四十里，曰卑山，其上多桃、李、苴、梓，多纍^①。

【注释】①纍：也叫藤。草本植物，据说像虎豆。虎豆是蔓生，善于攀缘，缠绕树枝而生，所结豆荚呈黑色，又叫虎纍。虎纍，即紫藤。纍，同藟。
【译文】再往东四十里，叫卑山，山上有很多桃树、李树、柤树、梓树，还有很多紫藤。

又东三十里，曰倚帝之山，其上多玉，其下多金。有兽焉，其状如䶅鼠^①，白耳白喙，名曰狙如，见则其国有大兵。

【注释】①䶅（fèi）鼠：古兽名。其形像鼠，长着马蹄，重千余斤。据说鼠类有十三种，此为其中之一。
【译文】再往东三十里，叫倚帝山，山上多产玉石，山下多产金属矿物。山里有一种野兽，形状像䶅鼠，白耳朵白嘴巴，名叫狙如，它所出现的国家会发生大规模的战争。

又东三十里，曰鲲山。鲲水出于其上，潜于其下，其中多美垩。 其上多金，其下多青䨼。

【译文】再往东三十里，叫鲵山。鲵水从山上发源，潜流到山下，其中多产优良垩土。山上多产金属矿物，山下多产青䨼。

又东三十里，曰雅山。澧水出焉，东流注于视水，其中多大鱼。其上多美桑，其下多苴，多赤金。

【译文】再往东三十里，叫雅山。澧水从这里发源，向东流入视水，水中多有大鱼。山上有很多优良桑树，山下有很多苴树，多产赤金矿。

又东五十五里，曰宣山。沦水出焉，东南流注于视水，其中多蛟。其上有桑焉，大五十尺，其枝四衢①，其叶大尺余，赤理、黄华、青柎，名曰帝女之桑②。

【注释】①其枝四衢：枝叶交互而四出。②帝女之桑：可能指女子主持蚕桑而得名。据《广异记》记载："南方赤帝女学道得仙，居南阳崿山桑树上，赤帝以火焚之，女即升天，因名曰帝女桑。"

【译文】再往东五十五里，叫宣山。沦水从这里发源，向东南流入视水，水中有很多蛟。山上有一种桑树，树干合抱有五十尺，树枝交叉伸向四方，树叶大的有一尺多，红色纹理、黄色花朵、青色花萼，名叫帝女桑。

又东四十五里，曰衡山，其上多青䨲，多桑，其鸟多鹳鹆。

【译文】再往东四十五里，叫衡山，山上多产青䨲，还有很多桑树，这里的鸟类以八哥最多。

又东四十里，曰丰山，其上多封石，其木多桑，多羊桃，状如桃而方茎，可以为皮张①。

【注释】①皮张：皮肤肿胀。张，通胀。

【译文】再往东四十里，叫丰山，山上多产封石，这里的树木大多是桑树，有很多羊桃，形状像桃树却是方形的树干，可以用它治疗皮肤肿胀。

又东七十里，曰妪山，其上多美玉，其下多金，其草多鸡谷。

【译文】再往东七十里，叫妪山，山上多产美玉，山下多产金属矿物，这里的草类大多是鸡谷草。

又东三十里，曰鲜山，其木多楢、杻、苴，其草多䔛冬①，其阳多金，其阴多铁。有兽焉，其状如膜犬②，赤喙、赤目、白尾，见则其邑有火，名曰㺔即。

【注释】①䔛冬：蔷薇，蔓生植物，其花、果、根皆可入药。②膜犬：古兽名。据说是西膜之犬。郝懿行《山海经笺疏》："膜犬者，即西膜之犬，今其犬高大浓毛，猛悍多力也。"

【译文】再往东三十里，叫鲜山，这里的树木大多是楢树、杻树、柤树，草类大多是蔷薇，山的南面多产金属矿物，山的北面多产铁矿。山里有一种野兽，形状像膜犬，红嘴壳、红眼睛、白尾巴，它所出现的地方会发生火灾，它的名字叫狋即。

又东三十里，曰皋山，其阳多金，其阴多美石。皋水出焉，东流注于澧水，其中多脆石①。

【注释】①脆石：一种轻软易碎的石头。
【译文】再往东三十里，叫皋山，山的南面多产金属矿物，山的北面多产漂亮的石头。皋水从这里发源，向东流入澧水，水中多产脆石。

又东二十五里，曰大支之山，其阳多金，其木多榖柞，无草木。

【译文】再往东二十五里，叫大支山，山的南面多产金属矿物，这里的树木大多是构树和柞树，不生花草树木。

又东五十里，曰区吴之山，其木多苴。

【译文】再往东五十里，叫区吴山，这里的树木大多是柤树。

又东五十里，曰声匈之山，其木多榖，多玉，上多封石。

【译文】再往东五十里，叫声匈山，这里的树木大多是构树，多产玉石，山上多产封石。

又东五十里，曰大騩之山，其阳多赤金，其阴多砥石。

【译文】再往东五十里，叫大騩山，山的南面多产铜矿，山的北面多产磨刀石。

又东十里，曰踵臼之山，无草木。

【译文】再往东十里，叫踵臼山，山上不生花草树木。

又东北七十里，曰历石之山，其木多荆芑，其阳多黄金，其阴多砥石。有兽焉，其状如狸，而白首虎爪，名曰梁渠，见则其国有大兵。

【译文】再往东北七十里，叫历石山，这里的树木大多是牡荆和枸杞，山的南面多产金矿，山的北面多产磨刀石。山里有一种野兽，形状像野猫，白脑袋，老虎爪子，名叫梁渠，它所出现的国家会发生大规模的战争。

又东南一百里，曰求山。求水出于其上，潜于其下，中有美赭。其木多苴，多䈽^①。其阳多金，其阴多铁。

【注释】①䈽：竹箭类植物。

【译文】再往东南一百里，叫求山。求水发源于山上，潜流到山下，水中多产优良赭石。这里的树木大多是柤树，有很多丛生的䈽竹。山的南面多产金属矿物，山的北面多产铁矿。

又东二百里，曰丑阳之山，其上多椆椐。有鸟焉，其状如乌而赤足，名曰𪄻鵌，可以御火。

【译文】再往东二百里，叫丑阳山，山上有很多椆树和椐树。山里有一种鸟，它的形状像乌鸦，有红色的爪子，名叫𪄻鵌，喂养它可以防御火灾。

又东三百里，曰奥山，其上多柏、杻、橿，其阳多㻬琈之玉。奥水出焉，东流注于视水。

【译文】再往东三百里，叫奥山，山上有很多柏树、杻树和橿树，山的南面多产㻬琈玉。奥水从这里发源，向东流入视水。

又东三十五里，曰服山，其木多苴，其上多封石，其下多赤锡。

【译文】再往东三十五里，叫服山，这里的树木大多是柤树，山上多产封石，山下多产红色锡土。

又东百十里，曰杳山，其上多嘉荣草，多金玉。

【译文】再往东百十里，叫杳山，山上有很多嘉荣草，多产金属矿物和玉石。

又东三百五十里，曰几山，其木多楢、檀、杻，其草多香。有兽焉，其状如彘，黄身、白头、白尾，名曰闻獜，见则天下大风。

【译文】再往东三百五十里，叫几山，这里的树木大多是楢树、檀树和杻树，草类大多是香草。山里有一种野兽，形状像猪，黄身子、白脑袋、白尾巴，名叫闻獜，它一出现，天下就会刮大风。

凡荆山之首，自翼望之山至于几山，凡四十八山，三千七百三十二里。其神状皆彘身人首。其祠：毛用一雄鸡祈瘗，用一珪，糈用五种之精。禾山^①，帝也。其祠：太牢之具，羞瘗，倒毛^②，用一璧，牛无常。堵山、玉山^③，冢也，皆倒祠^④，羞毛少牢，婴毛吉玉。

【注释】①禾山：此列山系并无禾山，可能是误写。今译文从"帝囷山"

一说②倒毛：把猪、牛、羊三牲倒着埋掉。③堵山、玉山：此列山系没有这两座山。堵山出现在《中次十经》，玉山出现在《中次八经》《中次九经》。④倒祠：倒着埋掉的意思。

【译文】所有荆山山系，从翼望山直到几山，总共四十八座山，途经三千七百三十二里。诸山神的貌，都是猪的身子，人的脑袋。祭祀的仪式是：毛物用一只公鸡，祭祀后埋入地下，祭祀的玉器用一块玉珪，祭祀的米用黍、稷、稻、粱、麦五种精米。帝囷山，是诸山首领。祭祀的仪式是：毛物用猪、牛、羊三牲，呈献后埋入地下，要倒着埋；祭祀的玉器用一块玉璧，不用三牲齐备。堵山、玉山，是诸山的宗主，祭祀后要把牲畜倒着埋掉，也要备美酒，毛物用猪、羊，这些毛物颈上都要挂一块吉玉做装饰。

中次十二经

中次十二经洞庭山之首，曰篇遇之山，无草木，多黄金。

【译文】中间第十二列洞庭山山系的第一座山，叫篇遇山，山上不生花草树木，多产金矿。

又东南五十里，曰云山，无草木。有桂竹①，甚毒，伤②人必死。其上多黄金，其下多琈珸之玉。

【注释】①桂竹：一种竹类植物，不详确指。②伤：刺。
【译文】再往东南五十里，叫云山，山上不生花草树木。有一种桂竹,毒性极大,枝叶刺人必死。山上多产金矿,山下多产璇珸玉。

又东南一百三十里,曰龟山,其木多榖、柞、椆、椐,其上多黄金,其下多青、雄黄,多扶竹^①。

【注释】①扶竹:邛竹,也叫扶老竹。节杆较长,可做成手杖。

【译文】再往东南一百三十里,叫龟山,这里的树木大多是构树、柞树、椆树、椐树,山上多产金矿,山下多产石青、雄黄,有很多扶竹。

又东七十里,曰丙山,多筀竹^①,多黄金、铜、铁,无木。

【注释】①筀(guì)竹:桂竹。郝懿行《山海经笺疏》:"筀亦当为桂,桂阳所生竹,因以为名也。"

【译文】再往东七十里,叫丙山,有很多桂竹,多产金矿和铜铁矿,没有树木。

又东南五十里,曰风伯之山,其上多金玉,其下多痠石^①、文石,多铁,其木多柳、杻、檀、楮。其东有林焉,曰莽浮之林,多美木鸟兽。

【注释】①痠(suān)石:一种石头,不详具体所指。

【译文】再往东南五十里,叫风伯山,山上多产金属矿物和玉石,山下多产痠石、带花纹的石头,多产铁矿,这里的树木大多是柳树、杻树、檀树、楮树。山的东边有一片树林,名叫莽浮林,有很多优良树木和禽鸟野兽。

又东一百五十里，曰夫夫之山，其上多黄金，其下多青、雄黄，其木多桑楮，其草多竹、鸡鼓①。神于儿居之，其状人身而手操两蛇，常游于江渊，出入有光。

【注释】①鸡鼓：鸡谷草。鼓，通谷，同音假借。

【译文】再往东一百五十里，叫夫夫山，山上多产金矿，山下多产石青、雄黄，这里的树木大多是桑树、楮树，草类大多是竹子、鸡谷草。神于儿住在这座山中，形貌是人的身子，身持两蛇，常游荡于长江的深渊，出入水面时闪烁光芒。

又东南一百二十里，曰洞庭之山，其上多黄金，其下多银铁，其木多柤、梨、橘、櫾，其草多葌、蘪芜①、芍药、芎䓖。帝之二女②居之，是常游于江渊。澧沅之风，交潇湘之渊，是在九江之间，出入必以飘风暴雨。是多怪神，状如人而载③蛇，左右手操蛇。多怪鸟。

【注释】①蘪芜：一种草类，似蛇床，有香味，可入药。②帝之二女：尧的两个女儿娥皇和女英。郭璞《山海经传》注："天帝之二女而处江为神也。"汪绂云："帝之二女，谓尧之二女以妻舜者娥皇女英也。相传谓舜南巡狩，崩于苍梧，二妃奔赴哭之，陨于湘江，遂为湘水之神，屈原九歌所称湘君、湘夫人是也。"③载：戴。

【译文】再往东南一百二十里，叫洞庭山，山上多产金矿，山下多产银铁矿，这里的树木大多是柤树、梨树、橘子树、柚子树，草类大多是兰草、蘪芜、芍药、芎䓖等香草。天帝的两个女儿住在这里，她们常在长江的深渊中游玩。从澧水和沅水吹来的风，交会于湘水之深渊，正是九条江河汇合的中间，她们出入时有疾风骤雨相伴。山中住着很多奇怪的神，形貌像人而身上绕蛇，左右两手握蛇。这里有很多怪鸟。

又东南一百八十里，曰暴山，其木多棕、枏、荆、芑、竹、箭、䇡、箘^①，其上多黄金玉，其下多文石、铁，其兽多麋鹿、麕^②，其鸟多就^③。

【注释】①箘：一种小竹，可以制成箭杆。②麕：同"麚"，一种小型鹿属动物，雄性有角。③就：鹫，一种大型猛禽，属于雕类。

【译文】再往东南一百八十里，叫暴山，这里的草木大多是棕树、楠树、牡荆、枸杞，以及竹子、箭竹、䇡竹、箘竹，山上多产金矿、玉石，山下多产带花纹的石头，以及铁矿，这里的野兽大多是麋鹿、麚，这里的鸟类大多是鹫鹰。

又东南二百里，曰即公之山，其上多黄金，其下多琈珸之玉，其木多柳、杻、檀、桑。有兽焉，其状如龟，而白身赤首，名曰蚗，是可以御火。

【译文】再往东南二百里，叫即公山，山上多产金矿，山下多产琈

帝二女

帝二女

珛玉，这里的树木大多是柳树、杻树、檀树、桑树。山里有一种野兽，形状像乌龟，白身子红脑袋，名叫蛣，喂养它可以防御火灾。

又东南一百五十九里，曰尧山，其阴多黄垩，其阳多黄金，其木多荆、芑、柳、檀，其草多薯蓣、茉。

【译文】再往东南一百五十九里，叫尧山，山的北面多产黄色垩土，山的南面多产金矿，这里的树木大多是牡荆、枸杞、柳树、檀树，草类大多是山药、苍术或白术。

又东南一百里，曰江浮之山，其上多银、砥、砺，无草木，其兽多豕、鹿。

【译文】再往东南一百里，叫江浮山，山上多产银矿、磨刀石，山上不生花草树木，这里的野兽大多是野猪和鹿。

又东二百里，曰真陵之山，其上多黄金，其下多玉，其木多榖、柞、柳、杻，其草多荣草①。

【注释】①荣草：据说可治风病。
【译文】再往东二百里，叫真陵山，山上多产金矿，山下多产玉石，这里的树木大多是构树、柞树、柳树、杻树，草类大多是荣草。

又东南一百二十里，曰阳帝之山，多美铜，其木多橿、杻、檿^①、楮，其兽多麢麝。

【注释】①檿（yǎn）：一种野生桑树。落叶乔木，叶互生，内皮可做纸，木质坚硬，可做弓、车辕。

【译文】再往东南一百二十里，叫阳帝山，多产优质铜矿，这里的树木大多是檀树、柤树、山桑树、楮树，野兽大多是羚羊和香獐。

又南九十里，曰柴桑之山，其上多银，其下多碧，多冷石、赭，其木多柳、芑、楮、桑，其兽多麋鹿，多白蛇、飞蛇^①。

【注释】①飞蛇：螣蛇，也叫腾蛇。据说能乘雾腾云。据《韩非子·十过》篇记载，"昔者黄帝合鬼神于西泰山之上，腾蛇伏地"。

【译文】再往南九十里，叫柴桑山，山上多产银矿，山下多产碧玉，多产冷石和赭石，这里的树木大多是柳树、枸杞、楮树、桑树，野兽大多是麋鹿，有很多白蛇、飞蛇。

又东二百三十里，曰荣余之山，其上多铜，其下多银，其木多柳、芑，其虫多怪蛇、怪虫^①。

【注释】①虫：一种蛇类。

【译文】再往东二百三十里，叫荣余山，山上多产铜矿，山下多产银矿，这里的树木大多是柳树、枸杞，这里的虫类大多是怪蛇、怪虫。

凡洞庭山之首，自篇遇之山至于荣余之山，凡十五山，二千八百里。其神状皆鸟身而龙首。其祠：毛用一雄鸡、一牝豚刉①，糈用稌。凡夫夫之山、即公之山、尧山、阳帝之山，皆冢也，其祠：皆肆②瘗，祈用酒，毛用少牢，婴毛一吉玉。洞庭、荣余山，神也，其祠：皆肆瘗，祈酒太牢祠，婴用圭璧十五，五采惠③之。

【注释】①刉（jī）：刺，割。②肆：陈列、排列。③惠：通绘。同音假借。

【译文】所有洞庭山系，从篇遇山直到荣余山，总共十五座山，途经两千八百里。诸山神的形貌都是鸟的身子，龙的脑袋。祭祀的仪式是：毛物用一只公鸡、一头母猪，祭祀的精米用稻米。凡夫夫山、即公山、尧山、阳帝山，都是诸山的宗主，祭祀这些山神的仪式是：把牲畜、玉器排列好，埋入地下，祈祷时呈献美酒，毛物用猪、羊二牲作为祭品，装饰长物的玉用一块吉玉。洞庭山、荣余山，是神灵显应的山，祭祀山神的仪式是：先陈列牲畜和玉器，然后埋入地下，祈祷用美酒及猪牛羊三牲呈献，祭祀的玉器用十五块玉圭和玉璧，并用五彩绘饰。

右中经之山志，大凡百九十七山，二万一千三百七十一里。

【译文】以上所记是中间所经山系的记录，总共一百九十七座山，二万一千三百七十一里。

大凡天下名山五千三百七十，居地，大凡六万四千五十六里。

【译文】总计天下名山共五千三百七十座，分布在大地之上的各个方向，总共六万四千五十六里。

禹曰：天下名山，经①五千三百七十山，六万四千五十六里，居地也。言其五臓②，盖其余小山甚众，不足记云。天地之东西二万八千里，南北二万六千里。出水之山者八千里，受水者八千里。出铜之山四百六十七，出铁之山三千六百九十。此天地之所分壤树谷③也，戈矛之所发也，刀铩④之所起也。能者有余，拙者不足。封于太山⑤，禅于梁父⑥，七十二家，得失之数⑦，皆在此内，是谓国用。

【注释】①经：经过，经历。②五臓：五脏。臓，通脏。五脏，指心、肝、脾、肺、肾等。这里比喻所记大山，说明其在天地间的重要地位。③分壤树谷：划分疆土种植庄稼。树，种植，栽培。谷，泛指农作物。④刀铩：刀和铩。铩，古兵器，即钗。一种长矛。⑤封于太山：古帝王在泰山上筑坛祭天，称为"封"。太山，泰山。⑥禅于梁父：古帝王在泰山之南的梁父山上辟基祭地，称为"禅"。⑦得失之数：或得或失，都有命数。

【译文】大禹说：天下名山，总共五千三百七十座，途经六万四千零五十六里，这些大山分布在大地上各个方向。以上山脉所谓"五臓"，是因为其他小山太多，不值得记录。天地之间，从东往西共二万八千里，从南往北共二万六千里。作为河流源头所在的山有八千里，作为河流尽头的山，也是八千里。出产铜矿的山有四百六十七座, 出产铁矿的山有三千六百九十座。这些都是在天地之间, 划分疆土种植庄稼的凭借, 也是戈矛产生的缘故, 刀铩兴起的根源。有能力的人富裕有余, 拙笨的人贫穷不足。国家帝王, 在泰山上举行祭天的仪式, 在梁父山上举行祭地的仪式, 共有七十二家, 或得或失, 都在这个范围之内, 国家财用也都从此获得。

右《五臧山经》五篇, 大凡一万五千五百三字。

【译文】以上《五臧山经》五篇, 总共是一万五千五百零三字。

卷六 海外南经

【题解】《海外南经》是对中原地区之外，南方各地文明的概要记述。其范围顺序是由西向东。帝尧之子丹朱的后裔，在和舜的斗争中失败，于是迁移南方。三苗部落也是南方的部族，后来在舜帝时遭到惩罚。《史记·五帝本纪》："于是舜归而言于帝尧，请流共工于幽陵，以变北狄；放驩兜于崇山，以变南蛮；迁三苗于三危，以变西戎；殛鲧于羽山，以变东夷。"这些传说反映了重要人物及其所属部落的迁移和变动。

后羿与凿齿的战斗发生在寿华之野，这是古代神话传说中的重要一篇。帝尧时十个太阳并出，植物枯死，猰貐、修蛇等猛兽横行，为害众生，后羿射落九个太阳，射死猛兽长蛇，为民除害。这些说明了先祖在和大自然做斗争时的不懈努力。

地之所载，六合^①之间，四海之内，照之以日月，经之以星辰，纪之以四时^②，要之以太岁^③。神灵所生，其物异形^④，或夭或寿，唯圣人能通其道^⑤。

【注释】①六合：指东南西北四方，以及上下。②四时：指春夏秋冬。

厌火国　羽民国　结匈国

③太岁：也叫岁星，即木星。古人依据木星运行周期以纪年。④异形：形体各异。⑤通其道：观察研究万物之性质，探寻其背后的道理。

【译文】大地承载万物，上下四方之间，四海以内，有太阳和月亮照耀，有众多星辰运行着，有春夏秋冬四季来记录，还可用木星的运行轨迹来纪年。凡是世间的一切都是神灵造化所生，万物形状各有不同，有的夭折有的长寿，只有圣明之人才能通达其中的道理。

海外自西南陬至东南陬①者。

【注释】①陬(zōu)：角落。
【译文】海外从西南角往东南角的山川河流、国家地区依次如下。

结匈国在其①西南，其为人结匈②。

【注释】①其：指灭蒙鸟。②结匈：指鸡胸。匈，同胸。
【译文】结匈国在灭蒙鸟的西南，那里的人有像鸡一样凸出的胸脯。

南山在其东南。自此山来，虫为蛇，蛇号为鱼。一曰南山，在结匈东南。

【译文】南山在它的东南。从这座山以来，把虫叫作蛇，把蛇叫作鱼。一说南山在结匈国的东南。

比翼鸟在其东，其为鸟青赤，两鸟比翼①。一曰在南山东。

【注释】①比翼：前面所说的蛮蛮鸟。参见《西次三经》"崇吾山"。

【译文】比翼鸟在它的东边，它作为一种鸟有青红相间的羽毛，两只鸟结合一起才能用翅膀飞翔。一说比翼鸟在南山的东边。

羽民国在其东南，其为人长头，身生羽①。一曰在比翼鸟东南，其为人长颊②。

【注释】①身生羽：指一种身上长有羽毛，类似于人的族群。郭璞《山海经传》注："能飞不能远，卵生，画似仙人也。"《博物志·外国》记载："羽民国民，有翼，飞不远，多蛮鸟，民食其卵。去九疑四万三千里。"郭璞《山海经图赞》另记："鸟喙长颊，羽生则卵；矫翼而翔，能飞不远。"②长颊：指两侧面颊长。

【译文】羽民国在灭蒙鸟的东南，那里的人都是长脑袋，浑身生长羽毛。一说羽民国在比翼鸟的东南，那里的人都是长脸颊。

有神人二八①连臂，为帝②司夜③于此野。在羽民东，其为人小颊赤肩，尽十六人。

【注释】①神人二八：指夜游神。郭璞《山海经传》注："昼隐夜见。"杨慎补注："南中夷方或有之，夜行逢之，土人谓之夜游神，亦不怪也。"②帝：天帝。③司夜：巡夜、守夜。

【译文】有一个叫二八的神人，他的手臂连在一起，为天帝巡夜

贯匈国　截国　讙头国

于旷野之中。这个神人在羽民国的东边，那里的人都脸颊狭小和肩膀赤红，总共有十六个人。

毕方鸟^①在其东，青水西，其为鸟人面一脚。一曰在二八神东。

【注释】①毕方鸟：传说中的一种鸟，据说是木精所化，常能衔火作怪。见《西次三经》"章我之山"。

【译文】毕方鸟在它的东边，青水的西边，这种鸟有人的面孔，一只足爪。一说毕方鸟在二八神的东边。

讙头国在其南，其为人人面有翼，鸟喙，方捕鱼^①。一曰，在毕方东。或曰讙朱国。

【注释】①方捕鱼：正在捕鱼。方，正在。

【译文】讙头国在它的南边，那里的人有人的面孔，两只翅膀，鸟一样的嘴，正在那里捕鱼。一说讙头国在毕方鸟的东边。一说讙头国就是讙朱国。

厌火国^①在其国南，兽身黑色，生火出其口中。一曰在讙朱东。

【注释】①厌火国：据说这里的人能吞火，并有一种吞火兽。厌，同餍。饱，足。

【译文】厌火国在它的南边，那里的人都有兽的身子，浑身黑色，火从他们的口中喷出。一说厌火国在讙朱国的东边。

三珠树^①在厌火北，生赤水上，其为树如柏，叶皆为珠。一曰其为树若彗^②。

【注释】①三珠树：陶渊明《读山海经诗》有"粲粲三珠树，寄生赤水阴"句。②彗：彗星。也叫扫帚星。

【译文】三珠树在厌火国的北边，生长在赤水河的岸边，这种树像是柏树，叶子都是珍珠。一说那里的树像彗星的样子。

三苗国^①在赤水东，其为人相随。一曰三毛国。

【注释】①三苗民：也称苗民。郭璞《山海经传》注："昔尧以天下让舜，三苗之君非之，帝杀之，有苗之民，叛入南海，为三苗国。"

【译文】三苗国在赤水的东边，那里的人互相跟随而走。一说三苗国就是三毛国。

载国在其东，其为人黄，能操弓射蛇。一曰载国在三毛东。

【译文】载国在它的东边，那里的人都是黄皮肤，能操弓射蛇。一说载国在三毛国的东边。

贯匈国在其东，其为人匈有窍。一曰在载国东。

【译文】贯匈国在它的东边，那里的人胸上都有穴窍。一说贯匈国在载国的东边。

交胫国在其东，其为人交胫①。一曰在穿匈②东。

【注释】①交胫：也称交趾，交股。胫，指腿脚。②穿匈：贯匈。穿，同贯。

【译文】交胫国在它的东边，那里的人腿脚交并。一说交胫国在穿匈国的东边。

不死民①在其东，其为人黑色，寿②，不死。一曰在穿匈国东。

【注释】①不死民：据说这里的人长生不死。②寿：指长寿。

【译文】不死民在它的东边，那里的人肤色黝黑，长寿，不会老死。一说不死民在穿匈国的东边。

岐舌国在其东。一曰在不死民东。

【译文】岐舌国在它的东边。一说岐舌国在不死民的东边。

昆仑虚①在其东，虚②四方。一曰在岐舌东，为虚四方。

【注释】①昆仑虚：昆仑山。虚，大丘。②虚：这里指山底基部。

周饶国　三首国　不死民

【译文】昆仑山在它的东边，山的形状呈四方形。一说昆仑山在岐舌国的东边，这座山是四方形的。

羿^①与凿齿^②战于寿华之野，羿射杀之。在昆仑虚东。羿持弓矢，凿齿持盾。一曰戈^③。

【注释】①羿：后羿。传说中的人物，善于射箭。②凿齿：传说的人物。据说其高约五六尺，有一牙齿从口中露出，长约三尺，像是凿子。一说指兽。③戈：一种类似长矛的兵器。

【译文】后羿与凿齿在寿华附近的荒野进行战斗，后羿射死了凿齿。那个地方就在昆仑山的东边。交战的时候后羿手握弓箭，凿齿手持盾牌。一说凿齿拿戈。

三首国在其东，其为人一身三首。一曰在凿齿东。

【译文】三首国在它的东边，那里的人有一个身子三个脑袋。一说三首国在凿齿的东边。

周饶国^①在其东，其为人短小，冠带^②。一曰焦侥国^③，在三首东。

【注释】①周饶国：古国名。据说这里的人个子矮小。庄子在寓言里形容其极小，有蜗角之争。②冠带：戴上帽子，系上衣带。③焦侥国：周饶国，也叫小人国。

岐舌国　交胫国　长臂国

祝融

祝融

【译文】周饶国在它的东边，那里的人身材矮小，头戴帽子，身系腰带。一说周饶国在三首国的东边。

长臂国^①在其东，捕鱼水中，两手各操一鱼。一曰在焦侥东，捕鱼海中。

【注释】①长臂国：据说这里的人手臂特别长，能垂到地上。

【译文】长臂国在它的东边，那里的人正在水中捕鱼，两手各抓一条鱼。一说长臂国在焦侥国的东边，那里的人在大海中捕鱼。

狄山，帝尧葬于阳，帝喾^①葬于阴。爰有熊罴、文虎^②、蜼豹、离朱^③、视肉^④。吁咽^⑤、文王^⑥皆葬其所。一曰汤山。一曰爰有熊罴、文虎、蜼豹、离朱、鸱久、视肉、虖交^⑦。其范林^⑧方三百里。

【注释】①帝喾(kù)：号高辛。传说中的帝王，尧的父亲。②文虎：老虎，也叫彫虎。虎身毛纹如雕画，故名。③离朱：传说中的三足乌。据说生活在太阳里，像乌鸦，也叫三足乌。④视肉：也叫聚肉。形如牛肝而有眼目。据说其肉能隔而复生，食用不尽。⑤吁咽：可能指舜。⑥文王：周文王姬昌，周朝开国君主。⑦虖交：一种动物，不详具体所指。⑧范林：指繁密而茂盛的森林。《海内南经》《海内北经》皆作"氾林"。氾，同范。

【译文】狄山，帝尧死后埋葬在这座山的南面，帝喾死后埋葬在这座山的北面。这座山上有熊、罴、花斑虎、长尾猿、豹子、三足乌、视肉。吁咽和文王也埋葬在这里。一说是在汤山。一说这里有熊、黑、花斑虎、长尾猿、豹子、离朱鸟、鹞鹰、视肉、虖交。有一片繁密茂盛的森林，方圆三百里。

南方祝融^①，兽身人面，乘两龙。

【注释】①祝融：传说中的火神，据说是炎帝的后裔。

【译文】南方的祝融，兽的身子人的面孔，乘着两条龙。

夏后启

夏后启

卷七 海外西经

【题解】《海外西经》记载了海外从西南到西北这一地域之间的地理特征以及物产和神话传说。刑天的故事，是该神话传说的首次出现。夏朝是起源于西方的部落，所以夏后启也活动于西方，这和帝尧、帝喾在南方，帝舜、颛顼葬在北方，大致符合原始社会各部落所在的方位。

本卷记载了女丑的尸体和她被十个太阳烤杀的景象。巫咸是神话传说和古代典籍中常见的巫师名字。本在东北地区的肃慎这个民族出现在西北地区，可能是上古之时的部落大规模迁移所致。

海外自西南陬至西北陬者。

【译文】海外从西南角往西北角的山川河流、国家地区依次如下。

灭蒙鸟在结匈国北，为鸟青，赤尾。

【译文】灭蒙鸟在结匈国的北边，那里的鸟青色羽毛，红色尾巴。

三身国　奇肱国

大运山高三百仞，在灭蒙鸟北。

【译文】大运山高三百仞，在灭蒙鸟的北边。

大乐之野，夏后启①于此儛《九代》②，乘两龙，云盖三层。左手操翳③，右手操环，佩玉璜④。在大运山北。一曰大遗之野。

【注释】①夏后启：夏王启。夏启，据说是大禹之子。夏后，夏王。②儛《九代》：歌舞《九代》。儛，同舞。《九代》，乐舞名。③翳：伞状华盖。④玉璜：一种玉器，半圆形。

【译文】大乐野，夏后启在这里观看叫作《九代》的乐舞，乘着两条龙，在云雾之上。左手握着华盖，右手拿着玉环，腰间佩着玉璜。大乐野在大运山的北边。一说夏后启观看乐舞在大遗野。

三身国在夏后启北，一首而三身。

【译文】三身国在夏后启的北边，那里的人一个脑袋，三个身子。

一臂国在其北，一臂、一目、一鼻孔。有黄马，虎文，一目而一手①。

【注释】①手：指马的前腿。

【译文】一臂国在三身国的北边，那里的人一条胳膊、一只眼睛、一个鼻孔。那里有黄色的马，虎状花纹，一只眼睛和一条马腿。

形天　一臂国

奇肱之国在其北。其人一臂三目，有阴有阳，乘文马①。有鸟焉，两头，赤黄色，在其旁。

【注释】①文马：有斑纹的马，即吉良马。《海内北经》记"犬戎国"中有"吉量马"，与此同。

【译文】奇肱国在一臂国的北边。那里的人一条胳膊，三只眼睛，眼睛分为阴阳，他们骑着带花纹的吉良马。有一种鸟，两个脑袋，赤黄色羽毛，在他们的身旁。

形天①与帝至此争神，帝断其首，葬之常羊之山。乃以乳为目，以脐为口，操干戚以舞。

【注释】①形天：形同"刑"，刑天，传说中没有头的神。刑，割、杀。天，顶。指头。

【译文】形天与天帝争夺神位，天帝砍断了形天的头，把他的头埋在常羊山。断头的形天便以乳为眼，以脐做口，手持盾牌和斧头而舞——继续在那里战斗。

女祭、女戚在其北，居两水间，戚操鱼鮈①，祭操俎②。

【注释】①鮈：同"鳝"，即鳝鱼。②俎：指盛肉的盘子。

【译文】女祭和女戚在形天的北边，处于两条河流的中间，女戚手拿鳝鱼，女祭手捧肉盘子。

丈夫国　肃慎国　并封

鹙鸟、䳜鸟, 其色青黄, 所经国亡。在女祭北。

鹙鸟人面, 居山上。一曰维鸟, 青鸟、黄鸟所集。

【译文】鹙鸟和䳜鸟, 它们的颜色青黄相间, 所经过的国家就会衰亡。这两种鸟在女祭的北边。

鹙鸟, 人的面孔, 住在山上。一说这两种鸟也叫维鸟, 是青鸟、黄鸟栖息在一起的统称。

丈夫国在维鸟北, 其为人衣冠带剑。

【译文】丈夫国在维鸟的北边, 那里的人穿衣戴帽, 身佩宝剑。

女丑之尸, 生而十日①炙杀②之。在丈夫北。以右手障③其面。十日居上, 女丑居山之上。

【注释】①十日: 十个太阳同时出现于天空。这种情景多见于古代典籍, 并有后羿射日的神话传说。②炙杀: 烧死。③障: 挡住, 遮掩。

【译文】有一具女丑的尸体, 她本来是活着的, 被十个太阳烤死。她横卧在丈夫国的北边。死的时候右手遮住了脸。十个太阳高挂于天, 女丑的尸体横卧于山顶。

巫咸国在女丑北, 右手操青蛇, 左手操赤蛇。在登葆山, 群巫所从上下①也。

轩辕国　乘黄　女人国

【注释】①上下：指来往于天地之间。《大荒西经》记有山名"丰沮玉门"，是日月降落的地方，众巫师也从此升降。

【译文】巫咸国在女丑的北边，那里的人右手握青蛇，左手握红蛇。有一座登葆山，众多巫师在那里上天入地。

并封在巫咸东，其状如彘，前后皆有首，黑。

【译文】有一种名叫并封的怪兽在巫咸国的东边，它的形状像猪，前后各有一个脑袋，浑身黝黑。

女子国①在巫咸北，两女子居，水周之。一曰居一门中。

【注释】①女子国：据说这个国家里都是女子，《汉书·东夷传》记其国内有井，窥之乃生子。

【译文】女子国在巫咸国的北边，有两个女子住在那里，四周有水环绕。一说她们住在一道门的中间。

轩辕之国①在此穷山之际，其不寿者八百岁。在女子国北，人面蛇身，尾交首上。

【注释】①轩辕之国：《大荒西经》亦记有"轩辕国"，《西次三经》记有"轩辕丘"。

【译文】轩辕国在穷山的附近，那里的人就算不长寿也能活八百岁。轩辕国在女子国的北边，那里的居民有人的面孔，蛇的身子，尾巴盘绕在头顶上。

穷山在其北，不敢西射，畏轩辕之丘。在轩辕国北，其丘方，四蛇相绕。

【译文】穷山在轩辕国的北边，那里的人射箭不敢向着西方，因为敬畏黄帝之灵所在的轩辕丘。轩辕丘位于轩辕国北部，它的形状是四方形，有四条大蛇围绕看护。

此诸夭之野^①，鸾鸟自歌，凤鸟自舞。凤皇卵，民食之。甘露^②，民饮之。所欲自从也。百兽相与群居。在四蛇北，其人两手操卵食之，两鸟居前导之。

【注释】①此诸夭之野："此"字疑为衍文。夭野，《大荒西经》作沃野；"夭"乃沃之省文。②甘露：露水，也指雨水。神话传说多有记载。
【译文】有一个叫作诸夭之野的地方，那里有鸾鸟自由歌唱，凤鸟自在舞蹈；凤凰鸟会下蛋，那里的居民以蛋为食；天上降下的雨水，可以日常饮用；凡是他们想要的，没有不能实现的。那里的野兽和人住在一起。诸夭之野在四条蛇的北边，人们用双手捧着凤凰蛋在吃，有两只鸟在前面指引道路。

龙鱼^①陵居在其北，状如狸。一曰鰕^②。有神圣乘此以行九野^③。一曰鳖鱼在夭野北，其为鱼也如鲤。

长股国

蓐收

【注释】①龙鱼：《海内北经》记有"陵鱼"，似鲤鱼，又名陵鲤。②鰕（xiā）：同虾。这里指一种鱼。③九野：泛指广袤的大地。

【译文】龙鱼陵居于诸天之野的北边——这种两栖动物，可在水中，也可在丘陵地面，它的形状像鲤鱼。一说像鰕鱼。有神圣骑着它遨游于广袤的原野。一说鳖鱼在天野的北边，这种鱼的形状也像鲤鱼。

白民之国在龙鱼北，白身被发①。有乘黄，其状如狐，其背上有角，乘之寿二千岁。

【注释】①被发：披散头发。被，通披。

【译文】白民国在龙鱼的北边，那里的人浑身雪白，披散头发。有一种叫作乘黄的兽，它的形状像狐狸，背上有两只角，人要是骑上它就能活两千年。

肃慎之国在白民北。有树名曰雄常，先入伐帝①，于此取之。

【注释】①先入伐帝：应为圣人代为立，指圣人继任王位。

【译文】肃慎国在白民国的北边。那里有一种树叫雄常，中原地区若有圣人继位，雄常树就会长出树皮，那里的人就取其树皮来做衣服。

长股之国在雄常北，被发。一曰长脚。

【译文】长股国在雄常的北边，那里的人披散头发。一说长股国也叫长脚国。

西方蓐收①，左耳有蛇，乘两龙。

【注释】①蓐收：传说中的金神，人面虎爪白发，手执钺斧。

【译文】西方的金神蓐收，左耳上挂着一条蛇，乘着两条龙。

深目国　聂耳国

卷八 海外北经

【题解】《海外北经》记述了中原以北的地域文明，顺序是自西往东。卷中所记的钟山之神烛阴，也叫烛龙，和在《大荒北经》的记载可以相互印证。共工之臣相柳被大禹杀死，可能和大禹治水的活动也有联系，反映了人和超自然力量之间的斗争。夸父逐日的神话是本卷的重要传说。夸父在《山海经》中或指人，或指兽。逐日的夸父可能是一个部落领袖，其后人也可能被称作夸父。欧丝之野的故事表明了蚕桑丝织业的悠久历史。

海外自东北陬至西北陬者。

【译文】海外从东北角往西北角的山川河流、国家地区依次如下。

无脊之国在长股东，为人无脊①。

【注释】①无脊：无小腿肚子。
【译文】无脊国在长股国的东边，那里的人没有小腿肚子。

相柳　柔利国　一目国

钟山之神，名曰烛阴①，视为昼，瞑为夜，吹为冬，呼为夏，不饮，不食，不息，息为风，身长千里。在无𦜝之东。其为物，人面，蛇身，赤色，居钟山下。

【注释】①烛阴：也叫烛龙，烛九阴，传说中的神怪，能呼风唤雨。

【译文】钟山的山神，名叫烛阴，他睁开眼便是白昼，闭上眼便是黑夜，一吹气便是寒冬，一呼气便是炎夏，不喝水，不吃饭，不呼吸，一呼吸就成了风，它的身子有一千里长。烛阴山神在无𦜝国的东边。他的形貌是人的面孔，蛇的身子，全身赤红，住在钟山脚下。

一目国在其东，一目中其面而居。一曰有手足。

【译文】一目国在钟山的东边，那里的人面孔中间有一只眼。一说那里的人有手脚。

柔利国在一目东，为人一手一足，反膝①，曲足居上。一云留利之国，人足反折②。

【注释】①反膝：指膝盖反着生长。②反折：指脚反卷弯曲，像是折断了。

【译文】柔利国在一目国的东边，那里的人一只手一只脚，膝盖反生，脚弯曲朝上。一说也叫留利国，那里人的脚是反卷弯曲的，好像折断了一样。

夸父逐日

夸父逐日

共工^①之臣曰相柳氏，九首，以食于九山。相柳之所抵，厥为泽溪。禹杀相柳，其血腥，不可以树五谷种。禹厥^②之，三仞三沮^③，乃以为众帝^④之台。在昆仑之北，柔利之东。相柳者，九首人面，蛇身而青。不敢北射，畏共工之台。台在其东，台四方，隅有一蛇，虎色^⑤，首冲南方。

【注释】①共工：古天帝名，神话传说中的人物。据说他与颛顼争夺王位而发生战争，怒触不周山。②厥：通撅，掘。③三仞三沮：三次充满，三次失败。仞，填满。沮，失败，陷落。④众帝：指帝尧、帝喾、帝丹朱、帝舜等上古帝王。⑤虎色：虎纹。

【译文】共工的臣子有一个叫相柳氏的，他有九个脑袋，九个脑袋分别在九座山上觅食。相柳氏触抵之处，便会成为沼泽和溪流。大禹杀死了相柳氏，相柳氏的血有腥味，凡是流经的地方都不能种植五谷。大禹挖土填塞，多次填满多次塌陷，于是把挖出来的土为众帝修建了帝台。帝台在昆仑山的北面，柔利国的东边。相柳氏，九个脑袋和人的面孔，蛇的身子，浑身发青。射箭的人不敢向北射，因为敬畏共工神灵所在的高台。共工台在相柳的东边，台子呈四方形，每个角落各有一条蛇，蛇身上的花纹像虎纹，蛇的头朝向南方。

深目国在其东，为人举一手一目^①。在共工台东。

【注释】①为人举一手一目：疑"为人"下，尚脱"深目"二字，"为人深目，举一手"即与经记诸国之体例相符矣。一目：郝懿行按："一目作一日，连下读是也。"

【译文】深目国在相柳氏的东边，那里的人有一只手举着。一说深目国在共工台的东边。

无肠之国在深目东，其为人长而无肠。

【译文】无肠国在深目国的东边，那里的人身子很长却没有肠子——吃东西直接通过。

聂耳之国在无肠国东，使两文虎，为人两手聂^①其耳。县^②居海水中，及水所出入奇物。两虎在其东。

【注释】①聂：通摄。握持。②县：同悬。孤悬于海中。
【译文】聂耳国在无肠国的东边，那里的人驱使两只有花纹的老虎，经常用手托着耳朵。聂耳国是一个岛国，孤悬于海水之间，海中常见各种珍奇之物。两只老虎在它的东边。

夸父^①与日逐走，入日。渴欲得饮，饮于河渭，河渭不足，北饮大泽。未至，道渴而死。弃其杖，化为邓林。

【注释】①夸父：神话传说中的人物，常见于各种典籍。
【译文】夸父和太阳比赛奔跑，走进了太阳的光辉里。夸父很渴，想喝水，先喝黄河和渭河中的水，喝完了还是不解渴，又向北去喝大泽中的水，还没走到，渴死在了半路上。他死时所扔的拐杖，变成了邓林。

夸父国　駁

夸父国在聂耳东,其为人大,右手操青蛇,左手操黄蛇。邓林在其东,二树木。一曰博父。

【译文】夸父国在聂耳国的东边,那里的人身材高大,右手握青蛇,左手抓黄蛇。邓林在它的东边,其实是由两棵大树繁衍生长形成的树林。一说夸父国也叫博父国。

禹所积石之山①在其东,河水所入。

【注释】①积石之山:传说大禹曾在这里疏通积石,而导引河水流过。《西次三经》有"积石山",与此不同。

【译文】禹所积石山在博父国的东边,这里是黄河水流入的地方。

拘缨①之国在其东,一手把缨。一曰利缨之国。

【注释】①拘缨:缨通瘿。瘿,瘤也,多生于颈,其大者如悬瓠,有碍行动,故常以手拘之。

【译文】拘缨国在禹所积石山的东边,那里的人常用手托脖颈上的肉瘤。一说拘缨国也叫利缨国。

寻木①长千里,在拘缨南,生河上西北。

【注释】①寻木:也叫榣木,传说中的大木。《穆天子传》有"天子乃钓于河，以观姑繇之木"句。

【译文】有一种树木叫作寻木，长达千里，在拘缨国的南边，生在黄河岸上的西北。

跂踵国在拘缨东，其为人大，两足亦大①。一曰大踵②。

【注释】①其为人大，两足亦大：全文当作"其为人两足皆大"。经文前"大"字衍；"亦"乃"皆"字之讹。然以"两足皆大"释跂踵，义犹扞格。疑"大"实当作"支"。大、支形近而讹。"两足皆支"正跂踵之具体写状。因此经文当作"其为人两足皆支"。②大踵：疑为反踵。

【译文】跂踵国在拘缨国的东边，这里的人走路都是双脚不着地。一本说是反踵国（就是说他的脚掌是反转生的，如果这人往南走，看起来脚却是朝北向）。

欧丝之野在大踵东，一女子跪据树欧丝①。

【注释】①据树欧丝：倚靠着桑树吐丝，像蚕。欧，同呕。
【译文】欧丝野在反踵国的东边，一个女子正跪着倚靠桑树吐丝。

三桑无枝，在欧丝东，其木长百仞，无枝。

【译文】三棵没有枝干的桑树，在欧丝野的东边，这种树高达百仞，却不生枝条。

罗罗　駒駼　跂踵国

禺彊

禹彊

范林方三百里,在三桑东,洲^①环其下。

【注释】①洲: 水中的小块陆地。

【译文】范林方圆三百里,在三棵桑树的东边,被沙洲环绕。

务隅之山,帝颛顼^①葬于阳。九嫔^②葬于阴。一曰爰有熊、罴、文虎、离朱、鸱久、视肉。

【注释】①颛顼: 传说中的上古帝王。②九嫔: 指颛顼的九个嫔妃。

【译文】务隅山,帝颛顼埋葬在它的南面,九嫔埋葬在它的北面。一说这里有熊、罴、花斑虎、离朱鸟、鸱鹰、视肉。

平丘在三桑东。爰有遗玉^①、青鸟、视肉、杨柳、甘柤^②、甘华^③,百果^④所生。有两山夹上谷,二大丘居中,名曰平丘。

【注释】①遗玉: 一种玉石,可能指琥珀。②甘柤: 古树名。枝干皆红,生白叶,开黄花,结黑果。③甘华: 古树名。枝干红色。④百果: 泛指各种果树。

【译文】平丘在三棵桑树的东边。这里有遗玉、青马、视肉、杨柳、甘柤、甘华,是各种果树生长的地方。有两座山之间存在一道山谷,山谷之间有两个大丘,名叫平丘。

北海内有兽,其状如马,名曰騊駼^①。有兽焉,其名曰駮,状如白马,锯牙,食虎豹。有素兽焉,状如马,名曰蛩蛩^②。有青兽焉, 状如虎, 名曰罗罗。

【注释】①駒駼 (táo tú): 一种野马。其毛多是青色。②蛩蛩 (qióng): 又名距虚, 传说中的怪兽。

【译文】北海内有一种野兽, 它的形状像马, 名叫駒駼。有一种野兽, 它的名字叫駮, 形状像白马, 锯齿一样的牙齿, 能吃老虎和豹子。有一种白色的野兽, 形状像马, 名叫蛩蛩。有一种青色的野兽, 形状像老虎, 名叫罗罗。

北方禹彊①, 人面鸟身, 珥②两青蛇, 践两青蛇。

【注释】①禹彊 (yú qiáng): 也叫"禺彊", 传说中的海神、风神和瘟神。②珥: 挂着。

【译文】北方的禺彊, 长着人的面孔鸟的身子, 耳上挂两条青蛇, 脚底踩两条青蛇。

奢比尸　劳民国

天昊　毛民国　九尾狐

卷九 海外东经

【题解】《海外东经》的范围是从东南到东北,其间的山川河流、国家地区以及各地物产皆有涉及。在齐地和朝鲜,流传有九尾狐的传说,狐仙也是东夷文化的特点。竖亥测量大地的传说证实了先祖进行地理观测的活动。本卷还涉及了一些神话传说,如扶桑木、汤谷和十个太阳,这些都是古代神话体系的重要构成。

海外自东南陬至东北陬者。

【译文】海外从东南角往东北角的山川河流、国家地区依次如下。

嵯丘,爰有遗玉、青马、视肉、杨柳、甘柤、甘华。甘果所生,在东海。两山夹丘,上有树木。一曰嗟丘。一曰百果所在,在尧葬东。

【译文】嵯丘,这里有遗玉、青马、视肉、杨柳、甘柤、甘华。结

甘果的树，在东海边。在两座山之间，夹有嗟丘，上面有树木。一说
嗟丘。一说各种果树所在的地方，在埋葬帝尧之地的东边。

大人国在其北，为人大，坐而削船^①。一曰在嗟丘北。

【注释】①削（shāo）船：操船。削，通梢。用竿子撑船。

【译文】大人国在嗟丘的北边，那里的人身材高大，坐在船上
撑船。一说大人国在嗟丘的北面。

奢比^①之尸在其北，兽身人面大耳，珥两青蛇。一曰肝榆之
尸在大人北。

【注释】①奢比：也叫奢龙，传说中的神怪。

【译文】奢比尸在大人国的北边，那里的人是兽的身子，人的面
孔、大耳朵，耳朵上挂着两条青蛇。一说肝榆尸在大人国的北边。

君子国在其北，衣冠^①带剑，食兽，使二大虎在旁，其人好
让不争。有薰华草^②，朝生夕死。一曰在肝榆之尸北。

【注释】①衣冠：穿衣戴帽。②薰华草：也叫木槿。

【译文】君子国在奢比尸的北边，那里的人穿衣服戴帽子，腰佩
宝剑，以兽类为食，驱使两只大老虎在身旁，人们喜欢谦让而不争
斗。那里有一种薰华草，早上开了花，傍晚就凋零。一说君子国在肝
榆尸的北边。

虹虹①在其北，各有两首。一曰在君子国北。

【注释】①虹虹（hóng）：指虹霓，也叫美人虹。据说，虹双出而色艳者为雄，叫虹；颜色暗淡者为雌，叫霓。

【译文】虹虹在奢比尸的北边，每一道虹都有两个脑袋。一说虹虹在君子国的北边。

朝阳之谷，神曰天吴，是为水伯。在虹虹北两水间。其为兽也，八首人面，八足八尾，皆青黄。

【译文】在朝阳谷，有一个神叫天吴，就是水伯。他住在虹虹北边的两条河水之间。这是一种兽类，长着八个脑袋，人的面孔，八只足爪，八条尾巴，全是青黄色。

青丘国在其北。其狐四足九尾①。一曰在朝阳北。

【注释】①九尾：有九条尾巴。九尾狐是传说中的狐狸，多为祥瑞的象征，传说禹曾在涂山娶九尾狐为妻。

【译文】青丘国在它的北边。这里有一种狐狸，四只足爪九条尾巴。一说青丘国在朝阳谷的北边。

帝命竖亥①步，自东极至于西极，五亿十选②九千八百步。竖亥右手把算③，左手指青丘北。一曰禹令竖亥。一曰五亿十万九千八百步。

【注释】①竖亥：传说中善于行走的人。②十选：十万。③算：通算。古代计数用的筹码。

【译文】天帝令竖亥步行各处以测量大地，从东极走到西极，总共是五亿十万九千八百步。竖亥右手拿算筹，左手指向青丘国的北边。一说大禹令竖亥测量。一说测量五亿十万九千八百步。

黑齿国在其北，为人黑齿，食稻啖蛇①，一赤一青，在其旁。一曰在竖亥北，为人黑首，食稻使蛇，其一蛇赤。

【注释】①啖蛇：吃蛇。

【译文】黑齿国在它的北边，那里的人牙齿是黑色的，以稻米为食物，吃蛇，有一条红蛇和一条青蛇，在那人的旁边。一说黑齿国在竖亥的北边，那里的人黑脑袋，以稻米为食物，驱使蛇，其中一条是红蛇。

下有汤谷①。汤谷上有扶桑，十日所浴，在黑齿北。居水中，有大木，九日居下枝，一日居上枝。

【注释】①汤谷：也叫旸谷，传说中的谷名。《大荒南经》记有"羲和浴日"的故事。

【译文】下面有一座汤谷。汤谷边上有一棵扶桑树，十个太阳在那里洗澡的地方，在黑齿国的北边。在大水之中，有一棵高大的树，九个太阳在树下，一个太阳在树上。

雨师妾在其北。其为人黑，两手各操一蛇，左耳有青蛇，右耳有赤蛇。一曰在十日北，为人黑身人面，各操一龟。

【译文】雨师妾在汤谷的北边。那里的人浑身黑色，两手各握一条蛇，左耳挂青蛇，右耳挂红蛇。一说雨师妾在十个太阳的北边，那里的人是黑身子，人的面孔，左右两手各握一只龟。

玄股之国①在其北。其为人衣鱼②食鸥③，使两鸟夹之④。一曰在雨师妾北。

【注释】①玄股之国：郭璞云："髀以下尽黑，故云。"②衣鱼：穿着用鱼皮做的衣服。③鸥：鸟类。④使两鸟夹之：据高诱注，经文"使两鸟"之"使"字衍，"其为人"下脱"股黑"二字。

【译文】玄股国在它的北边。那里的人大腿以下全是黑的，穿鱼皮衣服吃鸥鸟的蛋，驱使两只鸟在身边。一说玄股国在雨师妾国的北边。

毛民之国在其北。为人身生毛。一曰在玄股北。

【译文】毛民国在它的北边。那里的人浑身有毛。一说毛民国在玄股国的北边。

劳民国在其北，其为人黑①。或曰教民。一曰在毛民北，为

句芒

句芒

人面目手足尽黑。

【注释】①其为人黑：郭璞云："食果草实也。有一鸟两头。"郝懿行
云："郭注此语疑本在经内，今亡。"

【译文】劳民国在它的北边，那里的人浑身黝黑。有人认为劳民
国就是教民国。一说劳民国在毛民国的北边，那里的人面目和手脚
都是黑色的。

东方句芒①，鸟身人面，乘两龙。

【注释】①句芒：传说中的木神。郭璞《山海经传》注："木神也；方面
素服。墨子曰：昔秦穆公有明德，上帝使句芒赐之寿十九年。"

【译文】东方的句芒神，鸟的身子人的面孔，乘着两条龙。

卷十 海内南经

【题解】《海内南经》的记载范围，涵盖今天的浙江、福建、广东乃至于西北地区的广大领土。西北地区有猩猩和犀牛，说明当时的自然环境可能比较潮湿温暖。关于番禺和闽地的记载，充分表明了早在先秦之时，中华文明已经在当地有所发展。

从东南角起始，再到西南角的山川、河流、国家、动植物，无不涉及，以及相关的神话传说。夏后启在巴地受理诉讼案件，可能和早期的三星堆文明有关联。巴蛇吞象的典故也出于此处。

海内东南陬以西者。

【译文】海内从东南角往西的山川河流、国家地区依次如下。

瓯居海中。闽在海中，其西北有山。一曰闽中山在海中。

【译文】瓯在海中。闽在海中，它的西北有山。一说山在海中。

三天子鄣山在闽西海北。一曰在海中。

枭阳国　窫窳

【译文】三天子鄣山在闽的西边，海的北边。一说三天子鄣山在海中。

桂林八树，在番隅东。

【译文】桂林有八棵大树，在番隅的东边。

伯虑国、离耳国、雕题国、北朐国皆在郁水南。郁水出湘陵南海。一曰相虑。

【译文】伯虑国、离耳国、雕题国、北朐国都在郁水的南边。郁水发源于湘陵南海。一说伯虑国也叫相虑国。

枭阳国在北朐之西。其为人人面长唇，黑身有毛，反踵，见人笑亦笑，左手操管。

【译文】枭阳国在北朐国的西边。那里的人有着人的面孔，长嘴唇，黝黑的身子，浑身长毛，脚跟在前脚尖在后，看见人笑就笑；左手握竹筒。

兕在舜葬东，湘水南。其状如牛，苍黑，一角。

【译文】兕在舜所葬地的东边，湘水的南岸。兕的形状像牛，青黑色，一只角。

狰狰 犀牛 兕 氐人国

苍梧之山，帝舜葬于阳，帝丹朱葬于阴。

【译文】苍梧山，帝舜葬在这座山的南面，帝丹朱葬在这座山的北面。

氾林方三百里，在狌狌①东。

【注释】①狌狌（xīng xīng）：一说指猩猩。见《南山经》"招摇山"一节。

【译文】氾林方圆三百里，在狌狌的东边。

狌狌知人名，其为兽如豕而人面，在舜葬西。

【译文】狌狌这种动物知道人的姓名，它的形状像猪，却有人的面孔，在帝舜葬所的西边。

狌狌西北有犀牛，其状如牛而黑。

【译文】狌狌的西北有犀牛，它的形状像牛，全身黑色。

夏后启之臣曰孟涂，是司神于巴。人请讼于孟涂之所，其衣有血者乃执之，是请生。居山上，在丹山西。丹山在丹阳南，丹阳巴属也。

【译文】夏朝国王启的臣叫孟涂，他是主管巴地诉讼的神。有人到孟涂那里去告状，孟涂把告状的人中衣服上沾血的拘禁起来。这样就不会冤枉好人，体现上天好生之德。孟涂住在一座山上，在丹山的西边。丹山在丹阳的南边，丹阳是巴的属地。

窫窳龙首^①，居弱水中，在狌狌知人名之西^②，其状如龙首，食人^③。

【注释】①龙首：此龙首疑涉下龙首二字而衍。②在……之西：王念孙云："'知人名'三字疑衍。"③其状如龙首，食人：经文"其状如"下当有"貙"字。

【译文】窫窳住在弱水中，在狌狌的西边，它的形状像貙，龙的脑袋，能吃人。

有木，其状如牛，引之有皮，若缨、黄蛇。其叶如罗^①，其实如栾^②，其木若蓲^③，其名曰建木^④。在窫窳西弱水^⑤上。

【注释】①罗：指网罗。②栾：栾树，其根黄色，其枝红色，其叶青色。③蓲（ōu）：刺榆树。④建木：传说中的大木。郭璞《山海经传》注："建木青叶，紫茎，黑华，黄实，其下声无响，立无影也。"⑤弱水：古水名。据说其上不能浮鹅毛。泛指险而遥远的河流。

【译文】有一种树，它的形状像牛，一拉就有树皮掉落，像帽上的缨带，又像黄蛇。它的叶子像罗网，果实像栾树的果实，树干像刺榆，名叫建木。建木生长在窦窳之西的弱水边上。

氏人国在建木西，其为人人面而鱼身，无足。

【译文】氏人国在建木的西边，那里的人长着人的面孔，鱼的身子，没有脚。

巴蛇^①食象，三岁而出其骨，君子服之，无心腹之疾。其为蛇青黄赤黑^②，一曰黑蛇青首，在犀牛西。

【注释】①巴蛇：也叫修蛇，传说中的巨蛇，能吞吃大型动物。②青黄赤黑：指其色彩斑斓。

【译文】巴蛇能吞大象，吞后三年才吐出大象的骨头，君子吃了巴蛇的肉，就不会有心痛和肚子痛之类的病。巴蛇的颜色是青、黄、红、黑四色混合间杂。一说巴蛇是黑身子青脑袋，在犀牛的西边。

旄马，其状如马，四节有毛。在巴蛇西北，高山南。

【译文】旄马，它的形状像马，四条腿关节上有毛。旄马在巴蛇的西北，高山的南面。

匈奴、开题之国、列人之国，并在西北。

【译文】匈奴国、开题国、列人国都在西北方。

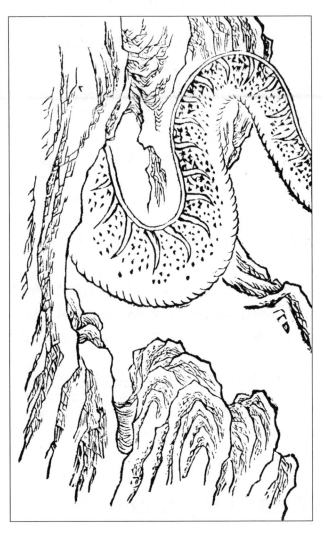

巴蛇吞象

巴蛇吞象

危　窫窳神

卷十一 海内西经

【题解】《海内西经》从东到西记载了西北地区再往西，直到西域之间的广袤地域，其中的山脉河流、国家状况以及各地物产均有涉及。关于中原地区的雁门、高柳和接近中原的氐国，基本反映了西北地区的真实地理情况和民族情况。流沙在甘肃以西，构成了中原和西域的分界线。

在神话传说中，昆仑山有着特别重要的地位，它是中华文明的圣山，这也是本卷记录的重点。昆仑山方圆八百里，高达万仞。其间有各种凤凰类的神鸟和各种奇异的神兽，有各种奇特的树木，比如珠树、不死树、嘉禾、圣木曼兑等，其神秘和华美匪夷所思。

海内西南陬以北者。

【译文】海内从西南角往北的山川河流、国家地区依次如下。

贰负①之臣曰危，危与贰负杀窫窳②。帝乃梏③之疏属之山，桎④其右足，反缚两手与发，系之山上木。在开题西北。

【注释】①贰负：传说中的神，人的面孔，蛇的身子。②窫窳(yà yǔ)：又名猰㺄，传说中的吃人怪兽，虎爪，奔跑迅速。③梏：木制手铐。这里指械系、拘禁。④桎：木制刑具，可以束缚人的双脚。

【译文】贰负的臣叫危，危和贰负一起杀死了窫窳。天帝把贰负拘禁在疏属山，给他的右脚戴上枷锁，反绑他的双手和头发，拴在山头的树上。在开题国的西北。

大泽方百里，群鸟所生及所解①。在雁门北。

【注释】①所生及所解：指鸟群在这里产卵孵化并且脱毛换羽。

【译文】大泽方圆百里，这里是各种鸟类孵化幼鸟和脱换羽毛的地方。大泽在雁门的北边。

雁门山，雁出其间。在高柳北。

【译文】雁门山，大雁冬去春来出入的地方。在高柳山的北边。

高柳在代北。

【译文】高柳山在代地的北边。

后稷之葬，山水环之。在氐国①西。

【注释】①氐国：指氐人国。

【译文】后稷的葬所，有山水环绕。在氐人国的西边。

流黄酆氏之国，中①方三百里，有涂②四方，中有山。在后稷葬西。

【注释】①中：域中。即国土。②涂：通途。

【译文】流黄酆氏国，疆域方圆三百里，有道路通向四方，中间有一座大山。在后稷葬所的西边。

流沙①出钟山，西行，又南行昆仑之虚②，西南入海，黑水之山。

【注释】①流沙：指沙石随着河水一起流动。②昆仑之虚：昆仑山。虚，通墟。

【译文】流沙发源于钟山，往西流动再往南流过昆仑山，最后往西南流入大海，直到黑水山。

东胡在大泽东。

【译文】东胡国在大泽的东边。

夷人在东胡东。

【译文】夷人国在东胡国的东边。

貊国^①在汉水东北。地近于燕,灭之。

【注释】①貊国(mò):古国名。貊,古代居于东北方的民族。

【译文】貊国在汉水的东北。它靠近燕国的边界,后来被燕国所灭。

孟鸟在貊国东北。其鸟文赤黄青,东乡^①。

【注释】①东乡:向着东方。乡,通向。

【译文】孟鸟在貊国的东北。这种鸟的羽毛花纹有红、黄、青三种颜色,向着东方鸣叫。

海内昆仑之虚,在西北,帝之下都。昆仑之虚,方八百里,高万仞。上有木禾,长五寻^①,大五围。面有九井,以玉为槛^②。面有九门,门有开明兽守之,百神^③之所在。在八隅之岩,赤水之际,非仁羿^④莫能上冈之岩。

【注释】①寻:古代八尺为一寻。②槛:栏杆。这里指井栏。③百神:众神。④仁羿:后羿。

【译文】海内有一座昆仑山,屹立在西北方向,这里是天帝在下方的都城。昆仑山,方圆八百里,高达八千丈。山顶有一棵稻谷树,高有四丈,五人才能合围。昆仑山每一面都有九眼井,每眼井都有玉石围栏。昆仑山每一面都有九道门,每道门都有开明兽守卫,这里是诸神聚集的地方。诸神聚集的地方在八方山岩之间，赤水的岸边，没有后羿那样的本领，就休想攀登这些山岭上的巉岩。

赤水出东南隅，以行其东北，西南流注南海厌火东。

【译文】赤水发源于昆仑山的东南角，并流经昆仑山的东北方，往西南转向，最后注入南海厌火国的东边。

河水出东北隅，以行其北，西南又入渤海，又出海外，即西而北，入禹所导积石山。

【译文】黄河水发源于昆仑山的东北角，流经昆仑山的北面，再折向西南流入渤海，又流出海外，从这里向西而后往北，最后流入大禹所疏导过的积石山。

洋水①、黑水出西北隅以东，东行，又东北，南入海，羽民南。

【注释】①洋水：古音读详，古水名。"洋"或作"漾"。漾水发源于甘肃充县附近为汉水的源头。
【译文】洋水、黑水发源于昆仑山的西北角，折向东，往东流，再折向东北，往南流入大海，直到羽民国的南面。

弱水、青水出西南隅以东，又北，又西南，过毕方鸟东。

开明兽

凤皇　树鸟

【译文】弱水、青水发源于昆仑山的西南角，折向东，往北流，再折向西南，一直流过毕方鸟所在地的东边。

昆仑南渊深三百仞。开明兽^①身大类虎而九首，皆人面，东向立昆仑上。

【注释】①开明兽：传说中的神兽，多见于古代典籍。

【译文】昆仑山的南面有一个二百四十丈的深渊。这里的开明兽身子像老虎却有九个脑袋，都是人的面孔，面朝东立在昆仑山山顶。

开明西有凤皇、鸾鸟，皆戴蛇践蛇，膺有赤蛇。

【译文】开明兽的西边有凤凰、鸾鸟栖息在那里，这些鸟的头上有蛇，爪子下面踩着蛇，胸前有红蛇。

开明北有视肉、珠树^①、文玉树^②、玗琪树^③、不死树^④。凤皇、鸾鸟皆戴瞂^⑤。又有离朱^⑥、木禾、柏树、甘水^⑦、圣木曼兑^⑧。一曰挺木牙交。

【注释】①珠树：传说中的树木，能结生珍珠。②文玉树：传说中的树木，生长五彩美玉。③玗琪树：传说中的树木，生长红玉。④不死树：传说中的树木，能长生不死。⑤瞂：盾。⑥离朱：三足乌。⑦甘水：甘泉。⑧圣木曼

六首蛟　三头人

兑：传说叫曼兑的圣树，吃了可以令人有智慧。

【译文】开明兽的北边有视肉、珠树、文玉树、玗琪树、不死树；那里的凤凰、鸾鸟都戴盾牌；还有三足乌、木禾、柏树、甘水、圣木曼兑。一说圣木曼兑也叫挺木牙交。

开明东有巫彭、巫抵、巫阳、巫履、巫凡、巫相，夹窫窳之尸，皆操不死之药以距^①之。窫窳者，蛇身人面，贰负臣所杀也。

【注释】①距：救治。距，通拒。抗拒死气，加以解救。

【译文】开明兽的东边有巫彭、巫抵、巫阳、巫履、巫凡、巫相几个巫师，他们围在窫窳的尸体旁边，手捧不死药去救治他，想要使他复活。这位窫窳，蛇的身子人的面孔，是被贰负和他的臣子危合伙杀死的。

服常树，其上有三头人，伺琅玕树^①。

【注释】①琅玕树：传说的树木，据说树上能结珠玉。

【译文】有一种服常树，它的上面有个长着三个脑袋的人，在那里伺察附近琅玕树的动静，因为琅玕树上的果实是凤凰喜欢的食物。

开明南有树鸟，六首；蛟、蝮、蛇、蜼、豹、鸟秩树^①于表池树木^②，诵鸟、鹝^③、视肉。

　　【注释】①鸟秩树：古树名，不详具体所指。②树木：环绕、排列。③鹍（sǔn）：雕类。

　　【译文】开明兽的南边有绛树，树上有六头鸟；还有蛟龙、蝮、蛇、长尾猿、豹子；还有鸟秩树，在水池四周环绕，使之显得华美；还有诵鸟、鹍鸟、视肉。

卷十二 海内北经

【题解】《海内北经》是对北部塞外沿边一带的纵览，所记范围从西北角的匈奴国开始，经过犬戎、穷奇再到昆仑山，越过山西雁门一带，到达东北的貊国和孟鸟。关于雁门和高柳的描述，真实反映了西北边地的民族情况和地理风貌。本卷中的神话传说较少，有天帝惩罚贰负之臣的故事，以及舜妻所生两神女的故事。其中描绘了一些怪兽，比如日行千里的䮸吾和兽头人身的环狗。

海内西北陬以东者。

【译文】海内从西北角往东的山川河流、国家地区依次如下。

蛇巫之山，上有人操杯①而东向立。一曰龟山。

【注释】①杯：棓。棓，同棒。

【译文】在蛇巫山上，有人拿着大棒向东站着。一说蛇巫山也叫龟山。

三青鸟　吉量

西王母　三足乌　犬戎国

西王母①梯几②而戴胜③杖。其南有三青鸟④，为西王母取食。在昆仑虚北。

【注释】①西王母：传说中的人形神怪。又见于《西次三经》"玉山"，《大荒西经》"西海之内"。②梯几：依靠着桌子。几，矮小的桌子。③戴胜：戴着首饰。杖，此处应为杖字。④三青鸟：有的版本写作三足鸟。

【译文】西王母依靠一张桌案，头戴玉制首饰。西王母的南面有三只青鸟，它们为西王母猎取食物。西王母和三青鸟在昆仑山的北面。

有人曰大行伯，把戈。其东有犬封国①。贰负之尸在大行伯东。

【注释】①犬封国：传说中的国名，也叫犬戎国。郭璞《山海经传》注："昔盘瓠杀戎王，高辛以美女妻之，不可以训，乃浮之会稽东海中，得三百里地封之，生男为狗，女为美人，是为狗封之国也。"

【译文】有一个人叫大行伯，手握长戈。他的东边有犬封国。贰负神的尸像也在大行伯的东边。

犬封国曰犬戎国，状如犬。有一女子，方跪进杯食。有文马①，缟身②朱鬣，目若黄金，名曰吉量，乘之寿千岁。

【注释】①文马：带花纹的马，即吉量马，也叫吉良马，这种马在书中多次出现。②缟（gǎo）身：白色的身子。缟，未经染色的绢，白色。

【译文】犬封国也叫犬戎国，那里的人形状像狗。有一个女子，

鬼国　贰负神　蜪犬

正跪在那里捧着酒食向人进献。那里有一种带花纹的马，白色的身子，红色的鬃毛，眼睛像黄金一样发光，名叫吉量，骑上它可以活到一千岁。

鬼国在贰负之尸北，为物人面而一目。一曰贰负神在其东，为物人面蛇身。

【译文】鬼国在贰负尸像的北边，那里的人长有人的面孔却有一只眼。一说贰负神在鬼国的东边，人的面孔蛇的身子。

蜪①犬如犬，青，食人从首始。

【注释】①蜪（táo）犬：也叫蜪犬，传说中的怪兽。其状如犬，吃人。《说文解字》记："北方有蜪犬，食人。"
【译文】蜪犬的形状像狗，全身青色，吃人从脑袋开始吃。

穷奇①状如虎，有翼，食人从首始。所食被发。在蜪犬北。一曰从足。

【注释】①穷奇：传说中的怪兽，能吃人。《西次三经》"邽山"记有此兽。一说指天神。
【译文】穷奇的形状像老虎，生有翅膀，吃人从脑袋开始。被吃的人都是披散头发的。穷奇在蜪犬的北边。一说穷奇吃人从脚开始。

袜　骀吾

大蜂　闢非　穷奇

帝尧台、帝喾台、帝丹朱台、帝舜台^①，各二台，台四方，在昆仑东北。

【注释】①"帝尧台"句：众帝之台。参见《海外北经》《大荒北经》。

【译文】帝尧台、帝喾台、帝丹朱台、帝舜台，各有两座，台子呈四方形，在昆仑山的东北。

大蜂其状如螽^①，朱蛾^②其状如蛾。

【注释】①螽（zhōng）：螽斯，一种昆虫，像蚂蚱。这里当指一种蜂类，体形较大。②朱蛾：蚍蜉。

【译文】有一种大蜂，它的形状像螽斯；有一种朱蛾，它的形状像蚍蜉。

蟜，其为人虎文，胫有腎^①。在穷奇东。一曰状如人，昆仑虚北所有。

【注释】①腎（qǐ）：小腿肚。

【译文】蟜，它有人的身子，虎的斑纹，小腿上有强壮的肌肉。蟜在穷奇的东边。一说蟜的形状像人，是昆仑山的北面所独有。

阘非^①，人面而兽身，青色。

戎　环狗　据比尸

【注释】①阘非(tà fēi)：传说中的怪物。

【译文】阘非，人的面孔，兽的身子，全身青色。

据比之尸^①，其为人折颈被发，无一手。

【注释】①据比：传说中的天神。也叫诸比，掾比。从后句描写看，可能是在战斗中被杀。

【译文】据比的尸首，它的形状是折断了脖子而披头散发，缺了一只手。

环狗，其为人兽首人身。一曰蝟状如狗，黄色。

【译文】环狗，这种人是兽的脑袋，人的身子。一说它的形状像刺猬，又有点像狗，全身黄色。

袜^①，其为物人身黑首从目^②。

【注释】①袜：魅，鬼魅，精怪。古人认为物老成精。②从目：眼睛竖直。从，通纵。

【译文】袜，这种怪物长着人的身子、黑脑袋，眼睛竖直。

戎，其为人人首三角。

【译文】戎，这种人长着人的脑袋，头上有三只角。

冰夷

冰夷

林氏国有珍兽,大若虎,五采毕具,尾长于身,名曰驺吾[1],乘之日行千里。

【注释】[1]驺(zōu)吾:传说中的神兽,不食生物,也叫"驺吴"、"驺牙"。

【译文】林氏国有一种珍奇的神兽,大小如虎,有五彩斑纹,尾巴比身子长,名叫驺吾,骑上它可以日行千里。

昆仑虚南所,有氾林[1]方三百里。

【注释】[1]氾林:范林、泛林,指繁密茂密的森林。前文多见。

【译文】昆仑山的南边,有一片氾林,方圆三百里。

从极之渊,深三百仞,维[1]冰夷[2]恒都焉。冰夷人面,乘两龙。一曰忠极之渊。

【注释】[1]维:通唯。唯独,只有。[2]冰夷:也叫冯夷、无夷,即河伯,传说中的水神。

【译文】从极渊,深三百仞,只有水神冰夷经常住在这里。水神冰夷,人的面孔,乘两条龙。一说从极渊也叫忠极渊。

阳汙之山,河出其中;凌门之山,河出其中。

【译文】阳汙山,黄河从这里发源;凌门山,黄河从这里发源。

王子夜^①之尸，两手、两股、胸、首、齿，皆断异处。

【注释】①王子夜：可能指王子亥。后面说身首异处，指其惨遭杀戮的景象。《大荒东经》郭璞《山海经传》注："殷王子亥宾于有易而淫焉，有易之君绵臣杀而放之。"

【译文】王子夜的尸体，两手、两腿、胸脯、脑袋、牙齿，都被斩断而分散各处。

舜妻登比氏生宵明、烛光，处河大泽^①，二女之灵能照此所方百里。一曰登北氏。

【注释】①大泽：指黄河岸边河水漫溢形成的沼泽。

【译文】舜的妻子登比氏生了宵明、烛光两个女儿，她们住在黄河边上的大泽之中，这两位神女的灵光能照亮方圆百里的地方。一说帝舜的妻子也叫登北氏。

盖国在钜燕^①南，倭北。倭属燕。

【注释】①钜燕：大燕。钜，通巨。

【译文】盖国在大燕国的南边，倭国的北边。倭国隶属于燕国。

朝鲜在列阳东，海北山南。列阳属燕。

【译文】朝鲜在列阳的东边，海的北面，山的南面。列阳隶属于

蓬莱山　鲮鱼

列姑射山　大蟹

燕国。

列姑射①在海河州②中。

【注释】①列姑射: 也叫藐姑射山, 指姑射山、南姑射山、北姑射山。参见《东次二经》"姑射山"。《庄子·逍遥游》记: "藐姑射之山, 有神人居焉, 肌肤若冰雪, 绰约若处子, 不食五谷, 吸风饮露, 乘云气, 御飞龙, 而游乎四海之外。"②河州: 海河中的岛屿。黄河入海, 并形成高出水面的陆地。

【译文】列姑射在海河中的岛屿上, 这是由众多岛屿构成的群岛。

射姑国在海中, 属列姑射; 西南, 山环之。

【译文】射姑国在海中, 隶属于列姑射; 射姑国的西南, 有高山环绕。

大蟹①在海中。

【注释】①大蟹: 传说中的大蟹, 方圆千里。
【译文】大蟹生活在海里。

陵鱼①, 人面、手、足, 鱼身, 在海中。

【注释】①陵鱼: 前面所说龙鱼, 也叫人鱼。
【译文】陵鱼, 它的形状是人的面孔, 有手脚, 鱼的身子, 生活在海里。

大鳇①居海中。

【注释】①大鳇：鳇同"鳊"，即鲂鱼。
【译文】大鳇生活在海里。

明组邑①居海中。

【注释】①明组邑：指海岛上的部落。邑，邑落，人们聚居的村落。
【译文】明组邑这个部落在海岛上。

蓬莱山①在海中。

【注释】①蓬莱山：传说中的三山之一。三山指蓬莱、方丈、瀛洲。在渤海之内，据说上面有不死之药，其间鸟兽皆是白色，望之如白云，宫殿皆为金银所筑。
【译文】蓬莱山耸立在海里。

大人之市①在海中。

【注释】①大人之市：《大荒东经》有"大人国"、"大人堂"、"大人之市"。郝懿行认为是海市蜃楼的景象，称："今登州海中州岛上，春夏之交，恒见城郭市廛，人物往来，有飞仙邀游，俄顷变幻，土人谓之海市。疑即此。"

【译文】大人市在海中。

卷十三 海内东经

【题解】《海内东经》主要记载了从东北往南方，沿海一带的山川河流、国家地理情况以及各地物产。首先是东北角的钜燕，即大燕国，一直延伸至东南渤海之中的蓬莱山和琅琊台区域之内。此后再从雷泽开始，往南描述吴越两地的民俗风貌和地理区划，直到江苏安徽一带，会稽山则属于浙江。

海内东北陬以南者。

【译文】海内地区从东北角往南的山川河流、国家地区依次如下。

钜燕在东北陬。

【译文】大燕国在海内的东北角。

国在流沙中者埻端、玺睆，在昆仑虚东南。一曰海内之郡，不为郡县，在流沙中。

雷神　四蛇

四蛇

【译文】流沙之中的国家有埻端国、玺㬇国，它们都在昆仑山的东南。一说埻端国和玺㬇国其实是海内的郡县，不把它们称为郡县，是因为它们在流沙之中的缘故。

国在流沙外者，大夏、竖沙、居繇、月支之国。

【译文】流沙以外的国家，有大夏国、竖沙国、居繇国、月支国。

西胡白玉山在大夏东，苍梧在白玉山西南，皆在流沙西，昆仑虚东南。昆仑山在西胡西。皆在西北。

【译文】西胡白玉山国在大夏国的东边，苍梧国在白玉山国的西南，它们都在流沙的西边，昆仑山的东南。昆仑山在西胡的西边。这些国家都在西北方。

雷泽中有雷神①，龙身而人头，鼓其腹。在吴西。

【注释】①雷神：夔。《大荒东经》“东海中流波山”记有“雷兽”，与此近似，可能所指相同。

【译文】雷泽之中有雷神，龙的身子，人的脑袋，鼓起肚子就发出雷声。雷泽在吴地的西面。

都州在海中。一曰郁州。

【译文】都州在海里。一说都州叫作郁州。

琅邪台①在渤海间、琅邪之东。其北有山。一曰在海间。

【注释】①琅邪（láng yá）台：在山东境内，位于东海之滨。据说是春秋时越王勾践称霸之后所筑，周长七里，用以观海。

【译文】琅邪台在渤海间、琅邪国的东边。琅邪台的北边有一座山。一说琅邪台在海中。

韩雁①在海中，都州南。

【注释】①韩雁：古国名，在海中的岛屿上。郝懿行《山海经笺疏》："韩雁盖三韩古国名。韩有三种，见魏志东夷传。"据《魏志·东夷传》记："韩有三种，一曰马韩，二曰辰韩，三曰弁辰。"

【译文】韩雁在海中，都州的南边。

始鸠①在海中，辕厉南。

【注释】①始鸠：具体所指不详。可能是国名，一说是鸟名。

【译文】始鸠在海中，在辕厉的南边。

会稽山在大楚①南。

【注释】①大楚：一说应为大越。据《越绝书》所记："禹忧民救水，到大越，上茅山大会计，更名茅山曰会稽。"

【译文】会稽山在大楚的南边。

岷三江①：首大江出汶山，北江出曼山，南江出高山。高山在城都西。入海，在长州南。

浙江出三天子都，在其东。在闽西北，入海，馀暨南。

庐江出三天子都，入江，彭泽西。一曰天子部。

淮水出馀山，馀山在朝阳东，义乡西。入海，淮浦北。

湘水出舜葬东南陬，西环之。入洞庭下。一曰东南西泽。

汉水出鲋鱼之山，帝颛顼葬于阳，九嫔葬于阴，四蛇卫之。

濛水出汉阳西，入江，聂阳西。

温水出崆峒山在临汾南，入河，华阳北。

颍水出少室，少室山在雍氏南，入淮西鄢北。一曰缑氏。

汝水出天息山，在梁勉乡西南，入淮极西北。一曰淮在期思北。

泾水出长城北山，山在郁郅长垣北，北入渭、戏北。

渭水出鸟鼠同穴山，东注河，入华阴北。

白水出蜀，而东南注江，入江州城下。

沅水山出象郡镡城西，入东注江，入下隽西，合洞庭中。

赣水出聂都东山，东北注江，入彭泽西。

泗水出鲁东北，而南，西南过湖陵西，而东南注东海，入淮阴北。

郁水出象郡，而西南注南海，入须陵东南。

肄水出临晋西南，而东南注海，入番禺西。

潢水出桂阳西北山，东南注肄水，入敦浦西。

洛水出洛西山，东北注河，入成皋西。

汾水出上窳北，而西南注河，入皮氏南。

沁水出井陉山东，东南注河，入怀东南。

济水出共山南东丘，绝钜鹿泽，注渤海，入齐琅槐东北。

潦水出卫皋东，东南注渤海，入潦阳。

虖沱水出晋阳城南，而西至阳曲北，而东注渤海，入越章武北。

漳水出山阳东，东注渤海，入章武南。

【注释】①"岷三江"段：此处文字，不是《山海经》原有，而是《水经》中文字。但为原本所有，故予以保留，并做翻译。

【译文】从岷山中流出三条江水：首先是长江从汶山流出，其次是北江从曼山流出，然后是南江从高山流出。高山坐落在成都的西面。三条江水最终流入大海，入海处在长州的南面。

浙江发源于三天子都山，三天子都山在蛮地的东边，闽地的西北，浙江最终流入大海，入海处在馀暨的南边。

庐江发源于三天子都山，流入长江，入江处在彭泽的西边。一说在天子鄣。

淮水发源于馀山，馀山在朝阳的东边，义乡的西边。淮水最终流入大海，入海处在淮浦的北边。

湘水发源于帝舜葬所的东南，然后向西环绕流去。湘水最终流入洞庭湖下游。一说流入东南方的西泽。

汉水发源于鲋鱼山，帝颛顼葬在鲋鱼山的南麓，帝颛顼的九个嫔妃葬在鲋鱼山的北麓，有四条大蛇卫护。

漾水从汉阳的西边发源，最终流入长江，入江处在聂阳的西边。

温水发源于崆峒山，在临汾的南边，温水最终流入黄河，入河处在华阳的北边。

颍水发源于少室山，少室山在雍氏的南边，颍水最终在西鄢的北边流入淮水。一说在缑氏流入淮水。

汝水发源于天息山，天息山在梁勉的西南，汝水最终在淮极的西北流入淮水。一说入淮处在期思的北边。

泾水发源于长城的北山，北山在郁郅长垣的北边，泾水最后流入渭水，入渭处在戏的北边。

渭水发源于鸟鼠同穴山，向东流入黄河，入河处在华阴的北边。

白水发源于蜀地，然后向东南流入长江，入江处在江州城下。

沅水发源于象郡镡城的西边，向东流入长江，入江处在下隽的西面，最后汇入洞庭湖。

赣水发源于聂都东面的山中，向东北流入长江，入江处在彭泽的西边。

泗水发源于鲁地的东北，然后向南流，再往西南流经湖陵的西边，然后转向东南而流入东海，入海处在淮阴的北边。

郁水发源于象郡，然后向西南流入南海，入海处在须陵的东南。

肄水发源于临晋的西南，然后向东南流入大海，入海处在番禺的西边。

潢水发源于桂阳西北的山中，向东南流入肄水，入肄处在敦浦的西边。

洛水发源于上洛西边的山中，向东北流入黄河，入河处在成皋的西边。

汾水发源于上窳的北边，然后向西南流入黄河，入河处在皮氏的南边。

沁水发源于井陉山的东边，向东南流入黄河，入河处在怀的东南。

济水发源于共山南边的东丘，流过钜鹿泽，最后流入渤海，入海处在齐地琅槐的东北。

潦水发源于卫皋的东边，向东南流入渤海，入海处在潦阳。

虖沱水发源于晋阳城南，然后向西流到阳曲的北边，再向东流入渤海，入海处在章武的北边。

漳水发源于山阳的东边，向东流入渤海，入海处在章武的南边。

卷十四 大荒东经

【题解】《大荒东经》记载了东海之外的山川河流、国家地理特征和物产情况，其中有很多荒诞不经的奇异事件，充满了浪漫主义色彩。其神话传说主要有三：一是大荒之中有扶木，即扶桑树，太阳从这里升起，太阳由三足乌承载。二是殷人的先祖王亥到东夷贩牛，结果因为淫人妻女被杀，反映了早期的商业活动，可以说是有关始祖崇拜特色的传说。三是黄帝的大将应龙杀蚩尤和夸父，以雷兽之骨敲夔皮做成的鼓，声闻八百里，这反映了远古时期部落之间的战争。

少昊和帝俊之时，人类社会已经开始了定居的农耕生活，摆脱了游牧民族四处迁移的习惯。原始的东夷部落，有青丘国、柔仆民、黑齿国等。因为农耕生活，所以对日月升降、星辰起伏有所观察和注视，大言山、明星山、倚天苏门山、壑明俊疾山是日月运行所经的山脉，这可以说是人们对天文地理现象观测的成果。

东海之外有大壑①，少昊②之国。少昊孺③帝颛顼④于此，弃其琴瑟。

【注释】①大壑：大沟，无底之谷。据《列子·汤问》记："勃海之东，不知其几亿万里，有大壑焉，实惟无底之谷，其下无底，名曰归墟。八纮九野之水，天汉之流，莫不注之，而无增减焉。"②少昊：传说中的帝王，名挚，号称金天氏。③孺：通乳。指抚养。④颛顼：传说中的帝王，黄帝后裔，号称高阳氏。

【译文】东海外，有一条无底之谷，这里是少昊建国的地方。少昊在这里抚养帝颛顼长大成人，颛顼小时候玩过的琴瑟丢在沟壑里。

有甘山者，甘水出焉，生甘渊。

【译文】有一座甘山，甘水从这里发源，流淌下来汇成了甘渊。

大荒东南隅有山，名皮母地丘。

【译文】大荒的东南角有一座山，名叫皮母地丘。

东海之外，大荒之中，有山名曰大言，日月所出①。

【注释】①日月所出：日月升起的地方。《山海经》记日月所出之山有六座，都在《大荒东经》，分别是：大言山、合虚山、明星山、鞠陵于天山、猗天苏门山、壑明俊疾山；记日月所入之山也有六座，皆在《大荒西经》，分别是：丰沮玉门山、龙山、日月山、鏖鏊钜山、常阳山、大荒山；记日月所出入之山有

犁魗之尸　小人国　大人国

一座, 即方山, 在《大荒西经》。

【译文】东海外, 大荒之中, 有一座山名叫大言山, 这里是太阳和月亮升起的地方。

有波谷山者, 有大人之国。有大人之市, 名曰大人之堂①。有一大人踆②其上, 张其两耳。

【注释】①大人之堂: 指山, 因为山的形状像房屋, 故名大人堂。②踆: 通蹲。

【译文】有一座波谷山, 有一个大人国。有个大人做买卖的集市, 名叫大人堂。有一个大人蹲在上面, 张开两只手臂。

有小人国, 名靖人①。

【注释】①靖人: 传说中的个子很小的矮人。靖, 细小。《山海经》中的小人另有僬侥、周饶等。

【译文】有个小人国, 那里的人名叫靖人。

有神, 人面兽身, 名曰犁䰧之尸。

【译文】有一个神, 人的面孔, 兽的身子, 名叫犁䰧尸。

有潏山, 杨水出焉。

【译文】有一座潏山，杨水从这里发源。

有蒍国，黍食[1]，使四鸟[2]：虎、豹、熊、罴。

【注释】①黍食：以黍为食。黍，一种黄米，可食用，也可酿酒。②鸟：这里指野兽。上古野兽统名。

【译文】有一个蒍国，那里的人以黍为主要食物，驱使四种野兽：虎、豹、熊、罴。

大荒之中，有山名曰合虚，日月所出。

【译文】大荒之中，有一座山名叫合虚山，是太阳和月亮升起的地方。

有中容之国。帝俊[1]生中容[2]，中容人食兽、木实，使四鸟：豹、虎、熊、罴。

【注释】①帝俊：传说中的帝王，具体所指，各有不同。这里似指颛顼。②中容：传说颛顼有八个儿子，其一就是中容。

【译文】有一个中容国。帝俊生了中容，中容国人吃兽类和树木的果实，驱使四种野兽：豹、虎、熊、罴。

有东口之山。有君子之国[1]，其人衣冠带剑。

【注释】①君子之国: 君子国。《海外东经》记有"君子国",与此相同。

【译文】有一座东口山。那里有一个君子国,君子国人穿衣戴帽,腰间佩剑。

有司幽之国。帝俊生晏龙,晏龙生司幽,司幽生思士,不妻①; 思女, 不夫。食黍, 食兽, 是使四鸟。

【注释】①不妻: 指思士虽然不娶妻子,但精气感应、魂魄相合,却能生育后代。下句的思女也是如此。

【译文】有一个司幽国。帝俊生了晏龙,晏龙生了司幽,司幽生了思士,思士不娶妻子;司幽还生了思女,思女不嫁丈夫。司幽国的人以黍为食,也吃野兽,驱使四种野兽。

有大阿之山者。

【译文】有一座大阿山。

大荒中有山, 名曰明星, 日月所出。

【译文】大荒之中有一座山,名叫明星山,是太阳和月亮升起的地方。

有白民之国。帝俊①生帝鸿,帝鸿②生白民,白民销姓,黍食,使四鸟:虎、豹、熊、罴。

【注释】①帝俊:传说中的帝王,可能指少典,娶有蟜氏,生黄帝、炎帝。②帝鸿:黄帝,姓公孙,居轩辕之丘,号称轩辕氏。

【译文】有一个白民国。帝俊生了帝鸿,帝鸿生了白民,白民国的人姓销,以黍为食,驱使四种野兽:虎、豹、熊、罴。

有青丘之国。有狐,九尾①。

【注释】①九尾:这里所说的狐狸即九尾狐,据说是祥瑞的象征。

【译文】有一个青丘国。这里有一种狐狸,长有九条尾巴。

有柔仆民,是维①嬴土②之国。

【注释】①是维:语助词,无意。②嬴土:指土壤肥沃。

【译文】有柔仆民,他们所在的处所,土壤肥沃。

有黑齿之国①。帝俊生黑齿,姜姓,黍食,使四鸟。

【注释】①黑齿之国:《海外东经》有"黑齿国"。

【译文】有一个黑齿国。帝俊生了黑齿,这里的人姓姜,以黍为食,驱使四种野兽。

有夏州之国。有盖余之国。

【译文】有一个夏州国。有一个盖余国。

有神人，八首人面，虎身十尾，名曰天吴①。

【注释】①天吴：传说中的水神。已见于《海外东经》。
【译文】有一个神，八个脑袋，人的面孔，老虎身子，十条尾巴，名叫天吴。

大荒之中，有山名曰鞠陵于天、东极、离瞀，日月所出。有神名曰折丹，东方曰折，来风曰俊，处东极以出入风。

【译文】大荒中，有三座山分别叫鞠陵于天山、东极山、离瞀山，是太阳和月亮升起的地方。有一个神，名叫折丹，东方人称他为折，从东方吹来的风叫俊，他就在大地的东极掌管大风的出入。

东海之渚中①，有神，人面鸟身，珥两黄蛇，践两黄蛇，名曰禺虢。黄帝生禺虢，禺虢生禺京②。禺京处北海，禺虢处东海，是为海神。

【注释】①渚：河海中的小岛。②禺京：《海外北经》中的风神禺强。
【译文】东海的岛屿上，有一个神，人的面孔鸟的身子，耳上挂着两条黄蛇，脚底踩着两条黄蛇，名叫禺虢。黄帝生了禺虢，禺虢生了禺京。禺京处在北海，禺虢处在东海，都做了海神。

奢比尸　王亥　五彩鸟

有招摇山，融水出焉。有国曰玄股①，黍食，使四鸟。

【注释】①玄股：黑股。玄，通黑。郭璞《山海经传》注："自髀以下如漆。"《海外东经》记有"玄股国"。

【译文】有座招摇山，融水从这里发源。有一个国家叫玄股国，那里的人以黍为食，驱使四种野兽。

有困民①国，勾姓，而食②。有人曰王亥，两手操鸟，方食其头。王亥托于有易、河伯仆牛。有易杀王亥③，取仆牛。河念有易④，有易潜出，为国于兽，方食之，名曰摇民。帝舜生戏，戏生摇民。

【注释】①困民：困为因字之误。又称摇民、嬴民。②而食：疑作"黍食"，"而"字乃"黍"字之缺坏。③王亥：传说王亥对有易族人奸淫施暴，有易族人就杀死了他。④河念有易：传说有易族人遭到王亥族人的报复，河伯同情有易族人，于是帮助他们逃走。

【译文】有一个因民国，那里的人姓勾，以黍为主要食物。有个人叫王亥，两手抓着一只鸟，正在吃鸟的头。王亥是殷国的君王，他曾把一群肥壮的牛放在有易族、水神河伯那里。有易族把王亥杀死，获取了那群牛。殷国的新君发兵报复，残杀了大部分有易族人。河伯同情有易族人，帮助他们逃了出来，在野兽出没的地方建国，他们正在吃兽肉，这个国家叫摇民国。一说是帝舜生了戏，戏的后代就是摇民。

海内有两人，名曰女丑①。女丑有大蟹。

【注释】①女丑：女丑之尸。
【译文】海内有两个人，其中的一个名叫女丑。女丑有一只大蟹。

大荒之中，有山名曰孽摇頵羝。上有扶木①，柱②三百里，其叶如芥。有谷曰温源谷③。汤谷上有扶木，一日方至，一日方出，皆载于乌④。

【注释】①扶木：扶桑树。②柱：直立如柱。③温源谷：汤谷。④乌：离朱鸟、三足乌。
【译文】大荒之中，有一座山名叫孽摇頵羝。山上有一棵扶桑树，高达三百里，它的树叶形状像芥菜叶。有一个山谷名叫温源谷，其实就是汤谷。汤谷上面有一棵扶桑树，十个太阳从这里进出。一个太阳回来，另一个太阳出去，都负载于三足乌的背上。

有神，人面，犬耳，兽身，珥两青蛇，名曰奢比尸。

【译文】有一个神，人的面孔，犬的耳朵，兽的身子，耳上挂着两条青蛇，名叫奢比尸。

有五采之鸟①，相乡弃沙②。惟帝俊下友。帝下两坛，采鸟是司。

【注释】①五采之鸟：五采鸟，鸾鸟、凤凰之类。采，通彩。②相乡弃沙：相对而舞。乡，通向。

【译文】有一群鸟，五彩羽毛，成对起舞。帝俊从天上降临和它们做朋友。帝俊在下方的两座祭坛，由这群五彩鸟掌管。

大荒之中，有山名曰猗天苏门，日月所出。有壎民之国。

【译文】大荒中，有一座山名叫猗天苏门，是太阳和月亮升起的地方。有一个壎民国。

有綦山。又有摇山。有䴰山。又有门户山。又有盛山。又有待山。有五采之鸟。

【译文】有一座綦山。又有一座摇山。又有一座䴰山。又有一座门户山。又有一座盛山。又有一座待山。还有一群五彩鸟。

东荒之中，有山名曰壑明俊疾，日月所出。有中容之国。

【译文】东荒之中，有一座山名叫壑明俊疾，是太阳和月亮升起的地方。附近有一个中容国。

东北海外，又有三青马、三骓①、甘华。爰有遗玉、三青鸟、三骓、视肉、甘华、甘柤。百谷②所在。

【注释】①骓：据说这种马的毛青白相间。②百谷：泛指各种农作物。

【译文】东北海外，又有三青马、三骓马、甘华树。这里还有遗玉、三青鸟、三骓马、视肉、甘华、甘柤。这里是各种庄稼生长的地方。

有女和月母之国。有人名曰鹓，北方曰鹓，来之风曰狻，是处东极隅以止日月，使无相间出没，司其短长。

【译文】有一个女和月母国。有一个神名叫鹓，北方人称作鹓，从那里吹来的风叫狻，他处在大地的东北角以控制太阳和月亮，使之不要杂乱出没，掌握它们升落之时的长短。

大荒东北隅中，有山名曰凶犁土丘。应龙①处南极，杀蚩尤②与夸父，不得复上，故下数③旱。旱而为应龙之状，乃得大雨。

【注释】①应龙：传说中有翅膀的龙。②蚩尤：传说中东方九黎族的首领。③数：屡次。

【译文】大荒的东北角上，有一座山名叫凶犁土丘。应龙在这座山的最南端，因为杀了蚩尤和夸父，不能再回到天上，天上因为没了应龙而使下界常闹旱灾。人们遇到旱灾便扮成应龙的样子求雨，常能得到大雨。

东海中有流波山，入海七千里。其上有兽，状如牛，苍身而无角，一足，出入水则必风雨，其光如日月，其声如雷，其名曰

应龙

应龙

夔

夔

夔。黄帝得之，以其皮为鼓，橛^①以雷兽^②之骨，声闻五百里，以威天下。

【注释】①橛：通撅，敲打。②雷兽：雷神。《海外东经》记有"雷神"。

【译文】东海之中有一座流波山，在入海七千里的地方。山上有一种野兽，形状像牛，青苍色的身子，头上不长犄角，只有一只脚，出入海水时常伴有大风雨，它发出的亮光如同太阳和月亮，它吼叫的声音像是打雷，它的名字叫夔。黄帝得到它，用它的皮制成鼓，拿雷兽的骨头敲打，响声传到五百里以外。黄帝用它来威震天下。

三身国　跂踢

卷十五 大荒南经

【题解】《大荒南经》篇章较短，记载了南海一带的山川河流、国家部族和物产状况，以及一些古代氏族的来源和传说。大荒以南范围很广，自东往西跨度很大，既有南海之中的汜天山，也有陆地上赤水之东的苍梧之野。

季禺国是颛顼的后代，三身国是娥皇的后代，帝舜生无淫、降裁，是巫载民的先祖。这些反映了早期氏族部落的血缘关系和民族间的迁移。后羿射日、蚩尤丢弃桎梏化为枫林，以及羲和浴日的神话都在这里出现，反映了人类早期社会生活的状况以及图腾崇拜。

南海之外，赤水之西，流沙之东，有兽，左右有首，名曰跊踢。有三青兽相并，名曰双双。

【译文】南海之外，赤水的西边，流沙的东边，有一种野兽，左右各有一个脑袋，名叫跊踢。还有三只青色的野兽合并一体，名叫双双。

双双　麈　玄蛇

　　有阿山者，南海之中。有汜天之山，赤水穷焉①。赤水之东，有苍梧之野，舜与叔均②之所葬也。爰有文贝③、离俞④、鸱久、鹰、贾⑤、委维⑥、熊、罴、象、虎、豹、狼、视肉。

　　【注释】①赤水穷焉：赤水的尽头。②叔均：又叫商均，传说中舜的儿子。舜南巡苍梧而死，葬在这里，商均留下，死后也葬于此。③文贝：紫贝。紫色中带有黑色斑点的贝壳。④离俞：离朱。见于《海外南经》"狄山"处。⑤贾：一种鸟，乌鸦类。⑥委维：委蛇。见于《海内经》"苗民"处。

　　【译文】有一座阿山，处于南海之中。有一座汜天山，赤水最后流到这里。在赤水的东岸，有个地方叫苍梧之野，是埋葬舜与叔均的地方。这里有紫贝、离朱、鸱鹰、老鹰、乌鸦、两头蛇、熊、罴、大象、虎、豹、狼、视肉。

　　有荣山，荣水出焉。黑水之南，有玄蛇，食麈①。

　　【注释】①麈（zhǔ）：传说中鹿类的动物，尾巴可做拂尘。也叫驼鹿，体型较大。

　　【译文】有一座荣山，荣水从这里发源。在黑水的南岸，有一条黑蛇，正在那里吞吃驼鹿。

　　有巫山者，西有黄鸟①。帝药②，八斋③。黄鸟于巫山，司此玄蛇。

　　【注释】①黄鸟：皇鸟，也叫凤鸟，凤凰一类。黄，通皇。②帝药：指神仙药，即长生不死药。《大荒西经》记有灵山，巫师在那里升降于天地之间，是百药所在。③八斋：八处住所。

【译文】有一座巫山，山的西边有一只凤鸟。天帝的仙药，分别放置在巫山的八个斋舍。黄鸟在巫山上，监视着那条大黑蛇——防止它来偷食仙药。

大荒之中，有不庭之山，荣水穷焉。有人三身，帝俊①妻娥皇，生此三身之国②，姚姓，黍食，使四鸟。有渊四方，四隅皆达③，北属黑水④，南属大荒。北旁名曰少和之渊，南旁名曰从渊，舜之所浴也。

【注释】①帝俊：指虞舜，即帝舜。②三身之国：三身国。《海外西经》记有三身国。③四隅皆达：四个角落皆能通达。④北属黑水：北边连接黑水。属，连接。

【译文】大荒之中，有一座不庭山，荣水最后流到这里。这里有一种人有三个身子，帝俊的妻子叫娥皇，三身国的人就是他们的后代。三身国人姓姚，以黍为食物，驱使四种野兽。附近有一个四方形的深渊，四个角落皆能通达，北边连着黑水，南边连着大荒。北侧的深渊叫少和渊，南侧的渊叫从渊，舜曾经在这里洗澡。

又有成山，甘水穷焉。有季禺之国，颛顼之子，食黍。有羽民之国①，其民皆生毛羽。有卵民之国，其民皆生卵。

【注释】①羽民之国：又见于《海外南经》。

【译文】又有一座成山，甘水最后流到这里。附近有一个季禺国，他们是颛顼的后代，以黍为食。有一个羽民国，那里的人身上都有羽毛。有一个卵民国，那里的人都产卵。

大荒之中，有不姜之山，黑水穷焉。又有贾山，汔水出焉。又有言山。又有登备之山①。有恝恝之山。又有蒲山，澧水出焉。又有隗山，其西有丹②，其东有玉。又南有山，漂水出焉。有尾山。有翠山。

【注释】①登备之山：登葆山，巫师在此来往于天地之间。见于《海外西经》"巫咸国"处。②丹：可能指丹膔。

【译文】大荒之中，有一座不姜山，黑水最后流到这里。又有一座贾山，汔水从这里发源。又有一座言山。又有一座登备山。还有一座恝恝山。又有一座蒲山，澧水从这里发源。又有一座隗山，山的西面出产丹膔，山的东边出产玉石。往南有一座山，漂水从这里发源。有一座尾山。有一座翠山。

有盈民之国，於姓，黍食。又有人方食木叶。

【译文】有一个盈民国，这里的人姓於，以黍为主要食物。又有人正在吃树叶。

有不死之国，阿姓，甘木①是食。

不廷胡余　讙头国

【注释】①甘木：不死树，据说吃了能够不死。《海外南经》有"不死民"，《海外西经》有"不死树"。

【译文】有一个不死国，这里的人姓阿，以甘树为食物。

大荒之中，有山名曰去痊。南极果①，北不成，去痊果。

【注释】①"南极果"句：这几句意思不详，可能是巫师所念的咒语。

【译文】大荒之中，有一座山名叫去痊山。"南极果，北不成，去痊果。"这是巫师留传在这里的咒语，至今没人知道它的意义。

南海渚中，有神，人面，珥两青蛇，践两赤蛇，曰不廷胡余。

【译文】在南海岛屿上，有一个神，人的面孔，耳上挂着两条青蛇，脚底踩着两条红蛇，这个神叫不廷胡余。

有神名曰因因乎，南方曰因乎，夸风曰乎民，处南极以出入风。

【译文】有个神名叫因因乎，南方人称他为因乎，从南方吹来的风叫乎民，住在大地的南极掌管风的出入。

有襄山。又有重阴之山。有人食兽，曰季厘。帝俊生季厘，故曰季厘之国。有缗渊。少昊生倍伐，倍伐降①处缗渊。有水四方，名曰俊坛。

【注释】①降：贬谪。

【译文】有一座襄山。又有一座重阴山。有人正在那里吞吃兽肉，名叫季厘。帝俊生了季厘，所以这里叫季厘国。有一个缗渊。少昊生了倍伐，倍伐被贬谪在缗渊。有一个水池呈四方形，像座土坛，叫作俊坛。

有载民之国①。帝舜生无淫，降载处，是谓巫载民。巫载民盼姓，食谷，不绩不经②，服也；不稼不穑③，食也。爰有歌舞之鸟，鸾鸟自歌，凤鸟自舞。爰有百兽，相群爰处。百谷所聚。

【注释】①载（zhí）民之国：载国。参见《海外西经》"载国"处。②不绩不经：不纺不织。绩，泛指纺线。经，经线，泛指织布。③不稼不穑：不耕种，也不收获。稼，耕种。穑，收获。

【译文】有一个载民国。帝舜生了无淫，无淫被贬谪到载这个地方，他的后代就是巫载民。巫载民姓盼，以五谷为食物，不纺不织，自然有衣服穿；不耕不种，自然有粮食吃。这里有能歌善舞的鸟，鸾鸟自由歌唱，凤鸟自在舞蹈。这里有各种野兽，成群相处。这里是各种农作物汇聚生长的地方。

大荒之中，有山名曰融天，海水南入焉。

【译文】大荒之中，有一座山名叫融天山，海水从山的南面流入。

有人曰凿齿①，羿杀之。

【注释】①凿齿：传说中的人物。后羿杀凿齿的故事，参见《海外南经》。

【译文】有一个人名叫凿齿，羿射死了他。

有蜮山者，有蜮民之国，桑姓，食黍，射蜮①是食。有人方扞弓②射黄蛇，名曰蜮人。

【注释】①蜮（yù）：传说中的害人虫，又名短弧、水弩、射工。形状像鳖，三只脚。能含沙射人影，被射中影子就会生病死亡。《诗经》中有"为鬼为蜮，则不可得"句。《说文解字》说它"以气射害人"。《博物志·异虫》："江南山溪中，水射工虫，甲类也，长一二寸，口中有弩形，气射人影，随所着处发疮，不治则杀人。"据《古小说钩沉》辑《玄中记》，"蟾蜍、鹭鹭（yuè zhuó）、鸳鸯悉食之。"②扞弓：拉弓，挽弓。

【译文】有一座山名叫蜮山，这里有个蜮民国，姓桑，以黍为主要食物，也以射死的蜮为食。有人正在拉弓射黄蛇，名叫蜮人，就是前面所说的蜮民。

有宋山者，有赤蛇，名曰育蛇。有木生山上，名曰枫木①。枫木，蚩尤所弃其桎梏②，是为枫木。

【注释】①枫木：枫香树。叶子像白杨树，圆叶而分权，有油脂而芳香。②桎梏：木制脚镣手铐。

祖状之尸　焦侥国

【译文】有一座宋山，山里有一种红蛇，名叫育蛇。山上有一种树，名叫枫木。枫木，是蚩尤被杀后所丢弃的桎梏，后来化成了枫木。

有人方齿虎尾，名曰祖状之尸。

【译文】有一个人，正在咬着老虎的尾巴，名叫祖状尸。

有小人，名曰焦侥之国，幾姓，嘉谷是食。

【译文】有一个由小人组成的国家，名叫焦侥国，那里的人姓幾，以优良谷米为食物。

大荒之中，有山名歹涂之山，青水穷焉。有云雨之山，有木名曰栾。禹攻①云雨，有赤石焉生栾，黄本，赤枝，青叶，群帝焉取药②。

【注释】①攻：指砍伐林木。②取药：采摘花叶以配药。
【译文】大荒之中，有一座山名叫歹涂山，青水最后流到这里。有一座云雨山，山上有一棵树名叫栾树。大禹砍伐云雨山上的树木，发现有一块红色岩石上忽然生长出这棵栾树，其树干是黄色的，枝条是红色的，叶子是青色的，诸帝采摘树上的花和叶用来制药。

有国曰颛顼，生伯服，食黍。有鼬姓之国。有苕山。又有宗山。又有姓山。又有嫠山。又有陈州山。又有东州山。又有白水山,白水出焉,而生^①白渊,昆吾^②之师所浴也。

【注释】①生:形成。②昆吾:传说中的诸侯,名叫樊,号昆吾。

【译文】有一个国家名叫颛顼,其后裔叫伯服,这里的人以黍为主要食物。附近有一个鼬姓国。有一座苕山。又有一座宗山。又有一座姓山。又有一座嫠山。又有一座陈州山。又有一座东州山。还有一座白水山,白水从这里发源,并形成了白渊,昆吾的师父在这里洗澡。

有人名曰张宏,在海上捕鱼。海中有张宏之国,食鱼,使四鸟。

【译文】有一个人名叫张宏,正在海上捕鱼。海岛上有一个张宏国,那里的人以鱼为食物,驱使四种野兽。

有人焉,鸟喙,有翼,方捕鱼于海。大荒之中,有人名曰驩头^①。鲧妻士敬,士敬子曰炎融,生驩头。驩头人面鸟喙,有翼,食海中鱼,杖^②翼而行。维宜芑苣^③、穆^④杨是食。有驩头之国。

【注释】①驩头:这个国家即丹朱国,见于《海外南经》"讙头国"。②杖:凭借。③芑苣:指两种蔬菜。④穆:一种谷物。

【译文】有一种人,鸟的嘴巴,长有翅膀,正在海上捕鱼。大荒之中, 有一个人名叫驩头。鲧的妻子是士敬, 士敬生了个儿子叫炎融, 炎融生了驩头。驩头长着人的面孔, 鸟的嘴巴, 长有翅膀, 以海中的鱼为食物, 凭借翅膀行走。也把芑苣、穋杨当作食物。于是有了驩头国。

帝尧、帝喾、帝舜葬于岳山①。爰有文贝、离俞、鸱久、鹰、延维②、视肉、熊、罴、虎、豹; 朱木, 赤枝、青华、玄实。有申山者。

【注释】①岳山: 狄山, 见于《海外南经》。②延维: 委蛇、委维。

【译文】帝尧、帝喾、帝舜都埋葬在岳山。山里有花斑贝、三足乌、鹞鹰、老鹰、两头蛇、视肉、熊、罴、老虎、豹子; 还有朱木树, 红色的枝干、青色的花朵、黑色的果实。附近有一座申山。

大荒之中, 有山名曰天台高山①, 海水入焉②。

【注释】①高山: 二字疑郭注误入经文者。②海水入焉: 疑当作"海水南入焉。"南字误脱于下文"东南海之外"句中。

【译文】大荒之中, 有一座山名叫天台, 海水从南边流入山中。

东南海之外①, 甘水之间, 有羲和之国。有女子名曰羲和②, 方日浴于甘渊。羲和者, 帝俊之妻, 生十日。

【注释】①东南海之外: "南"字当由上文"海水南入焉"句误脱于此,

上节已注。②羲和：传说中的人物，掌管日月的升降。

【译文】东海之外，甘水流经的地方，有一个羲和国。有一个名叫羲和的女子，正在甘渊中给她的儿子太阳洗澡。羲和，是帝俊的妻子，她生了十个太阳。

有盖犹之山者，其上有甘柤，枝干皆赤，黄叶，白华，黑实。东又有甘华，枝干皆赤，黄叶。有青马。有赤马，名曰三骓。有视肉。

【译文】有一座盖犹山，山的上面长有甘柤树，树干和枝条都是红色的，黄色的叶，白色的花，黑色的果。这座山的东边还有甘华树，树干和枝条都是红色的，黄色的叶。这里有青色的马。还有红色的马，名叫三骓。有视肉这种兽类。

有小人，名曰菌人①。

【注释】①菌人：传说中的小人，《大荒东经》有"靖人"，与此同。

【译文】有一种矮小的人，名叫菌人。

有南类之山。爰有遗玉、青马、三骓、视肉、甘华。百谷所在。

【译文】有一座南类山。那里有遗玉、青马、三骓马、视肉、甘华。各种农作物在这里生长。

卷十六 大荒西经

【题解】《大荒西经》记载了大荒以西的山川河流、氏族部落以及物产状况和神话传说。从西北角开始，记载了以农耕为本的周朝的起源，以及不周山这座神话中的名山。也提及了夷狄这两个民族的起源。

本卷有关于西王母的详细记述，描述了其人面虎身虎齿，戴胜有豹尾的生动形象。因为有轩辕之丘，人们不向着西方射箭，表达了人们对黄帝的敬仰之情。本卷还有《九歌》《九辨》等原始歌谣的传说，可以和《楚辞》相印证。

关于日月的升降运行，本卷也有相应的记载，方山有青树，名叫柜格之松，是日月落下的地方，而东海的扶桑，则是日月升起的地方，羲和浴日的故事，和《大荒东经》中的有关内容相对应。

西北海之外，大荒之隅，有山而不合，名曰不周负子①，有两黄兽守之。有水曰寒暑之水。水西有湿山，水东有幕山。有禹攻共工国山。

长股国　女娲

弇兹　狂鸟　女丑尸

432 | 山海经

【注释】①不周负子：负子二字或为衍文，故不译。

【译文】西北海之外，大荒的一角，有一座山断裂了合不拢，名叫不周山，有两头黄色的兽守护着它。有一条半寒半热的河水名叫寒暑水。寒暑水的西边有一座湿山，寒暑水的东边有一座幕山。附近还有一座山叫禹攻共工国山——大概是大禹攻打共工的地方。

有国名曰淑士，颛顼之子。

【译文】有一个国家名叫淑士国，这里的人是颛顼的后代。

有神十人，名曰女娲①之肠，化为神，处栗广之野，横道而处。

【注释】①女娲：传说中的神怪。人面蛇身，一天内有七十次变化，她的肠子化成这十位神人。郭璞《山海经传》注："女娲，古神女而帝者，人面蛇身，一日中七十变，其腹化为此神。"

【译文】有十个神，名叫女娲肠，是由女娲的肠子变化而成，在名叫栗广的原野上，拦在道路之上停在那里。

有人名曰石夷①，来风曰韦，处西北隅以司日月之长短。

【注释】①有人名曰石夷：句下疑脱"西方曰夷"四字。

【译文】有个人名叫石夷，西方叫夷，从那里吹来的风叫韦，处在大地的西北角，掌管太阳和月亮升起时间的长短。

有五采之鸟，有冠，名曰狂鸟。

【译文】有一种五彩羽毛的鸟，头上有冠，名叫狂鸟。

有大泽之长山。有白氏之国。

【译文】有一座大泽长山。有一个白氏国。

西北海之外，赤水之东，有长胫之国。

【译文】西北海外，赤水河的东岸，有一个长胫国。

有西周之国，姬姓，食谷。有人方耕，名曰叔均。帝俊①生后稷②，稷降以百谷。稷之弟曰台玺，生叔均。叔均是代其父及稷播百谷，始作耕。有赤国妻氏。有双山。

【注释】①帝俊：指帝喾。②后稷：周朝的祖先，姓姬，号后稷，善于耕种，称为农神。

【译文】有一个西周国，这里的人姓姬，以五谷为食物。有个人正在耕田，名叫叔均。帝俊生了后稷，后稷把各种谷物的种子从天上带到下方。后稷的弟弟叫台玺，台玺生了叔均。叔均代替父亲和后稷播种各种谷物，开创了耕种的方法。那里有一个人叫赤国妻氏。有一座双山。

西海之外，大荒之中，有方山者，上有青树，名曰柜格之松, 日月所出入也。

【译文】西海之外, 大荒之中, 有一座方山, 山上有一棵青树, 名叫柜格松, 这里是太阳和月亮出入的地方。

西北海之外, 赤水之西, 有先①民之国, 食谷, 使四鸟。

【注释】①先: 郝懿行云: "先当作天, 字之讹也。"

【译文】西北海外, 赤水河的西边, 有一个天民国, 这里的人以五谷为食物, 驱使四种野兽。

有北狄之国。黄帝之孙曰始均, 始均生北狄。

【译文】有一个北狄国。黄帝的孙子名叫始均, 始均的后代是北狄国人。

有芒山。有桂山。有榣山。其上有人, 号曰太子长琴。颛顼生老童①, 老童生祝融②, 祝融生太子长琴, 是处榣山, 始作乐风。

【注释】①老童: 耆童, 参见《西次三经》"騩山"处。②祝融: 重黎, 传说中的火神, 是高辛氏火正, 名叫吴回。

【译文】有一座芒山。有一座桂山。有一座榣山。山上有一个人, 名叫太子长琴。颛顼生了老童, 老童生了祝融, 祝融生了太子长琴,他便住在榣山上，开始创制了各种乐曲。

有五采鸟三名：一曰皇鸟，一曰鸾鸟，一曰凤鸟。

【译文】有三种五彩羽毛的鸟：一叫凰鸟，一叫鸾鸟，一叫凤鸟。

有虫①状如菟②，胸以后者裸不见，青如猨状。

【注释】①虫：在古代，人及鸟兽等通称为虫。鸟类叫羽虫，兽类叫毛虫，龟类叫甲虫，鱼类叫鳞虫。这里指一种兽类。②菟：通兔。
【译文】有一种兽类，形状像兔子，胸脯以后裸露却看不出来，因为它的皮色青如猿猴，而把裸露的部分遮住了。

大荒之中，有山名曰丰沮玉门，日月所入。

【译文】大荒之中，有一座山名叫丰沮玉门，是太阳和月亮降落的地方。

有灵山①，巫咸、巫即、巫朌、巫彭、巫姑、巫真、巫礼、巫抵、巫谢、巫罗十巫，从此升降，百药爰在。

【注释】①灵山：古山名。可能指巫山。
【译文】有一座灵山，巫咸、巫即、巫朌、巫彭、巫姑、巫真、巫礼、巫抵、巫谢、巫罗十个巫师，从这里上天下地，各种各样的药物生长在这里。

　　有西王母之山^①、鏊山、海山。有沃之国^②，沃民是处。沃之野，凤鸟之卵是食，甘露是饮。凡其所欲，其味尽存。爰有甘华、甘柤、白柳、视肉、三骓、璇瑰、瑶碧、白木、琅玕、白丹、青丹^③，多银、铁。鸾鸟自歌，凤鸟自舞，爰有百兽，相群是处，是谓沃之野。

　　【注释】①西王母山：传说中的名山。②有沃之国：王念孙云："《类聚·木部下》沃下有民字。"故当为有沃民之国。③白丹：一种矿物，可做白色染料。青丹：一种矿物，可做青色染料。

　　【译文】有西王母山、鏊山、海山。有一个沃民国，沃民住在这里。生活在沃野的人，吃凤鸟的蛋，喝天降的甘露。凡是他们想要的美味，都能在凤鸟的蛋和甘露之中享有。这里还有甘华、甘柤、白柳，视肉、三骓、璇瑰、瑶碧、白木、琅玕、白丹、青丹，多产银铁矿。鸾鸟自由歌唱，凤鸟自在舞蹈，还有各种野兽，群居相处，这就是沃之野。

　　有三青鸟，赤首黑目，一名曰大鵹，一名曰少鵹，一名曰青鸟。

　　【译文】有三只青鸟，红色的脑袋，黑色的眼睛，一只叫大鵹，一只叫少鵹，一只叫青鸟。

有轩辕之台，射者不敢西向射，畏轩辕之台①。

【注释】①轩辕之台：传说中黄帝之所在。即轩辕之丘，参见《海外西经》。

【译文】有一座轩辕台，射箭的人都不敢向西射，因为敬畏轩辕台上黄帝的威灵。

大荒之中，有龙山，日月所入。

【译文】大荒之中，有一座龙山，是太阳和月亮降落的地方。

有三泽水，名曰三淖，昆吾①之所食也。

【注释】①昆吾：相传是古部落名。

【译文】有三处湖泽汇聚之地，名叫三淖，这里是昆吾猎取食物的地方。

有人衣青，以袂①蔽面，名曰女丑之尸②。

【注释】①袂（mèi）：衣袖。②女丑之尸：女丑尸。见于《海外西经》。

【译文】有一个人，穿青色衣服，袖子遮住脸面，名叫女丑尸。

有女子之国。

【译文】有个女子国。

有桃山。有虻山。有桂山。有于土山。

【译文】有一座桃山。有一座虻山。有一座桂山。有一座于土山。

有丈夫之国。

【译文】有一个丈夫国。

有弇州之山，五采之鸟仰天①，名曰鸣鸟②。爰有百乐歌舞之风。

【注释】①仰天：仰头向天而鸣。②鸣鸟：属于凤凰类的鸟。
【译文】有一座弇州山，山上有五彩羽毛的鸟仰头向天，名叫鸣鸟。这里有各种各样歌舞的风气。

有轩辕之国。江山之南栖为吉，不寿者乃八百岁。

【译文】有一个轩辕国。那里的人认为住在江河山岭的南边是吉利的，寿命不长的人也能活八百岁。

西海陼①中，有神，人面鸟身，珥两青蛇，践两赤蛇，名曰弇兹②。

蓬屏嘘

【注释】①陼: 同渚。河海中的小岛。②弇(yān)兹: 传说中的神。

【译文】西海的岛上, 有一个神, 人的面孔鸟的身子, 耳上挂着两条青蛇, 脚底踩着两条红蛇, 名叫弇兹。

大荒之中, 有山名曰日月山, 天枢也。吴姖天门, 日月所入。有神, 人面无臂, 两足反属于头山①, 名曰噓。颛顼生老童, 老童生重及黎, 帝令重②献上天, 令黎③邛下地。下地是生噎, 处于西极, 以行日月星辰之行次。

【注释】①两足反属于头山: 按: 山当为上字之讹; 宋本、吴宽抄本、《藏经》本作上。王念孙、毕沅、邵思多校同。②重: 南正重, 传说他掌管天上事物。③黎: 火正黎, 传说他管理地上众民。

【译文】大荒之中, 有座山名叫日月山, 是天的枢纽。日月山的主峰叫吴姖天门, 是太阳和月亮降落的地方。有一个神, 形状像人没有胳膊, 两只脚反转过来架在头上, 名字叫噓。颛顼生了老童, 老童生了重和黎, 帝颛顼让重托着天往上举, 又让黎撑着地朝下按——这样天地就渐渐分开。黎来到大地之上并生了噎, 噎就处在大地的最西端, 掌管太阳、月亮和星辰运行的次序。

有人反臂, 名曰天虞。

【译文】有一个神胳膊反转向后生长, 名叫天虞。

有女子方浴月。帝俊妻常羲，生月十有二，此始浴之。

【译文】有一个女子正在给月亮洗澡。帝俊的妻子常羲，生了十二个月亮，这才开始给月亮洗澡。

有玄丹之山。有五色之鸟，人面有发。爰有青鵹、黄鷔，青鸟、黄鸟，其所集者其国亡。

【译文】有一座玄丹山。玄丹山上有一种五彩羽毛的鸟，人的面孔头上有毛发。山上还有青鵹、黄鷔，这两种青色的鸟、黄色的鸟，所飞集栖息的国家会衰亡。

有池，名孟翼①之攻颛顼之池。

【注释】①孟翼：传说中的人物，当和攻颛顼的共工在同一阵营。
【译文】有一个水池，名叫孟翼攻颛顼池。

大荒之中，有山名曰鏖鏊钜，日月所入者。

【译文】大荒之中，有一座山名叫鏖鏊钜，是太阳和月亮降落的地方。

有兽，左右有首，名曰屏蓬①。

五色鸟　天犬

【注释】①屏蓬：传说中的怪兽。也叫并封，参见《海外西经》。

【译文】有一种兽，左右各有一个脑袋，名叫屏蓬。

有巫山者。有壑山者。有金门之山，有人名曰黄姖之尸。有比翼之鸟。有白鸟，青翼，黄尾，玄喙。有赤犬，名曰天犬①，其所下者有兵。

【注释】①天犬：天狗。《西次三经》"阴山"处有兽叫天狗。神话传说有天狗食月的故事。郭璞《山海经传》注："《周书》云：'天狗所止地尽倾，余光烛天为流星，长数十丈，其疾如风，其声如雷，其光如电。'"

【译文】有一座巫山。有一座壑山。有一座金门山，山上有人名叫黄姖尸。有一种比翼鸟。有一种白颜色的鸟，青翅膀，黄尾巴，黑嘴壳。有一种红色的狗，名叫天犬，凡是它降落的地方就会发生战争。

西海之南，流沙之滨，赤水之后，黑水之前，有大山，名曰昆仑之丘。有神，人面虎身，有文有尾，皆白，处之。其下有弱水①之渊环之，其外有炎火之山，投物辄然。有人戴胜，虎齿，有豹尾，穴处，名曰西王母②。此山万物尽有。

【注释】①弱水：相传这种水质很轻，其上不能浮羽毛。参见《海内西经》。②西王母：传说中亦神亦怪，据说住在昆仑山。参见《西次三经》。

【译文】西海的南边，流沙的边沿，赤水的后边，黑水的前边，有一座大山，名叫昆仑山。这里有一个神，人的面孔，虎的身子，斑纹和尾巴，都是白色点驳着，住在昆仑山上。山下有一条弱水汇聚的深渊环绕，深渊的外边有一座炎火山，投进东西就会燃烧。有人头戴玉制首饰，老虎牙齿，有豹子似的尾巴，居住在洞穴中，名叫西王母。这座山上什么样的珍奇之物都有。

大荒之中，有山名曰常阳之山①，日月所入。

【注释】①常阳之山：可能指下面的常羊山，据说刑天埋葬在这里。

【译文】大荒之中，有一座山名叫常阳山，是太阳和月亮降落的地方。

有寒荒之国。有二人女祭、女薎①。

【注释】①女祭、女薎：可能指祭祀神灵的女巫。《海外西经》有"女祭、女戚"。

【译文】有一个寒荒国。这里有两个人分别叫女祭、女薎。

有寿麻之国。南岳娶州山女，名曰女虔。女虔生季格，季格生寿麻。寿麻正立无景①，疾呼无响。爰有大暑②，不可以往。

【注释】①无景：没有影子。景，同影。②大暑：指其地炎热异常，不能居住。

【译文】有一个寿麻国。南岳娶了州山的女子为妻，她的名字叫女虔。女虔生了季格，季格生了寿麻。寿麻站在太阳底下没有影子，高声疾呼没有回响。这里异常炎热，人不可以前往。

有人无首，操戈盾立，名曰夏耕之尸。故成汤^①伐夏桀^②于章山，克之，斩耕厥前。耕既立，无首，走厥咎^③，乃降于巫山。

【注释】①成汤：商汤，商朝开国之君。②夏桀：夏桀，夏朝末代之王。③走厥咎：指夏耕尸害怕被纣王加以罪责，于是远远逃走。走，走之本字也。咎，罪责。

【译文】有一个人没有了脑袋，手拿一把戈和一面盾的站在那里，名叫夏耕尸。当初成汤在章山讨伐夏桀，打败了夏桀，又在他面前斩杀了夏耕。夏耕站起来后，发觉没了脑袋，为了逃避罪咎，于是逃到了巫山。

有人名曰吴回^①，奇左^②，是无右臂。

【注释】①吴回：火神祝融。②奇（jī）左：只有左边胳膊。奇，单数。

【译文】有一个人名叫吴回，只有左边胳膊，没有右边胳膊。

有盖山之国。有树，赤皮支干^①，青叶，名曰朱木^②。

【注释】①支：通枝。②朱木：古树名。《大荒南经》记有朱木。

【译文】有一个盖山国。这里有一种树，红色的树皮、树枝、树干，青色的叶子，名叫朱木。

三面人　鶹鸟

夏后开　夏耕尸

有一臂民。

【译文】有一种只有一条胳膊的一臂民。

大荒之中，有山，名曰大荒之山，日月所入。

有人焉三面，是颛顼之子，三面一臂，三面之人不死。是谓大荒之野。

【译文】大荒之中，有一座山，名叫大荒山，是太阳和月亮降落的地方。

这里有一种人，头上有三张面孔，是颛顼的后代，三张面孔一只胳膊，这种人永远不死。这就是大荒野。

西南海之外，赤水之南，流沙之西，有人珥两青蛇，乘两龙，名曰夏后开①。开上三嫔②于天，得《九辩》与《九歌》以下。此天穆之野，高二千仞，开焉得始歌《九招》。

【注释】①夏后开：夏后启。此为汉人避汉景帝刘启名讳，改"启"为"开"。②嫔：通宾。这里用作动词，意思是做客。郭璞则认为是献三个嫔妃给天帝。

【译文】西南海外，赤水的南边，流沙的西边，有一个人耳上挂着两条青蛇，驾着两条龙，名叫夏启。夏启三次到天上去做客，得到了乐曲《九辩》和《九歌》才回到下方。这就是天穆野，高达两千仞，夏启在这里最早演奏《九招》乐曲。

有互人之国^①。炎帝^②之孙名曰灵恝，灵恝生互人，是能上下于天。

【注释】①有互人之国：经文"互"字，王念孙校改为"氐"。②炎帝：传说中的上古帝王。因创制农具教人耕种，又称神农。

【译文】有一个互人国。炎帝的孙子名叫灵恝，灵恝生了互人，互人能乘着云雾上天下地。

有鱼偏枯，名曰鱼妇，颛顼死即复苏。风道^①北来，天乃大水泉，蛇乃化为鱼，是为鱼妇。颛顼死即复苏。

【注释】①道：从，由。

【译文】有一种鱼身子半边干枯，一半人形，一半鱼形，名叫鱼妇，这是颛顼死后，苏醒过来变成的。风从北方吹来，天涌出大水如泉，蛇化成鱼，便是鱼妇。颛顼死后趁着蛇鱼变化时托体鱼躯，重新复苏。

有青鸟，身黄，赤足，六首，名曰鸀鸟。

【译文】有一种青鸟，身子是黄色的，爪子是红色的，六个脑袋，名叫鸀鸟。

有大巫山。有金之山。西南，大荒之中隅^①，有偏句、常羊之山。

【注释】①大荒之中隅：按：《藏经》大巫山下有者字，大荒之中隅，隅上无中字。

【译文】有一座大巫山。有一座金山。在西南方，大荒中部的一角，有偏句山、常羊山。

禺彊　毛民国　儋耳国

卷十七 大荒北经

【题解】《大荒北经》一卷有着极其丰富的神话素材。从东北海外的附禺山开始，这里是颛顼的葬地，呼应了颛顼是少昊帝在东海外抚养长大的事实。附禺山物产丰富，地位十分重要，其间各种鸟兽以及碧玉皆有出产，并不亚于昆仑山。本卷记述了很多氏族部落的血统关系，比如颛顼的后代，黄帝的后代，等等。这对于研究神话人物的谱系有所帮助。

关于黄帝和蚩尤的大战，在本卷得到了比较详尽的叙述，包括参加战斗的重要人物，比如应龙、风伯、雨师、女魃等。其中女魃之后又有旱魃的传说，这反映了上古之时人们对于旱灾的破坏性已经有了充分的认识。夸父逐日的故事也在本卷有所记载，体现先祖和大自然做斗争的勇敢精神。

东北海之外，大荒之中，河水之间，附禺之山^①，帝颛顼与九嫔葬焉。爰有鸱久、文贝、离俞、鸾鸟、皇鸟、大物、小物^②。有青鸟、琅鸟、玄鸟、黄鸟、虎、豹、熊、罴、黄蛇、视肉、璿瑰、瑶碧，皆出卫于山。丘方员三百里，丘南帝俊竹林在焉，大可为

舟。竹南有赤泽水,名曰封渊。有三桑无枝。丘西有沈渊,颛顼
所浴。

【注释】①附禺之山:务禺山、鲋鱼山。郝懿行《山海经笺疏》:"海外
北经作务隅,海内东经作鲋鱼,此经又作附禺,皆一山也。"附、务、鲋,古字
通用。②鸥,孙星衍校改鸥。皇鸟,宋本、毛扆本、《藏经》本均作凤鸟。王
念孙亦作凤鸟。大物、小物:指殉葬器物。

【译文】东北海之外,大荒之中,黄河流经的地方,有一座附禺
山,帝颛顼和他的九个妃嫔埋葬于此。这里有鸥鹰、花斑贝、离朱
鸟、鸾鸟、凤鸟、大物、小物。还有青鸟、琅鸟、玄鸟、黄鸟、老虎、
豹子、熊、罴、黄蛇、视肉、璇瑰、瑶碧,都出于卫丘之山。卫丘方圆
三百里,卫丘的南面有帝俊的竹林,大的可以做船。竹林的南边有红
色的湖水,名叫封渊。有三棵不生长枝条的桑树。卫丘的西边有个
沈渊,颛顼在这里洗澡。

有胡不与之国,烈姓,黍食。

【译文】有个胡不与国,这里的人姓烈,以黍为食物。

大荒之中,有山名曰不咸。有肃慎氏之国。有蜚蛭①,四
翼。有虫,兽首蛇身,名曰琴虫②。

【注释】①蜚蛭:这种动物传说有四个翅膀,其种类很多,如水蛭、鱼
蛭、山蛭等。②虫:这里指蛇。

【译文】大荒之中，有座山名叫不咸山。这里有一个肃慎氏国。有一种能飞的蛭，四只翅膀。有一种动物，兽的脑袋，蛇的身子，名叫琴虫。

有人名曰大人。有大人之国，釐姓，黍食。有大青蛇，黄头，食麈。

【译文】有一种人名叫大人。有一个大人国，这里的人姓釐，以黍为食物。有一种大青蛇，黄色的脑袋，正在那里吞吃驼鹿。

有榆山。有鲧攻程州之山。

【译文】有一座榆山。有一座鲧攻程州山。

大荒之中，有山名曰衡天。有先民之山。有槃木①千里。

【注释】①槃木：传说中的神木，也叫蟠木。

【译文】大荒之中，有一座山名叫衡天。有一座先民山。有一棵盘曲千里的大树。

有叔歜国，颛顼之子，黍食，使四鸟：虎、豹、熊、罴。有黑虫如熊状，名曰猎猎。

【译文】有一个叔歜国，这里的人是颛顼的后代，以黍为食物，驱使四种野兽：虎、豹、熊和罴。有一种黑色的虫，形状像熊，名叫猎猎。

有北齐之国，姜姓，使虎、豹、熊、罴。

【译文】有一个北齐国，这里的人姓姜，驱使虎、豹、熊和罴。

大荒之中，有山名曰先槛大逢之山，河济所入，海北注焉。其西有山，名曰禹所积石。

【译文】大荒之中，有一座山名叫先槛大逢山，那里是黄河和济水流入的地方，海水从北面流注其中。它的西边也有一座山，名叫禹所积石山。

有阳山者。有顺山者，顺水出焉。有始州之国，有丹山。

【译文】有一座阳山。有一座顺山，顺水从这里发源。有一个始州国，有一座丹山。

有大泽方千里，群鸟所解。

【译文】有一个很大的湖泽，方圆千里，各种鸟类飞到这里脱换羽毛。

有毛民之国①，依姓，食黍，使四鸟。禹生均国，均国生役

彊良　九凤

采，役采生修鞈，修鞈杀绰人。帝念之，潜为之国，是此毛民。

【注释】①毛民之国：《海外东经》所说毛民国。郭璞《山海经传》注："其人面体皆生毛。"

【译文】有一个毛民国，这里的人姓依，以黍为食物，驱使四种野兽。大禹生了均国，均国生了役采，役采生了修鞈，修鞈杀了绰人。大禹哀念绰人被杀，暗中帮助绰人的后代建国，就是毛民国。

有儋耳之国①，任姓，禺号子，食谷。北海之渚中，有神，人面鸟身，珥两青蛇，践两赤蛇，名曰禺强②。

【注释】①儋（dān）耳之国：据说这里的人耳朵很长，下垂至肩。今广东海南有儋县，传说那里有耳朵下垂的部族，叫儋耳国。汉武帝时在此设置儋耳郡。②禺强：传说中的海神。见于《海外北经》《大荒东经》。

【译文】有一个儋耳国，这里的人姓任，是禺号的后代，以五谷为食物。在北海的岛上，有一个神，人的面孔鸟的身子，耳上挂着两条青蛇，脚底踩着两条红蛇，名叫禺强。

大荒之中，有山名曰北极天柜，海水北注焉。有神，九首人面鸟身，名曰九凤。又有神，衔蛇操蛇，其状虎首人身，四蹄长肘，名曰强良。

【译文】大荒之中，有一座山名叫北极天柜，海水从北面流注其中。有一个神，九个脑袋，人的面孔，鸟的身子，名叫九凤。又有一个神，嘴里衔蛇，手中握蛇，它的形状是老虎的脑袋人的身子，四只蹄足和长长的臂肘，名叫强良。

大荒之中，有山名曰成都载天。有人珥两黄蛇，把两黄蛇，名曰夸父。后土生信，信生夸父。夸父不量力，欲追日景①，逮之于禺谷。将饮河而不足也，将走大泽，未至，死于此。应龙已杀蚩尤，又杀夸父②，乃去南方处之，故南方多雨。

【注释】①日景：太阳的影子。景，通影。②又杀夸父：前面提到夸父逐日而死，这里说又杀夸父，可能是指杀死夸父的后人。

【译文】大荒之中，有一座山名叫成都载天。有一个人耳上挂着两条黄蛇，手上握着两条黄蛇，名叫夸父。后土生了信，信生了夸父。夸父不自量力，想追赶太阳的影子，一直追到禺谷。夸父喝了黄河水解渴，却不够喝，想跑到北方去喝大泽的水，没有走到，便渴死在这里。应龙杀了蚩尤以后，又杀了夸父，然后才去南方居住，所以南方多雨。

又有无肠之国，是任姓。无继子，食鱼。

【译文】又有一个无肠国，这里的人姓任。他们是无继国人的后代，以鱼类为食物。

共工臣名曰相繇①，九首蛇身，自环，食于九土。其所歇所尼②，即为源泽，不辛乃苦，百兽莫能处。禹湮洪水，杀相繇，其血腥臭，不可生谷。其地多水，不可居也。禹湮③之，三仞④三沮, 乃以为池, 群帝因是以为台。在昆仑之北。

【注释】①相繇(yóu): 相柳。②尼: 止。③湮: 堵塞。④仞: 填满。

【译文】共工的一位臣子名叫相繇, 九个脑袋, 蛇的身子, 盘旋自绕一圈, 遍及九座神山而猎取食物。他呼吸所停留的地方, 就变成沼泽, 他所留下的气味不是辣就是苦, 各种飞禽走兽不能居住。大禹治理洪水, 杀死了相繇, 相繇的血又腥又臭, 谷物不能生长。那个地方水涝成灾, 使人不能居住。大禹去填塞它, 屡次填塞屡次塌陷, 只好把它挖成大池, 众帝利用挖出的土建造了几座高台。众帝台在昆仑山的北边。

有岳之山, 寻竹^①生焉。

【注释】①寻竹: 大竹。寻, 长。

【译文】有座岳山, 一种高大的竹子生长在这座山上。

大荒之中, 有山名曰不句, 海水入焉。

【译文】大荒之中, 有一座山名叫不句山, 海水流注其中。

有系昆之山者, 有共工之台, 射者不敢北乡。有人衣青衣, 名曰黄帝女魃^①。蚩尤作兵伐黄帝, 黄帝乃令应龙攻之冀州之野。应龙畜水, 蚩尤请风伯^②雨师^③, 纵大风雨。黄帝乃下天女曰魃, 雨止, 遂杀蚩尤。魃不得复上, 所居不雨。叔均言之帝,

大戎　威姓少昊之子　赤水女子献

后置之赤水之北。叔均乃为田祖^④。魃时亡之，所欲逐之者，令曰："神北行！"先除水道，决通沟渎^⑤。

【注释】①女魃（bá）：传说中黄帝的女儿，原是天女。此后才有旱魃的传说。②风伯：传说中的风神。③雨师：传说中的雨神。④田祖：传说中主管田地的神。⑤沟渎：沟渠。

【译文】有一座系昆山，上面有一座共工台，人们敬畏共工的威灵不向北方射箭。有一个人穿着青衣，名叫黄帝女魃。蚩尤制造了各种兵器用来攻打黄帝，黄帝派应龙到冀州之野去抵御蚩尤。应龙积蓄了很多水，蚩尤请来风伯和雨师，纵起了大风雨，使应龙所积蓄的水没有了用处。黄帝让名叫魃的天女下凡以助战，于是雨被止住了，并杀死了蚩尤。女魃因神力耗尽不能回到天上，她居住的地方没有一点雨水。叔均向黄帝建议，把女魃安置在赤水的北边。叔均做了田神。女魃经常不在住处，骚扰四方，所到之处就会出现旱情，当地人想驱逐她，就祷告："神啊，请向北行！"他们事先会先清除水道，疏通大小沟渠——这样做了就会有大雨来临。

有人方食鱼，名曰深目民之国，盼姓，食鱼。

【译文】有一群人正在吃鱼，名叫深目民国，这里的人姓盼，以鱼类为食物。

有钟山者。有女子衣青衣，名曰赤水女子献^①。

【注释】①赤水女子献：前面所说女魃。疑"魃"字讹为"献"耳。

【译文】有一座钟山。有一个穿青衣的女子，名叫赤水女子献。

大荒之中，有山名曰融父山，顺水入焉。有人名曰犬戎。黄帝生苗龙，苗龙生融吾，融吾生弄明，弄明生白犬，白犬有牝牡，是为犬戎，肉食。有赤兽，马状无首，名曰戎宣王尸①。

【注释】①戎宣王尸：传说中犬戎族奉祀的神。

【译文】大荒之中，有一座山名叫融父山，顺水流入这座山。有一种人名叫犬戎。黄帝生了苗龙，苗龙生了融吾，融吾生了弄明，弄明生了白犬，白犬有雌有雄，能够自相配偶，这便是犬戎，以肉类为食物。这里有一种红色的兽，形状像马却没有脑袋，名叫戎宣王尸——据说是犬戎祭祀的神灵。

有山名曰齐州之山、君山、鬶山、鲜野山、鱼山。

【译文】有山名叫齐州山、君山、鬶山、鲜野山、鱼山。

有人一目，当面中生。一曰是威姓，少昊之子，食黍。

【译文】有一种人，只有一只眼，眼睛长在脸中间。一说他们姓威，是少昊的后代，以黍为食物。

有无继民，无继民任姓，无骨子，食气①、鱼。

烛龙　苗民

【注释】①食气：这里指吐纳呼吸。郝懿行《山海经笺疏》："食气、鱼者，此人食气兼食鱼也。"《大戴礼·易本命》有"食气体者神明而寿"句。

【译文】有一种人叫无继民，无继民姓任，是无骨民的后代，以空气和鱼类为食物。

西北海外，流沙之东，有国曰中輴，颛顼之子，食黍。

【译文】西北海外，流沙的东边，有个中輴国，这里的人是颛顼的后代，以黍为食物。

有国名曰赖丘。有犬戎国。有神①，人面兽身，名曰犬戎。

【注释】①有神：郝懿行云："犬戎，黄帝之玄孙，已见上文；是犬戎亦人也。神字疑讹。《史记·周本纪》集解引此经正作人字。"

【译文】有一个国家名叫赖丘。有一个犬戎国。有一种神，人的面孔，兽的身子，名叫犬戎。

西北海外，黑水之北，有人有翼，名曰苗民。颛顼生驩头，驩头生苗民，苗民釐姓，食肉。有山名曰章山。

【译文】西北海外，黑水的北边，有一种人长着翅膀，名叫苗民。颛顼生了驩头，驩头生了苗民，苗民人姓釐，以肉类为食物。有一座山名叫章山。

大荒之中，有衡石山、九阴山。洞野之山，上有赤树，青叶赤华，名曰若木。

【译文】大荒之中，有衡石山、九阴山。还有洞野山，山上有一种红色的树，青叶而红花，名叫若木。

有牛黎之国。有人无骨，儋耳之子。

【译文】有一个牛黎国。这里的人身上不长骨头，是儋耳国人的后代。

西北海之外，赤水之北，有章尾山。有神，人面蛇身而赤，直目正乘，其瞑乃晦，其视乃明，不食不寝不息，风雨是谒①。是烛九阴②，是谓烛龙。

【注释】①谒：通噎，吞食、吞咽。②烛九阴：烛龙，传说中的神怪。据说其衔着火精照耀于天门。
【译文】西北海之外，赤水的北岸，有一座章尾山。这里有一个神，人的面孔，蛇的身子，全身赤红，眼睛竖直生长，中间合成一条缝，它闭上眼睛就是黑夜，睁开眼睛就是白昼，不吃不睡不呼吸，只是把风雨来吞咽。他能照耀到阴暗幽冥的地方，所以叫烛龙。

卷十八 海内经

【题解】《海内经》所记，涉及了海内各个方位的地理、物产、部族。从整体上看，是比较杂乱的，一开始就把朝鲜和天竺并列，从西海的壑市，到流沙诸国，等等，其间跨度是很大的。对于南方的地理风物和山川河流，大致顺序是由西向东，比如前面提到的巴、赣巨人、苍梧之丘等。之后又跳转到北方，讲幽都之山。

值得注意的一点是，本卷讲述了一些中华文明起源的神话。比如琴瑟的发明，歌舞的创制，以及一些器具的出现，不一而足。最后一段讲远古之时的洪水滔天，大禹和他的父亲鲧为了治水而付出巨大的代价，鲧窃取天帝之息壤以治洪水，结果被杀却不忘生子大禹，最终平定洪水划定九州，充满了悲剧色彩。这一神话传说在古代典籍中也多有出现。

东海之内，北海之隅，有国名曰朝鲜①、天毒②，其人水居，偎人爱人。

【注释】①朝鲜：今朝鲜半岛。②天毒：古国名，具体所指不详。一说即天竺。天竺，古印度。但和前面的朝鲜相距甚远，可能有误。

【译文】东海之内，北海的一角，有国家名叫朝鲜、天毒，这里的人傍水而居，相互之间怜悯而慈爱。

西海之内，流沙之中，有国名曰壑市。

【译文】西海之内，流沙的中间，有个国家名叫壑市。

西海之内，流沙之西，有国名曰氾叶。

【译文】西海之内，流沙的西边，有个国家名叫氾叶。

流沙之西，有鸟山者，三水出焉。爰有黄金、璿瑰、丹货、银铁，皆流于此中。又有淮山，好水出焉。

【译文】流沙的西边，有一座鸟山，三条河流共同发源于此。有黄金、璿玉瑰石、丹货、银铁，都产于这些河流中。又有座淮山，好水从这里发源。

流沙之东，黑水之西，有朝云之国、司彘之国。黄帝妻雷祖①，生昌意。昌意降处若水，生韩流。韩流擢首②、谨耳③、人面、豕喙、麟身、渠股④、豚止，取淖子曰阿女，生帝颛顼。

【注释】①雷祖：又叫嫘祖，黄帝元妃，西陵氏。据说是教养蚕桑的始祖。②擢首：指头长而有隆起。③谨耳：耳朵细小。谨，谨慎。④渠股：罗圈腿。

【译文】流沙的东边，黑水的西边，有朝云国、司彘国。黄帝的妻子，就是教人们养蚕的嫘祖，生下了昌意。昌意被贬谪到若水这个地方居住，生下了韩流。韩流是长脑袋、小耳朵、人的面孔、猪的嘴巴、麒麟的身子，两条腿生在一起，还有猪一样的蹄子，他娶了淖子族中的姑娘为妻，名叫阿女，生下了后来的帝王颛顼。

流沙之东，黑水之间，有山名曰不死之山。

【译文】流沙的东边，黑水流经的地方，有座山名叫不死山。

华山青水之东，有山名曰肇山。有人名曰柏高①，柏高上下于此，至于天。

【注释】①柏高：柏子高，又叫伯高。传说中的仙人，黄帝之臣。

【译文】华山青水的东边，有座山名叫肇山。有个人名叫柏子高，柏子高经常从这里上下来往，直至于天。

西南黑水之间，有都广之野，后稷葬焉。爰有膏菽①、膏稻、膏黍、膏稷，百谷自生，冬夏播琴②。鸾鸟自歌，凤鸟自儛，灵寿③实华，草木所聚。爰有百兽，相群爰处。此草也，冬夏不死。

【注释】①爰有膏菽：《楚辞·九叹》王逸注引此经有"其城方三百里，盖天地之中"十一字。应在此句上。"素女所出也"五字王注虽未引，亦必在经文无疑。膏菽，味道美好的豆类植物。膏，指谷物精细，味道美好，光滑如膏。②播琴：播种。楚地方言，称冢为琴。冢，通种。③灵寿：古树名，似竹而有枝节，可做拐杖。一说灵寿指昆仑山附近的仙木，吃了其果实会长生不死，故名灵寿。

【译文】西南黑水流经的地方，有一个地方叫都广野，后稷埋葬在这里。它的疆域方圆有三百里，是天和地的中心，有名的神女素女便出现在这个地方。这里有膏菽、膏稻、膏黍、膏稷，各种谷物自然生长，不论冬夏皆可播种。鸾鸟自由歌唱，凤鸟自在舞蹈，灵寿树结果开花，草丛树木茂密繁盛。这里有各种禽鸟野兽，成群结队和睦相处。这里生长的草类，无论冬夏都不会枯死。

南海之内，黑水青水之间，有木名曰若木①，若水出焉。

【注释】①若木：古树名。又见于《大荒北经》。

【译文】南海之内，黑水青水流经的地方，有一种树名叫若木，若水就从这里发源。

有臷中之国。有列襄之国。有灵山①，有赤蛇在木上，名曰蝡蛇②，木食。

【注释】①灵山：传说中的仙山，巫师从这里上下于天地之间。又见于《大荒西经》。②蝡（ruǎn）蛇：软蛇，据说这种蛇不食禽兽。蝡同蠕。

【译文】有个臷中国。有个列襄国。有座灵山，有一种红蛇攀缘树上，名叫蠕蛇，它以树木为食。

韩流　鸟氏

有盐长之国。有人焉鸟首，名曰鸟民。

【译文】有个盐长国。有一种人长着鸟一样的头，名叫鸟民。

有九丘，以水络①之，名曰陶唐之丘、有叔得之丘、孟盈之丘、昆吾之丘、黑白之丘、赤望之丘、参卫之丘、武夫之丘、神民之丘。有木，青叶紫茎，玄华黄实，名曰建木②，百仞无枝，上有九欘③，下有九枸④，其实如麻，其叶如芒。大皞⑤之爰过，黄帝所为。

【注释】①络：环绕。②建木：古树名，传说中的仙木，其树体高大。又见于《海内南经》。③九欘：指枝干蜷曲。九，泛指多。④九枸：指树根盘错。⑤大皞：又叫太昊、太皓，即伏羲，传说中的上古帝王。

【译文】有九座山丘，都被河水环绕，名叫陶唐丘、叔得丘、孟盈丘、昆吾丘、黑白丘、赤望丘、参卫丘、武夫丘、神民丘。有一种树，青色的树叶，紫色的茎干，黑色的花朵，黄色的果实，名叫建木，高达百仞，树干上不生枝条，树上枝节弯曲，树下盘根错节，它的果实像麻子，叶子像芒树的叶子。大皞曾经顺着建木攀登上天，这建木是由黄帝所栽培的。

有窫窳①，龙首，是食人。有青兽，人面，名曰猩猩。

黑人　贛巨人

【注释】①窫窳:传说中的怪兽。《海内南经》记"窫窳"居"弱水"中。

【译文】有一种叫窫窳的野兽,龙的脑袋,能吃人。有一种青兽,人的面孔,名叫猩猩。

西南有巴国。大皞生咸鸟,咸鸟生乘厘,乘厘生后照,后照是始为巴人。

【译文】西南边有个巴国。大皞生了咸鸟,咸鸟生了乘厘,乘厘生了后照,后照便是巴人的始祖。

有国名曰流黄辛氏①,其域中方三百里,其出是麈②。有巴遂山,渑水出焉。

【注释】①流黄辛氏:流黄丰氏,见于《海内南经》。②麈(zhǔ):一种鹿科动物,即驼鹿,其尾可做拂尘。

【译文】有个国家名叫流黄辛氏,它的疆域大约方圆三百里,这里常见的动物是麈,驼鹿。有一座巴遂山,渑水从这里发源。

又有朱卷之国。有黑蛇,青首,食象。

【译文】又有朱卷国。有一种大黑蛇,青色脑袋,能吞食大象。

南方有赣巨人,人面长臂,黑身有毛,反踵,见人则笑,唇蔽其面,因可逃也。

延维　嬴民

【译文】南方有一种赣巨人，人的面孔，长胳膊，浑身黑色有毛，脚尖朝后脚跟朝前，看见人就笑，一笑嘴唇便遮住面孔，人可以趁机逃走。

又有黑人，虎首鸟足，两手持蛇，方啗之。

【译文】还有一种黑人，长着老虎的脑袋，鸟的爪子，两手各持一蛇，正在咬嚼吞食。

有嬴民，鸟足。有封豕。

【译文】有一个名叫嬴民的部落，人们长着禽鸟一样的爪子。那里出产大野猪。

有人曰苗民①。有神焉，人首蛇身，长如辕，左右有首，衣②紫衣，冠③旄冠，名曰延维④，人主得而飨⑤食之，伯⑥天下。

【注释】①苗民：三苗民。②衣：穿。③冠：戴。④延维：委蛇。⑤飨：祭献。⑥伯：通霸。

【译文】有一种人名叫苗民。他们所祭祀的神，人的脑袋，蛇的身子，身子长如车辕，左右各一个脑袋，穿紫衣服，戴红帽子，名叫延维——也叫委蛇，君王若是得到它，并加以奉飨祭祀，便可称霸天下。

有鸾鸟自歌，凤鸟自舞。凤鸟首文曰"德"，翼文曰"顺"，膺文曰"仁"，背文曰"义"，见则天下和。

【译文】有鸾鸟自由歌唱，有凤鸟自在舞蹈。凤鸟头上有花纹叫"德"，翅膀上有花纹叫"顺"，胸脯上有花纹叫"仁"，脊背上有花纹叫"义"，它的出现预示着天下太平。

又有青兽如菟，名曰菌狗①。有翠鸟②。有孔鸟③。

【注释】①菌狗：古兽名，指一种犬类。②翠鸟：翡翠鸟，像燕子。雄性叫翡，羽红色。雌性叫翠，羽青色。其羽毛常用做饰品。③孔鸟：孔雀。

【译文】又有一种青色的野兽，形状像兔子，名叫菌狗。有一种翡翠鸟。有一种孔雀鸟。

南海之内，有衡山①，有菌山，有桂山。有山名三天子之都②。

【注释】①衡山：指南岳衡山，在湖南境内。②三天子之都：又名三天子鄣山，见于《海内南经》。

【译文】南海之内，有座衡山，有座菌山，有座桂山。有座山名叫三天子都。

南方苍梧之丘，苍梧之渊，其中有九嶷①山，舜之所葬。在长沙零陵界中。

【注释】①九嶷（yí）：又名苍梧山，在湖南境内。纵横两千余里，南接罗浮，北连衡岳，风景独特。

【译文】南方有苍梧丘，有苍梧渊，在两者之间有座九嶷山，舜就埋葬在这里。九嶷山位于长沙零陵境内。

北海之内，有蛇山者，蛇水出焉，东入于海。有五采之鸟，飞蔽一乡，名曰翳鸟①。又有不距之山，巧倕②葬其西。

【注释】①翳鸟：当指凤凰之类的鸟。群飞时遮天蔽日，因此得名。②巧倕（chuí）：传说中尧舜时的巧匠，善做弓、耒等器具。

【译文】北海之内，有座蛇山，蛇水从这里发源，向东流入大海。有一种鸟，长着五彩羽毛，成群飞起而能遮蔽一乡，名叫翳鸟。还有座不距山，巧倕埋葬山的西边。

北海之内，有反缚盗械①、带戈常倍②之佐③，名曰相顾之尸。

【注释】①盗械：指犯罪的人所戴刑具。②倍：通背。背叛。③佐：辅佐，指近臣。

【译文】北海之内，有一个被反绑起来身戴刑具，带有武器图谋叛逆的臣子，名叫相顾尸。

伯夷父①生西岳，西岳生先龙，先龙是始生氐羌。氐羌乞

翳鸟　钉灵国

姓。

【注释】①伯夷父：传说中颛顼的老师。

【译文】伯夷父生了西岳，西岳生了先龙，先龙便形成了氐羌这个部落的始祖。氐羌人姓乞。

北海之内，有山名曰幽都之山，黑水出焉。其上有玄鸟、玄蛇、玄豹、玄虎、玄狐蓬尾。有大玄之山。有玄丘之民。有大幽之国。有赤胫之民。

【译文】北海之内，有一座山名叫幽都山，黑水从这里发源。山上有黑鸟、黑蛇、黑豹、黑虎，还有蓬尾的黑狐。有座大玄山。有一种玄丘民。有一个大幽国。有一种赤胫民。

有钉灵之国，其民从䣛①已下有毛，马蹄善走。

【注释】①䣛：同膝。

【译文】有个钉灵国，这里的人膝盖以下都有毛发，长着马的蹄足，善于行走。

炎帝之孙伯陵。伯陵同①吴权之妻阿女缘妇，缘妇孕三年，是生鼓、延、殳。殳始为侯②，鼓、延是始为钟③，为乐风。

【注释】①同: 指私通, 通奸。②侯: 箭靶。③钟: 一种古乐器, 敲打类。

【译文】炎帝的孙子名叫伯陵。伯陵和吴权的妻子阿女缘妇私通, 阿女缘妇怀孕三年, 生下了鼓、延、殳。殳开始创造发明了箭靶, 鼓、延二人创造发明了钟, 并创作了乐曲和音律。

黄帝生骆明, 骆明生白马, 白马是为鲧。

【译文】黄帝生了骆明, 骆明生了白马, 白马就是鲧。

帝俊生禺号, 禺号生淫梁, 淫梁生番禺, 是始为舟。番禺生奚仲, 奚仲生吉光, 吉光是始以木为车。

【译文】帝俊生了禺号, 禺号生了淫梁, 淫梁生了番禺, 番禺最先创造发明了船。番禺生了奚仲, 奚仲生了吉光, 吉光开始用木头创制车辆。

少皞生般, 般是始为弓矢。

【译文】少皞生了般, 般创造发明了弓箭。

帝俊赐羿彤弓素矰①, 以扶下国, 羿是始去恤②下地之百艰。

【注释】①彤弓素矰 (zēng): 红色的弓, 白色的矰箭。矰, 用来射鸟的系着丝绳的短箭。②恤：体恤。

【译文】帝俊赐给后羿红色的弓和白色的矰箭，让他扶助下方的国家，后羿开始去拯救世人的各种艰难困苦。

帝俊生晏龙，晏龙是为琴瑟。

【译文】帝俊生了晏龙，晏龙最先创制发明了琴和瑟这两种乐器。

帝俊有子八人，是始为歌舞。

【译文】帝俊有八个儿子，他们创制发明了歌曲和舞蹈。

帝俊生三身，三身生义均，义均是始为巧倕，是始作下民百巧。后稷是播百谷。稷之孙曰叔均，是始作牛耕。大比赤阴①，是始为国。禹、鲧是始布土②，均定九州③。

【注释】①大比赤阴：可能指后稷的生母姜嫄。比，通妣。妣，母亲。②布土：挖掘泥土，治理河流。布，施行。土，土工。③均定九州：衡量划分九州。九州，大禹治水后，在全国划分的九个区域。

【译文】帝俊生了三身，三身生了义均，义均便是前面的巧倕，从此发明了人民需要的各种工艺技巧。后稷开始播种各种农作物。后稷的孙子叫叔均，开始用牛耕地。大比赤阴，开始建立了国家。大禹和鲧开始挖土用以治理洪水，并衡量划定了九州。

炎帝之妻，赤水之子听訞生炎居，炎居生节并，节并生戏器，戏器生祝融。祝融降处于江水，生共工。共工生术器，术器首方颠①，是复土穰②，以处江水。共工生后土，后土生噎鸣，噎鸣生岁十有二。

【注释】①方颠：头顶是平的。方，平。颠，顶。②土穰：郝懿行云："穰为壤，或古字通用。"

【译文】炎帝的妻子，即赤水氏的女儿听訞生了炎居，炎居生了节并，节并生了戏器，戏器生了祝融。祝融被贬谪到江水居住，生了共工。共工生了术器。术器的头顶是平的，他恢复了祖父祝融的土地，仍旧住在江水。共工生了后土，后土生了噎鸣，噎鸣生了十二个以岁命名的儿子。

洪水滔天①。鲧窃帝之息壤②以堙洪水，不待帝命。帝令祝融杀鲧于羽郊。鲧复生禹③。帝乃命禹卒布土，以定九州。

【注释】①洪水滔天：指远古之时的洪涝之灾。大禹和他的父亲鲧治理洪水的故事，在各种典籍中常能见到。②息壤：传说中的能够不断生长的土壤。③鲧复生禹：传说鲧死了三年，其尸不腐，并在腹中生了禹。复，即腹。

【译文】远古洪荒之时，到处都是滔天大水。鲧窃取了天帝的息壤用来堵塞洪水，没等天帝下令。天帝发怒，便派火神祝融把鲧杀死在羽山之野。禹从鲧的遗体中生出。天帝命令禹布土施工治理洪水，从而使九州得以平定。

谦德国学文库丛书

（已出书目）

颜氏家训	资治通鉴
列子	智囊全集
心经·金刚经	酉阳杂俎
六祖坛经	商君书
茶经·续茶经	读书录
唐诗三百首	战国策
宋词三百首	吕氏春秋
元曲三百首	淮南子
小窗幽记	营造法式
菜根谭	韩诗外传
围炉夜话	长短经
呻吟语	虞初新志
人间词话	迪吉录
古文观止	浮生六记
黄帝内经	文心雕龙
五种遗规	幽梦影
一梦漫言	东京梦华录
楚辞	阅微草堂笔记
说文解字	